Dysfunktionaler und pathologischer PC- und Internet-Gebrauch

Dysfunktionaler und pathologischer PC- und Internet-Gebrauch

von

Jörg Petry

HOGREFE
GÖTTINGEN · BERN · WIEN · PARIS · OXFORD · PRAG · TORONTO
CAMBRIDGE, MA · AMSTERDAM · KOPENHAGEN · STOCKHOLM

Dr. phil. Jörg Petry, geb. 1948. 1970-1975 Studium der Psychologie in Marburg. 1975-1992 Klinischer Psychologe in den Psychiatrischen Landeskrankenhäusern Wunstorf bei Hannover und Wiesloch bei Heidelberg. 1982 Abschluss der Verhaltenstherapieausbildung (DGVT). 1991 Promotion. 1992-2008 leitender Psychologe in der AHG Klinik Münchwies im Saarland. 1999 Approbation als Psychologischer Psychotherapeut. Seit 2009 Projektleiter in der Allgemeinen Hospitalgesellschaft für die Indikationsbereiche pathologisches Glücksspielen und PC-/Internet-Spielen.

Bibliografische Information der Deutschen Nationalbibliothek
Die Deutsche Nationalbibliothek verzeichnet diese Publikation in der Deutschen Nationalbibliografie; detaillierte bibliografische Daten sind im Internet über http://dnb.d-nb.de abrufbar.

Göttingen • Bern • Wien • Paris • Oxford • Prag • Toronto
Cambridge, MA • Amsterdam • Kopenhagen • Stockholm
Rohnsweg 25, 37085 Göttingen

http://www.hogrefe.de
Aktuelle Informationen • Weitere Titel zum Thema • Ergänzende Materialien

Umschlagabbildung: © Mauritius Images, Mittenwald
Illustrationen im Inhalt: Freimut Woessner, Berlin; www.f.woessner.de
Satz: Beate Hautsch, Göttingen
Gesamtherstellung: Hubert & Co., Göttingen
Printed in Germany
Auf säurefreiem Papier gedruckt

ISBN 978-3-8017-2102-2

Ganz schön viele Pixelfehler da draußen!
Woessner

„Innerhalb großer geschichtlicher Zeiträume verändert sich mit der gesamten Daseinsweise der menschlichen Kollektiva auch die Art und Weise ihrer Sinneswahrnehmung. Die Art und Weise, in der die menschliche Sinneswahrnehmung sich organisiert – das Medium, in dem sie erfolgt – ist nicht nur natürlich sondern auch geschichtlich bedingt."

Walter Benjamin (1936)

„Was wir brauchen, ist nicht eine Festlegung auf eine bestimmte bedeutungsvolle Bilderwelt, sondern die Entwicklung unserer Wahrnehmungsfähigkeiten, damit wir das immer reichhaltigere visuelle Material aufnehmen und nutzen können."

Richard Hamilton (1956)

Vorwort

Die Neuen Medien und deren Nutzung als Kommunikationsmittel und Form der Freizeitgestaltung durch Jugendliche an der Wende zum 21. Jahrhundert erfreuen sich zunehmender Aufmerksamkeit in den „alten" Medien, der Politik und Wissenschaft.

Während die Durchdringung des beruflichen und privaten Alltags mit der digitalen Technologie fast schon selbstverständlich geworden ist, steht die Generation der Erwachsenen dem Phänomen des exzessiven Medienkonsums von Heranwachsenden ratlos gegenüber. Diese Hilflosigkeit wird dadurch verstärkt, dass kein entsprechendes Beratungs- und Behandlungsangebot für Betroffene und ihre Angehörigen zur Verfügung steht. Es existieren lediglich Selbsthilfeinitiativen, ambulante Modellprojekte und erste stationäre Behandlungsangebote, deren dauerhafte Finanzierung ungeklärt ist.

Dieses Buch unternimmt den Versuch, das komplexe Bedingungsgefüge des Spektrums vom normalen über den dysfunktionalen bis hin zum pathologischen Umgang mit den Neuen Medien aufzuzeigen. Dabei steht die Entstehung und Behandlung des pathologischen PC-/Internet-Spielens als neues Störungsbild mit seinen drei Erscheinungsformen (Gamen, Chatten und Surfen) im Mittelpunkt.

Die drei Bestimmungsstücke der etwas sperrigen Bezeichnung „pathologisches PC-/Internet-Spielen" verweisen auf die konstitutiven Merkmale des Konstruktes: Es handelt sich um einen krankhaften Rückzugsprozess aus der realen Welt mit seiner materiellen Widerständigkeit und sozialen Konflikthaftigkeit auf die Entwicklungsstufe des vorschulischen *Spielens*. Die Medienkombination *PC/Internet* ermöglicht aufgrund seiner medialen Anreizqualiät ein so intensives „Versinken", dass es bei anfälligen Personen zu einem *pathologischen* „Verlorensein" in den virtuellen Welten kommen kann. Man könnte von diesen Personen auch sagen, dass sie „im Spiel versunken und verloren" sind.

Mein Dank gilt der Arbeitsgruppe zum pathologischen PC-/Internet-Spielen der AHG Klinik Münchwies für den kollegialen Austausch, Frau Dr. Petra Schuhler für die Beiträge zur Bindungstheorie, Anna Stabler für die Datenerhebung und Annette Wagner für die statistische Analyse der empirischen Studie, Ilona Füchtenschnieder für die fachlichen Anregungen bei der Entstehung des Konzeptes, Dr. Gerald Munier und Dr. Monika Vogelgesang für die inhaltlichen Korrekturen, vom Hogrefe-Verlag Susanne Weidinger für die Betreuung des Manuskriptes und Alice Velivassis für die Korrekturarbeiten, Freimut Woessner für seine künstlerischen Beiträge, Dr. Monika Vogelgesang und Alexander Reuther für die Bereitstellung zeitlicher Freiräume und finanzieller Mittel für die Manuskripterstellung und besonders Stefanie Bouchaib für die umfangreichen Schreib- und Korrekturarbeiten.

Neunkirchen/Saar und Bielefeld, 2009 Jörg Petry

Inhaltsverzeichnis

Einleitung 13

1 Ästhetik des Computerzeitalters 15
1.1 Umbrüche in der Mediengeschichte: Oralität, Literalität und Virtualität. 17
1.2 Medienkritik und Medienbejahung zwischen Apokalypse und Utopie 20
1.3 Medium, Medialität und Medienwelten 23
1.4 Medialität der Kombination PC/Internet. 25

2 Medienpsychologische Grundlagen 29
2.1 Erklärungsansätze zur Mediennutzung. 29
2.2 Medienpsychologische Kommunikationstheorien 31
2.3 Versunken in virtuellen Welten, Telepräsenz und Immersion. 34
2.4 Virtuelle Erlebnispotenziale 36
2.4.1 Unterhaltung 36
2.4.2 Beziehungsbildung 38
2.4.3 Identitätsentwicklung 40
2.5 Gefahr des Eskapismus. 42

3 Handlungspsychologie des Spiels 45
3.1 Handlungstheorie nach Oerter. 45
3.2 Das kindliche Spiel 48
3.3 Spielen im Erwachsenenalter 51
3.4 Das Medium PC/Internet als Universalspielzeug 52
3.4.1 PC/Internet als Arbeitsmittel. 52
3.4.2 Surfen, Chatten und Gamen 53
3.4.3 Dysfunktionaler PC-/Internet-Gebrauch. 55

4 Bindungsdynamische Sichtweise 57
4.1 Erkunden, entdecken und erobern – aber von einem sicheren Hafen aus. . . . 57
4.1.1 Bindungstheoretische Grundlagen 57
4.1.2 Das Konzept der Feinfühligkeit 60
4.2 Ungünstige Bindungserfahrungen und Kompensationsversuche im PC-/Internet-Gebrauch 62

5 Erklärungsmodelle zum dysfunktionalen PC-/Internet-Gebrauch und pathologischen PC-/Internet-Spielen 65
5.1 Das Suchtkonzept 65
5.2 Das Diathese-Stress-Modell 69
5.3 Das biopsychosoziale Störungsmodell 71
5.3.1 Einflussfaktoren des PC-/Internet-Gebrauchs. 72
5.3.2 Qualitative Nutzungsformen des PC/Internets 73

6 Dysfunktionaler PC-/Internet-Gebrauch im Jugendalter 76
6.1 Globalisierte Medienkultur und Identitätsentwicklung 76
6.1.1 Übergangsgesellschaft 76
6.1.2 Identitätsentwicklung 78
6.1.3 Virtuelle Identitätsräume 79
6.2 Aufwachsen in der digitalen Medienkultur 80
6.2.1 Erwerb von Medienkompetenz 80
6.2.2 Weibliches Chatten 82
6.2.3 Männliches Gamen 83
6.3 Risiko-/Schutzfaktoren, Merkmale und Folgen dysfunktionalen PC-/Internet-Gebrauchs im Jugendalter 85
6.4 Medienerziehung, Beratungs- und Behandlungsstrategien bei dysfunktionalem Gebrauch des PC und Internet 88
6.4.1 Pädagogische Leitlinien 88
6.4.2 Therapeutische Interventionen 91

7 Pathologisches PC-/Internet-Spielen als Störungsbild 93
7.1 Psychopathologie und Komorbidität 94
7.2 Ätiologie 96
7.3 Pathogenese und Chronifizierung 98
7.4 Nosologie 99
7.5 Typologie und Pathoplastik 100
7.6 Differenzialdiagnostik 101
7.6.1 Internet-Glücksspielen 101
7.6.2 Cybersexzess 106

8 Klinische Beschreibung mit Falldarstellungen 109
8.1 Gamen 110
8.2 Chatten 115
8.3 Surfen 119
8.4 Sonderformen 123
8.5 Eine explorativ-deskriptive Studie 126
8.5.1 Ergebnisse 126
8.5.2 Interpretation 131

9 Diagnostik, Behandlungsziele und -strategien 134
9.1 Rahmenbedingungen 134
9.2 Diagnostik 136
9.3 Therapeutische Veränderungsprozesse 138
9.4 Die therapeutische Beziehung 140
9.5 Symptomatologische Behandlung 144
9.5.1 Entwicklung von Medienkompetenz (Ampelmodell) 144
9.5.2 Motivierung und Rückfallprävention 147
9.6 Ursachenbezogene Behandlung 150
9.6.1 Klinische Erklärungsmodelle 150
9.6.2 Behandlungsstrategien und -methoden 152

Literatur 154

Anhang 169
Kurzfragebogen zu Problemen beim Computergebrauch (KPC) 168
Auswertungsrichtlinien zum KPC 170
Anamnesebogen zum PC-/Internet-Gebrauch 171
Interviewleitfaden bei pathologischem PC-/Internet-Gebrauch
– Hinweise für die Interviewführung – 173
Interviewleitfaden bei pathologischem PC-/Internet-Gebrauch 174
Fragen zum dissoziativen Erleben 177
Arbeitsbogen zum Realitäts-Virtualitäts-Erleben 178
Zusatzhausordnung 179
Erlaubnis zur Nutzung des Internetcafés 180
Verzichtserklärung bei pathologischem Online-Gamen 181
Briefvorlage zur Löschung eines Spielaccounts 182
Zielervereinbarungen zum funktionalen Umgang mit dem PC/Internet
(Ampelmodell) 183

Einleitung

Der dysfunktionale Umgang mit dem Medium PC/Internet und die Beschreibung, Erklärung und Behandlung des pathologischen PC-/Internet-Spielens können nicht isoliert als Reiz-Reaktions-Muster eines Individuums begriffen werden, das einer Medienüberflutung passiv ausgeliefert ist. Es besteht ein wesentlich komplexeres Ursachengefüge, bei dem sich gesellschaftliche und individuelle Faktoren wechselseitig bedingen. Unsere Gesellschaft befindet sich in einem tief greifenden sozioökonomischen Umbruch innerhalb dessen der Einzelne einer verschärften gesellschaftlichen Entfremdung ausgesetzt ist und gleichzeitig über geringere Kompensationsmöglichkeiten durch feste Einbindung in soziale und familiäre Bindungen verfügt. Teil dieses noch nicht abgeschlossenen Umbruchprozesses ist eine grundlegende Veränderung der medial vermittelten sinnlichen Wahrnehmung und alltagspraktischen Aneignung der Welt.

Zum Verständnis des normalen bis hin zum pathologischen Umgang mit dem PC/Internet werden zunächst die medienbezogenen Grundlagen dieses Veränderungsprozesses beleuchtet. So lässt sich ein ausgewogenes Verständnis der besonderen Qualität des Mediums PC/Internet gewinnen. Auf dieser Grundlage lassen sich empirische Befunde zum Umgang mit dem PC/Internet und den dabei möglichen Erlebnisformen sinnvoll einordnen. Bei dieser Analyse wird über die reine Wirkungsforschung hinaus die aktive Rolle des Mediennutzers als kreatives Individuum betont. Entsprechend wird die menschliche Fantasietätigkeit als entscheidendes Moment im Aneignungsprozess der Neuen Medien angesehen.

Der dysfunktionale PC-/Internet-Gebrauch und vor allem das pathologische PC-/Internet-Spielen werden ihrem Wesen nach als Spielverhalten verstanden, indem der Bezug zur Eigenart des kindlichen Spiels, seiner kompensatorischen Funktionen und den damit verbundenen Erlebnisweisen und Gratifikationen hergestellt wird. Die resultierende Betrachtung des Mediums PC/Internet als „Universalspielzeug" erlaubt es, die darin enthaltene besondere Attraktivität und damit verbundene Gefährdung zu begreifen.

Bei der Unterscheidung der normalen PC-/Internet-Nutzung, des dysfunktionalen PC-/Internet-Gebrauchs und des pathologischen PC-/Internet-Spielens ist die entwicklungspsychologische Betrachtung von zentraler Bedeutung. Auf diesem Hintergrund lässt sich ableiten, wie sich die kindliche Medienkompetenz in einem aktiven, Regeln vermittelnden Erziehungsprozess entwickeln lässt, um negative Folgen zu vermeiden.

Der dysfunktionale PC-/Internet-Gebrauch bezieht sich auf die besonderen Anforderungen, die an Heranwachsende in ihrer persönlichen Entwicklung zu einer reifen Identität gestellt werden. Jegliche helfende Intervention muss der Konflikthaftigkeit der Beziehung zwischen Jugendlichen und ihrem sozialen und familiären Umfeld Rechnung tragen.

Das klinische Phänomen des pathologischen PC-/Internet-Spielens lässt sich als Resultat einer dynamischen Wechselwirkung zwischen psychisch anfälligen Personen und den besonderen Anreizen des Mediums PC/Internet beschreiben. Lebensgeschichtliche Frustrationen menschlicher Grundbedürfnisse in einer durch individuelle Entfremdungsprozesse gekennzeichneten Gesellschaft führen in diesen Fällen zu einer überkompensatorischen Bindung an die virtuelle Erlebniswelt. Der damit verbundene zunehmende soziale Rückzug und die vorherrschende virtuelle Bedürfnisbefriedigung münden in einem dauerhaft gestörten personalen und sozialen Weltbezug und damit verbundenen Defiziten in der Persönlichkeitsentwicklung.

Die Behandlung des pathologischen PC-/Internet-Spielens gründet entsprechend in einem biopsychosozialen Störungsmodell, das von einer sich dynamisch entwickelnden Vulnerabilität des betroffenen Individuums ausgeht. Der pathologische Umgang mit dem PC/Internet wird als eine entwicklungspsychopathologisch bedingte Störung der Gefühlsregulation, der Identitätsbildung, der sozialkommunikativen Kompetenzen und Bindungsfähigkeit der betroffenen Personen begriffen.

Ein auf diesem Verständnis aufbauender psychotherapeutischer Prozess erfordert bei den Betroffenen eine schmerzhafte Konfrontation mit der materiellen Widerständigkeit und sozialen Konflikthaftigkeit der realen Welt, um eine stabilere körperliche, psychische und soziale Identität zu gewinnen. Im Zentrum dieser Entwicklung steht die Verbesserung der Bindung an Personen seiner sozialen Lebenswelt und die Erschließung real befriedigender alternativer Erlebnisqualitäten. Unter Verzicht auf pathologische Umgangsformen mit dem PC/Internet wird ein medienkompetenter, d. h. reflektierter und begrenzter Umgang mit den verbleibenden positiven Nutzungsmöglichkeiten der Neuen Medien im privaten und beruflichen Lebensbereich angestrebt.

1 Ästhetik des Computerzeitalters

Zusammenfassung

Durch den Gebrauch des neuen Mediums PC/Internet ist es mittlerweile möglich, überwiegend bildhaft miteinander zu kommunizieren. Es findet so eine Verschiebung von einem abstrakt-begrifflichen zu einem stärker sinnlich-bildhaften Weltbezug statt. Die virtuelle Medienwelt lässt sich zwar einerseits durch ein hohes Ausmaß an Fiktionalität charakterisieren, andererseits bleibt sich der Nutzer des Unterschieds zwischen virtueller und realer Erlebniswelt bewusst. Bewertungen der Neuen Medien, ob pessimistisch oder euphorisch, weisen häufig eine einseitige Sichtweise auf und berücksichtigen nicht das komplexe Zusammenspiel verschiedener Einflussfaktoren bei der individuellen Mediennutzung. Eine auffällige Nutzung von PC und Internet muss daher als abweichendes Verhalten und im Extremfall als pathologische Störung angesehen werden. Die Eigenschaften der Medienkombination PC/Internet, insbesondere deren Interaktivität und Vernetztheit, bieten dem Nutzer eine völlig eigenständig gestaltbare Erlebnisweise. Diese beinhaltet jedoch neben der Chance, eigene kreative Kräfte zu entwickeln, auch die Gefahr, sich in dieser virtuellen Welt zu verlieren.

Die Einführung der Medienkombination PC/Internet in den 1990er Jahren stellt den bisherigen Höhepunkt der Verbreitung technischer Medien dar, die mit der Entwicklung der Foto-, Tele- und Phonographie im 19. Jahrhundert begann und durch die Medien Film, Radio und Fernsehen weiterentwickelt wurde (Hörisch, 2004). Die dem PC/Internet zugrunde liegenden technischen Veränderungen und deren gesellschaftliche Institutionalisierung bestimmen die Art und Weise, in der sich der Mensch seine Umwelt aneignet. Die besondere Medialität (die für ein Medium typische Konstellation von Eigenschaften, vgl. Kap. 1.3) der Kombination von PC und Internet, die alle vorhergehenden Medien integriert, trägt zu einer veränderten sinnlichen Wahrnehmung und Sichtweise unserer Welt bei. Es entsteht so eine neue Ästhetik im ursprünglichen Sinn dieses Begriffes. *Ästhetik* wird hierbei nicht auf die Lehre von den Gesetzmäßigkeiten über die Entstehung von Schönheit und Harmonie in Natur und Kunst beschränkt, sondern als eine Theorie der sinnlichen Wahrnehmung begriffen (Eagleton, 1994). Bedeutsam für diese Entwicklung ist also weder die sogenannte „Netzkunst" oder „digitale Kunst" (Kohle & Kwastek, 2003), die die Möglichkeiten des Mediums PC/Internet als künstlerisches Gestaltungsmittel nutzt, noch sind es die von der Game-Industrie entwickelten Ansätze zur formalen und inhaltlichen Gestaltung von Video- (Raessens & Goldstein, 2005) und Online-Spielen (Castronova, 2005), sondern die vielfältigen interaktiven Kommunikationsmöglichkeiten und virtuellen Erlebniswelten dieses neuen Mediums.

Die technische Grundlage für diese neue Ästhetik bilden zunehmend differenzierter werdende Anwendungen des Mediums PC/Internet, die aktuell unter dem Schlagwort Web 2.0 zusammengefasst werden (Hein, 2007). Gemeint ist hiermit, dass der Nutzer aktiv in das Medium eingreifen und so die Inhalte mitgestalten kann. Beispiele hierfür sind Internetplattformen wie „MySpace" oder „YouTube", mit denen Fotos und Videos veröffentlicht werden und ein Austausch über diese Inhalte stattfindet. Auch Blogs, Podcasts, Wikis, Communitys und Messengerprogramme, wie beispielsweise „ICQ" (von „I seek you", dt. „Ich suche dich"), die privat und beruflich zur Kommunikation genutzt werden, gehören dazu. Es bilden sich so neue Formen der Kommunikation, des Lernens, der Unterhaltung, der Identitätsbildung und der sozialen Gruppenbildung, aber auch der industriellen Produktentwicklung oder verschiedenster Dienstleistungen bis hin zur Online-Psychotherapie (Bente et al., 2002). Dies führt dazu, dass eine immer dichtere Verflechtung zwischen realer Welt und virtuellen Räumen entsteht. Der technische Fortschritt und die damit verbundenen Nutzungsformen unterliegen einer ständigen Entwicklung, deren Ende bislang nicht abzusehen ist. Die zukünftige Ausrichtung der damit verbundenen Veränderungen des Bewusstseins und der Lebensweisen wird davon abhängen, ob die Gesellschaft ein Gleichgewicht zwischen individueller Autonomie und weltweiter kollektiver Vernetzung finden kann. Dies wurde bereits von McLuhan (1995) mit seiner als „Global Village" betitelten Vision thematisiert. Das Spektrum möglicher Szenarien reicht dabei von den düsteren literarischen Werken des Cyberpunks, die voller Pessimismus und Gewalt eine völlige Funktionalisierung des Individuums durch politökonomische Machtkartelle vorhersagen (Gibson, 1987; Stephenson, 1995; Williams, 2005) bis hin zu einer neuen Ästhetik, die den technischen Fortschritt in Form eines „Corporate Cyborg" (gesellschaftliches Mensch-Maschine-Wesen) positiv interpretiert (Cubitt, 1998).

Der beschriebene sozioökonomische und technische Entwicklungsprozess, der um die Wende des 21. Jahrhunderts eingesetzt hat, führt möglicherweise zu einer Weltanschauung, die durch ein verändertes Verhältnis zwischen abstrakt-begrifflichem und sinnlich-bildhaftem Zugang zur Realitätswahrnehmung charakterisiert werden kann. Demnach befänden wir uns derzeit noch in der Entstehungsphase dieser stärker sinnlich-bildhaft vermittelten Ästhetik des Computerzeitalters. Von den möglicherweise widersprüchlichen Aspekten dieser Entwicklung würden einzelne im fortlaufenden Veränderungsprozess verschwinden, andere eine Überbetonung erfahren. Mit der Zeit könnte ihre Integration durch soziale Normierungsprozesse und den Erwerb individueller Kompetenzen beim Umgang mit den Neuen Medien jedoch zu einer neuen Kultur der Weltaneignung führen. Die Gesellschaft und der Einzelne müssen sich unter diesen Rahmenbedingungen ein neues Gleichgewicht der individuellen und kollektiven Bedürfnisbefriedigung erarbeiten, um diesem Veränderungsprozess gewachsen zu sein. Dabei ist es möglich, dass der aktuell zu beobachtende, bildungspolitisch unzureichend gesteuerte Massenkonsum der Neuen Medien – insbesondere durch Kinder und Heranwachsende – dauerhafte Beeinträchtigungen individueller Reifungsprozesse bedingen und bei anfälligen Personen und in deprivierenden Lebensumständen zu psychopathologischen Störungen führen kann.

Um das Phänomen des pathologischen PC-/Internet-Spielens in seinem Wesen zu erfassen, ist es notwendig, die besondere Medialität dieses neuen Mediums zu verstehen. Erst durch seine vergleichende Einordnung in den medienhistorischen Kontext lassen sich die Möglichkeiten, Grenzen und Gefahren bewerten, die durch eine auf dem PC/ Internet-Gebrauch basierenden Realitätsvermittlung entstehen.

1.1 Umbrüche in der Mediengeschichte: Oralität, Literalität und Virtualität

Für die aufgeworfenen Fragestellungen sind die modernen Medientheorien, insbesondere die der *Kanadische Schule*, bedeutsam. Es handelt sich dabei um eine Gruppe von Kultur- und Sozialanthropologen, Ethnologen, Literaturwissenschaftlern, Philologen und Historikern, die beginnend in den 1950er Jahren – und vorwiegend in den 1960er und 1970er Jahren – vor allem den Einfluss der Schrift und anderer Kommunikationsmedien auf die Kulturentwicklung erforscht haben. Zentrale Figur und populärer Sprecher dieser Gruppe war der Literaturwissenschaftler Marshall McLuhan mit seinem 1964 erschienenen Werk „Understanding Media". Sein bekannter Slogan: „Das Medium ist die Botschaft" wurde zur Kernaussage dieser modernen Medientheorie.

Nach McLuhan ist es weniger der Inhalt, sondern das transportierende Medium, das die Botschaft bestimmt (Medien-Apriori). Die Vertreter der Kanadischen Schule argumentieren, dass technische Entwicklungen und die damit verbundenen Medienumbrüche zentrale Einflussfaktoren für soziale und kulturelle Veränderungen darstellen. Damit wird der Versuch unternommen, die soziale Struktur, das politische System, die technische Entwicklung und die vorherrschende Medialität begrifflich zu verbinden. Die Bedeutung der vorherrschenden Medialität für die gesamtgesellschaftliche Entwicklung wird von verschiedenen Vertretern dieser Schule zwar unterschiedlich gewichtet, aber keinesfalls so verabsolutiert, wie dies in aktuellen medienphilosophischen Ansätzen der Fall ist (Flusser, 2000; Virilio, 1997). Im Sinne der Kanadischen Schule lassen sich in der Menschheitsgeschichte die drei großen medialen Umbrüche Oralität, Literalität und Virtualität unterscheiden, die unsere Realitätswahrnehmung mitbestimmt haben, und die im Folgenden dargestellt werden.

Oralität. Die erste dieser sogenannten *Medienwelten* entwickelte sich mit der Entstehung der Sprache in der frühen Menschheitsgeschichte, wofür der Begriff der *Oralität* geprägt wurde. Die Realitätswahrnehmung wurde hier durch die Unmittelbarkeit von Hören und Sehen bestimmt. Die menschliche Kommunikation war durch den unmittelbaren Kontakt von Angesicht zu Angesicht geprägt (Face-to-Face-Kommunikation) und die Weitergabe des kulturellen Erbes, also der für die Gemeinschaft wichtigen Bedeutungselemente und Einstellungen, erfolgte in unmittelbar sprachlich vermitteltem Kontakt. Die Elemente der Kultur waren ausschließlich im menschlichen Gedächtnis aufbewahrt. Zwischen dem sprachlichen Symbol und dem realen Objekt, auf das es sich bezog, bestand eine enge Beziehung und durch die Verbindung zu den Erfahrungen der Gemeinschaft und deren Lebensanforderungen entwickelte und differenzierte sich die Sprache. Die „Sapir-Whorf-Hypothese" (Whorf, 1963) entwickelte diesen Ansatz weiter und formulierte die These, dass die begrifflichen Denkstrukturen und deren Begrenztheit durch die Struktur und den Wortschatz einer Sprache determiniert seien (sprachlicher Relativismus). Durch den kurzlebigen Charakter der sprachlichen Kommunikation war die Realitätswahrnehmung oraler Kulturen überwiegend auf die Gegenwart begrenzt. Es gab jedoch formalisierte Sprechmuster, rituelle Vortragsbedingungen, den Einsatz von Musikinstrumenten und spezialisierte Personen, die kulturelle Inhalte vortrugen oder vorsangen, um Mythen und Geschichten aus der Vergangenheit wach zu halten. Die später niedergeschriebenen Homerschen Epen verweisen auf diese Tradition (Goody & Watt, 1981; Havelock, 2007).

Literalität. Mit der Entstehung der Schrift in den frühen Hochkulturen (Bild- und Keilschriften) entwickelte sich die zweite Medienwelt, diejenige der *Literalität*, die bis heute unsere Realitätswahrnehmung prägt (Hörisch, 2004). Entscheidend für diese Entwicklung war die Einführung des phonetischen Alphabetes im 9. Jahrhundert vor Christus in Griechenland. Diese Schriftkultur, die nicht aus Bildersymbolen (Piktogrammen), sondern aus Zahlzeichen (Token) entstanden ist, stellte einen enormen Abstraktionsschritt gegenüber der Sprache dar. Mit der Schrift verbanden sich charakteristische Denk- und Erfahrungsweisen und sogenannte „Codes", wie z. B. Gesetzestexte, die sich aus einer arbeitsteiligen Hochkultur, wie es die Antike war, notwendigerweise ergeben. Diese kulturellen Errungenschaften waren in Gesellschaften, die ausschließlich über die Sprache als Kommunikationsmittel verfügten, noch nicht anzutreffen. Die universelle Durchdringung des Alltags durch die Literalität erfolgte mittels der technischen Innovation des mechanischen Druckverfahrens durch Gutenberg im 15. Jahrhundert. Obwohl das Aufkommen der Schrift von Platon selbst als oberflächlich kritisiert wurde, da seiner Ansicht nach wahre Erkenntnis nur im mündlichen dialektischen Diskurs gewonnen werden könne, wird er als erster echter Schriftsteller und Mitbegründer der griechischen Philosophie angesehen.

In schriftlichen Aufzeichnungen konnte das kulturelle Erbe dauerhaft bewahrt werden, wodurch ein Geschichtsbewusstsein entstehen konnte; man denke an die antiken Geschichtsschreiber wie Herodot und Tacitus. Darüber hinaus war es möglich, mit dem geschriebenen Wort eine Autonomie und Dauerhaftigkeit von Gedanken herzustellen, welche neue Erkenntnisse und theoretische Perspektiven eröffnete. Wörtern wurde durch die Schrift eine materielle Gestalt verliehen, die unabhängig von ihrem Sozialkontext war. Auf Basis der Schrift ließen sich abstrakte Begriffe definieren und logische Denkfiguren als Erkenntnisinstrumente (z. B. der Syllogismus) etablieren. Daraus entstanden die Grundlagen für einen wissenschaftlichen Zugang zur Welterkenntnis. Das damit verbundene kausal-abstrakte Denken – wie es im Extrem durch das rationalistische Diktum des René Descartes („Ich denke, also bin ich") formuliert wurde – lässt sich als Grundzug der Kulturentwicklung bis heute feststellen (Ong, 2002).

Es ist wichtig zu betonen, dass diese medialen Umbrüche im engen Zusammenhang mit Veränderungen des sozioökonomischen Systems und der politischen Struktur stehen. So bildet das phonetische Alphabet als leicht aufzuzeichnendes und zu verbreitendes Kommunikationsmittel eine fördernde Bedingung für die Entwicklung weiträumiger, komplexer Gesellschaftsformen. Die Übergänge zwischen einzelnen Medienwelten wie den bereits dargestellten, sind allerdings als fließend zu betrachten: Es sind immer auch Elemente einer früheren in der neuen Stufe enthalten (Ong, 2004).

Virtualität. Mit dem Aufkommen der technischen Medien seit dem 19. Jahrhundert, die sich bis jetzt zur digitalen Technik des vernetzten Computers entwickelt haben, entstand die *Virtualität*. Der häufig gewählte Begriff „Digitalität" verweist zu stark auf die technischen Grundlagen der digitalen Informationsverarbeitung und -übermittlung (Kloock, 2003). Durch den hier verwendeten Begriff „Virtualität" wird hingegen stärker der sinnlich-bildhafte Aspekt der Realitätswahrnehmung angesprochen. In der Kombination von PC und Internet sind alle Elemente der bisher entwickelten technischen Medien, sowie die Sprache und die Schrift, zum Bestandteil der neuen virtuellen Medialität geworden.

In Bezug auf die Fiktion medialer Inhalte lässt sich feststellen, dass bereits in der oralen Kultur fiktive Elemente in Mythen und Erzählungen existierten. Das Gleiche gilt für die literale Medienwelt, in der in Romanerzählungen einschließlich der Science-Fiction-Literatur fiktive Welten geschaffen werden, in die sich ein Leser mittels seiner Fantasie hineinversetzen kann. Die Virtualität der Neuen Medien zeigt eine qualitative Weiterentwicklung auf diesem Gebiet, da durch die digitale Technik ein breiteres Spektrum unmittelbarer Sinneswahrnehmungen angesprochen werden kann. Zudem kann der Nutzer interaktiv tätig sein und direkt auf die vermittelten Inhalte reagieren, diese kommentieren oder mit gestalten. Dies führt einerseits zu einem intensiven „Eintauchen" *(Immersion)* in die „virtuelle Realität", andererseits ist dem Mediennutzer immer noch der Unterschied zwischen virtueller Welt und seiner realen Lebenswelt bewusst. Das Vorhandensein einer Schnittstelle zwischen Mensch und Maschine, die technische Begrenztheit von Medien und die Nichtwiederholbarkeit von realen Handlungen stellen Merkmale dar, die es auch weiterhin erlauben werden, reale und virtuelle Welten voneinander zu trennen (Schreyer, 2002). Dies trifft ebenfalls auf einen pathologischen PC-/ Internet-Spieler zu, der nicht nur in die virtuelle Welt versunken ist, sondern sich darin regelrecht verloren hat. Trotz seines weitgehenden Rückzugs in den virtuellen Erlebnismodus bleibt die qualitative Unterschiedlichkeit zwischen diesem und realer Erfahrung erhalten. So berichtet ein junger Mann, der pathologischer „World-of-Warcraft"-Spieler (vgl. hierzu Kap. 4.1: S. 59) ist und die letzten Monate vor der stationären Behandlung fast ausschließlich am PC verbracht hat, seinem Therapeuten von einem Waldspaziergang. Beeindruckt von den Licht-Schatten-Effekten an einem sonnigen Tag bringt er seine Eindrücke mit großen Augen und verblüfftem Gesicht zum Ausdruck: „Scheißgeile Grafik dieses Real-Life" (persönliche Mitteilung Holger Feindel).

Eine abschließende Charakterisierung der Virtualität als mediale Epoche, die unser Bewusstsein und unsere Realitätswahrnehmung zunehmend bestimmt, kann an dieser Stelle noch nicht erfolgen. Sowohl die ihr zugrunde liegende technische Entwicklung als auch die gesellschaftlichen Institutionalisierungsprozesse befinden sich noch in den Anfängen einer immer noch primär literal bestimmten Kultur. So wird von Ong (2004) vermutet, dass durch die Eigenschaften der neuen technischen Medien (Bildhaftigkeit, Vernetztheit und Interaktivität) eine Konzentration auf die Gegenwart und Förderung des Gemeinschaftssinnes möglich wird, die zwar keine Rückkehr zur „primären Oralität" darstellt, aber doch Ähnlichkeiten mit dieser präliteralen Kultur aufweist. Das „schriftvermittelte Gespräch" mittels PC/Internet (wie z. B. beim *Instant Messaging*) ermöglicht eine neue Art der Unmittelbarkeit im zwischenmenschlichen Austausch. Mit dieser als „sekundäre Oralität" bezeichneten Kommunikationsform verbindet der Autor eine hoffnungsvolle Zukunftsvision.

Derrick de Kerckhove (2002) prognostiziert als aktueller Vertreter der Kanadischen Schule aufgrund der weltweiten Vernetztheit tief greifende Veränderungen sowohl für unsere innere mentale Struktur als auch für die äußere räumliche Struktur der Gesellschaft im Sinne einer komplexeren, selbstorganisierten Ordnung. Innerhalb medienphilosophischer Ansätze (Flusser, 2000) wird die Dominanz von Bildern im Gegensatz zur Schrift betont. Dabei tritt das Paradox zutage, dass die Komplexität und ganzheitliche Ausdruckskraft der Bilder die Grundlage für einen sinnlicheren Zugang zur Realität bilden, gleichzeitig jedoch durch die technischen Möglichkeiten der digitalen Bearbeitung gerade diese Anbindung des Originals an die Realität verloren gehen kann (Kloock, 2003). Ein Beispiel ist die Kriegsberichterstattung: So war die Grausamkeit des Krieges durch die herkömmliche Foto- und Fernsehreportage während des Vietnamkrieges emotional erlebbarer als die modernen Nachtaufnahmen der Bombardierung Bagdads im zweiten Irakkrieg, die zeitweilig wie ein einfaches Feuerwerk auf den Rezipienten wirkten und dadurch ihre Beziehung zur „tötlichen Realität" verloren.

Beim Vergleich der alten Medien (Zeitung, Kino, Radio, Fernsehen) und den sich entfaltenden Möglichkeiten des neuen Mediums PC/Internet wird als entscheidender Punkt angesehen, dass aus dem eher passiven, massenmedial beeinflusstem Publikum heraus eine weltweite Öffentlichkeit entsteht, die sich durch eine aktive Teilnahme (Webblog, Podcasting) auszeichnet. Dadurch ist es tendenziell möglich, dass der Nutzer sich politisch-autoritären Einflüssen entziehen kann. Ob sich aus diesem Prozess eine neue Bewusstseinsstufe entwickeln wird, die sich durch eine Synthese aus bildhafter und begrifflicher Erkenntnisweise, einem interaktiven Diskurs einer breiten Öffentlichkeit und nicht linearen Denkweisen auszeichnet, ist nicht absehbar. Auf jeden Fall stellt diese Entwicklung hohe Anforderungen an die Balancierung von Individuum und Kollektiv und das Unterscheidungsvermögen zwischen Wahrheit und Verfälschung. Die Chance zur Selbstfindung steht der Gefahr des Selbstverlustes gegenüber.

Jenseits dieser Spekulationen lässt sich feststellen, dass die Ästhetik des Computers in Verbindung mit dem Internet eine qualitativ neue Stufe darstellt, die unsere Wahrnehmung und unser Erleben wesentlich verändert. Durch Integration aller bisherigen technischen Medien wie Fotografie, Telefonie, Film, Radio und Fernsehen und die digitale Verrechnung schriftlicher, auditiver und visueller „Texte" und deren Verlinkung zu Hypertexten ergeben sich vielfältige Nutzungsmöglichkeiten: Den unbegrenzten Zugriff auf Informationen im World Wide Web (WWW), die Ist-Zeit-Kommunikation mit vielen Teilnehmern weltweit und die nutzerbezogenen Interaktivität im Web 2.0. Dies alles führt zu dem intensiven subjektiven Erleben der „Versunkenheit" in virtuelle Welten.

1.2 Medienkritik und Medienbejahung zwischen Apokalypse und Utopie

Ein medialer Umbruch ist immer von Angst vor moralischem Verfall und gesellschaftlicher Revolte auf der einen Seite und von übertriebener Hoffnung auf die Schaffung einer alle menschlichen Bedürfnisse befriedigenden Welt auf der anderen Seite begleitet. Die Bewertung neuer Medien bewegt sich deshalb zwischen den beiden Extremen einer kulturpessimistischen Warnung vor der „drohenden Apokalypse" und einer apologetischen Hoffnung auf ein „nahes Utopia".

Von McLuhan (zitiert nach Johnson, 2006, S. 32 ff.) stammt ein Gedankenexperiment, nach dem man sich vorstellen soll, dass Videospiele lange vor der Einführung des Buches erfunden worden seien und seit Jahrtausenden unsere Kultur bestimmten. Würde nun in dieser Situation der Buchdruck erfunden und das Lesen als neue Kulturpraxis eingeführt werden, könnte man sich sehr gut die Argumente kulturpessimistischer Stimmen vorstellen. Sie würden kritisieren, dass beim Lesen einseitig die sprachrelevanten

Gehirnregionen aktiviert würden, das Lesen zu sozialem Rückzug und Isolation führen müsse, riesige Bibliothekstürme beängstigend unsere Stadtlandschaften bestimmen würden, Millionen von Legasthenikern benachteiligt wären und vor allem der Leser einem einseitig verfassten Manuskript ausgeliefert wäre. In der Tat wurde im 18. Jahrhundert mit der Verbreitung von Büchern die sogenannte „Lesesucht" postuliert, um vor der Gefahr zu warnen, dass Frauen und niedrige soziale Schichten dieser „Sucht" zunehmend verfallen könnten. Selbst noch im 19. Jahrhundert wurden in der Zeitschrift „The Hour" die Gefahren des Romans beschworen: „Millionen junger Frauen und Hunderttausende junger Männer werden durch Romane in die absolute Verdummung getrieben. Romanleser sind wie Opiumraucher: Je mehr sie davon haben, desto mehr wollen sie davon, und die Verleger ... machen weiterhin ein Vermögen mit dieser Betrügerei" (Tebbel, 1975, S. 171).

Dem von der Kanadischen Schule, vor allem durch McLuhan plakativ vertretenen Medien-Apriori folgen sowohl kulturpessimistische als auch apologetische Positionen. Einer der wichtigsten kulturpessimistischen Zeitgenossen McLuhans war Neil Postman (1985), der bezogen auf das damals dominante technische Medium des Fernsehens einen Verfall unserer Kultur, der menschlichen Urteilskraft und der Demokratie durch totales TV-Entertainment vorhersagte: „Wir amüsieren uns zu Tode". Dies gipfelt in seiner Aussage, dass die Menschen nicht mehr die reale Welt, sondern ausschließlich die Bilder der Fernsehwelt ernst nähmen.

Aktuell findet man eine ähnliche Kritik an dem vermeintlichen Einfluss, den der vernetzte Computer auf das wissenschaftliche Denken nimmt. So wird davor gewarnt, dass durch Informationssuchmaschinen das Niveau wissenschaftlichen Denkens kontinuierlich sinken könnte, da niemand mehr die Originalliteratur lese und keine Kontrollinstanz im Internet bestehe, welche die dort verbreiteten Informationen kritisch bewerte. Das so erworbene „Halbwissen" verliere dann noch jeden inhaltlichen Gehalt, wenn es mithilfe einer PowerPoint-Präsentation vorgestellt werde. Die inhärenten Effekte dieser Software mit all ihren „Spielereien" könnten dazu führen, dass der wissenschaftliche Diskurs zur reinen „Effekthascherei" werde. Die Journalistin Julia Keller verstieg sich in der Chicago Tribune sogar zu der Annahme, dass das PowerPoint-Programm eine „Emanation des Teufels" sei und bewertete es als „Technologisches Kokain" (zitiert nach Mertens & Leggewie, 2004).

Auch wird diese Argumentationsfigur vor dem Hintergrund neuerer Erkenntnisse der Neurobiologie angewendet. So kritisiert Spitzer (2005) das Fernsehen und den Computer und warnt, sicher zu Recht, vor dem zu häufigen und zu früh einsetzenden Medienkonsum bei Kindern und Heranwachsenden und den damit verbundenen möglichen neurophysiologischen, psychischen und gesundheitlichen Folgen. Seine kulturpessimistische Grundposition zeigt sich dann jedoch in seinem unikausalen und reduktionistischen Resümee, indem der Autor feststellt: „Elektronische Bildmedien – Fernsehen und Computer – machen dumm, dick und gewalttätig" (Spitzer, 2005, S. 245).

Eine völlig andere, eher apologetisch-utopische Auffassung der Medienauswirkungen findet sich in literarischen und filmischen Science-Fiction-Geschichten („Neuromancer", „Matrix" u. a.) sowie in aktuellen medienphilosophischen Konzeptionen (Flusser, 2000; Virilio, 1997) in Form von Zukunftsvisionen einer menschenunabhängigen virtuellen Realität. In diesen „Cyberspace-Utopien" wird jegliche Verbindung zwischen Realität und virtuellen Räumen, so wie sie durch den PC und das Internet aufrechterhalten wird, getrennt, so dass keine Schnittstelle mehr, sondern zwei parallele und vollständig voneinander getrennte Welten existieren. Diese Vorstellung ignoriert allerdings, dass die Generierung digitaler Datenräume an die Schaltkreise einer Rechenmaschine (Computer) gebunden ist und so den Gesetzen der Physik unterliegt (Fischbach, 2005). Es ist davon auszugehen, dass die Computer als Träger der digitalen Prozesse auch weiterhin von Menschen geschaffen werden. Gleiches gilt für den Transport, die Wartung und die „Abhängigkeit" von der durch den Menschen bereitgestellten Energie.

Nicht zuletzt erfolgt die Handhabung der datenverarbeitenden Maschinen durch den Körper des Nutzers mit seiner Sensomotorik und seinem zentralen Nervensystem. Die Erfahrung einer virtuellen Realität ist somit an reale psychische Prozesse, wie Gedanken, Fantasien, Gefühle und Bewertungen, d. h. an sinngebende Deutungsmuster des menschlichen Rezipienten, gebunden. Innerhalb der Kognitionswissenschaften vollzieht sich in diesem Zusammenhang eine Wende, bei der davon ausgegangen wird, dass für die menschliche Intelligenz ein Körper, ein Geist und eine Interaktion zwischen beiden vorausgesetzt werden. Nach Storch et al. (2006) werden unsere Wahrnehmung und unser Denken durch unsere Körperlichkeit, die an Raum und Zeit gebunden ist, entscheidend beeinflusst und sind nur als integraler Bestandteil eines körperlich handelnden Menschen verstehbar. Ein pragmatischer Bezug zum Alltagsleben, also die Tatsache, dass Menschen verschiedenste Medien gezielt für ihre Zwecke einsetzen, wird von der apologetisch-utopischen Position ebenfalls nicht berücksichtigt (Fiske, 2004; Münke, 2005).

Eine kurze Zusammenfassung der beschriebenen Positionen findet sich in Tabelle 1.

Tabelle 1: Positionen zur Mediennutzung

kulturpessimistisch-apokalyptisch	apologetisch-utopisch
• Medien führen zum „geistigen und kulturellen Verfall" • Betonung negativer sozialer, psychischer und körperlicher Folgen durch Mediennutzung	• durch die Einführung von Medien entsteht eine neue (friedliche) Welt • Abtrennung der fiktiven/virtuellen Welt von der lebenspraktischen Realität

Beide Positionen vernachlässigen das komplexe Bedingungsgefüge personaler, sozialer und gesellschaftlicher Einflussfaktoren auf die Mediennutzung. Die implizierte Annahme, dass die Konstruktion einer total virtuellen Welt, die sich völlig von der realen Lebenswelt gelöst hat, möglich ist, lässt sich nicht vertreten, da es für den Menschen immer nur einen indirekten, d. h. durch unsere Sinnesorgane und Sprache vermittelten Zugang zu realen und virtuellen Erlebnisräumen geben kann. Weiterhin wird nicht berücksichtigt, dass der Rezipient ein aktiv handelnder Mensch ist, dessen Medienverhalten als sinngebende Aneignung der Welt zu betrachten ist. Der weitgehende Rückzug in eine virtuelle Welt, wie wir es bei pathologischen PC-/Internet-Spielern beobachten können, muss deshalb als Ausnahmephänomen im Sinne einer psychischen Störung gesehen werden. Nur wenn bestimmte Rahmenbedingungen gegeben sind, wie z. B. eine mehr oder minder anfällige Persönlichkeit und mehr oder minder deprivierende Lebensumstände vorliegen, kann es zu einem so weitgehenden Rückzug aus der realen Lebenswelt kommen. Dieser Prozess wird quantitativ und qualitativ von dem technischen Stand und der sozialen Institutionalisierung der Neuen Medien mitbestimmt. Es handelt sich bei dieser pathologischen Mediennutzung also um eine psychische Fehlentwicklung, die in ein komplexes Bedingungsgefüge personaler, sozialer und gesellschaftlicher Einflussfaktoren, zu denen auch die Medien selbst gehören, eingebunden ist.

1.3 Medium, Medialität und Medienwelten

Durch die Kanadische Schule wurde Ende der 1960er Jahre der Impuls zur Gründung einer eigenständigen Medienwissenschaft gegeben. In diesem Zusammenhang muss eigentlich immer noch von Medienwissenschaften in der Mehrzahl gesprochen werden, da verschiedene Wissenschaften auf diesem Gebiet sehr spezifische Sichtweisen und Forschungsansätze entwickelt haben. Von besonderer Relevanz für das vorliegende Thema sind die Mediensoziologie (Neumann-Braun & Müller-Doohm, 2000), die Medienpädagogik (Hoffmann, 2003) und die Medienpsychologie (Mangold et al., 2004; Winterhoff-Spurck, 2004). Diese Wissenschaftsdisziplinen haben jedoch eine gemeinsame Terminologie zur Definition ihres Forschungsgegenstandes entwickelt (Faulstich, 2004; Hickethier, 2003), die zur Beschreibung der Besonderheiten des Mediums PC/Internet hilfreich ist. Im Folgenden sollen die in diesem Zusammenhang wichtigsten Begriffe erläutert werden.

Die ursprüngliche Wortbedeutung von *„Medium“* weist viele Facetten auf. Hier soll im Kern unter Medien etwas „Vermittelndes“ verstanden werden, wobei die Wahl des Mediums einen wichtigen Einfluss darauf hat, wie Menschen die Welt wahrnehmen und wie sie miteinander kommunizieren. Dieser letzte Aspekt wird in der aktuellen Mediendefinition betont, indem medienbezogenes Handeln als Bestandteil zwischenmenschlicher Kommunikation aufgefasst wird. Dieser so eingegrenzte Medienbegriff unterscheidet sich von dem sehr weiten, alltagssprachlichen Verständnis, nach welchem Medien als zweckorientierte Werkzeuge angesehen werden, wie z. B. ein Auto zur Fortbewegung, eine Brille zur Verbesserung der Sehfähigkeit, die Schrift als Ausdrucksmittel eines Dichters etc. Unter dem Begriff *Neue Medien* sollen die ab den 1970er Jahren entwickelten, vor allem audiovisuellen, Medien verstanden werden, d. h. alle digitalisierten und vernetzten Multimediatechnologien. Das Medium PC/Internet stellt den alle diese Entwicklungen integrierenden vorläufigen Höhepunkt dar (Hüther, 2005).

Die Bedeutung der Kanadischen Schule liegt vor allem darin, daraufhin hingewiesen zu haben, dass Medien als vermittelnde Instanz Auswirkung auf psychische und soziale Prozesse haben, indem sie deren Maßstäbe, Tempo oder Schemata verändern. McLuhan (2003) schreibt in seinem Standardwerk: „This fact merely underlines the point that ‘the medium is the message’ because it is the medium that shapes and controls the scale and form of human association and action (S. 20).”

Medien im umfassendsten Sinne erfüllen vier Funktionen. Sie dienen der Beobachtung, d. h. der Erweiterung unserer Wahrnehmungsmöglichkeiten, vor allem im auditiven

(Hörrohr, Megaphon) und visuellen (Mikroskop, Teleskop) Bereich. Durch Speicherung und Bearbeitung ermöglichen Medien eine dauerhafte Aufzeichnung von Informationen (Grammophon, Film, Schreibmaschine). Weiterhin haben sie die Funktion der Übertragung von Informationen, Botschaften und Inhalten (Rauchfeuer, Brieftaube, Kabelnetze etc.). Schließlich dienen Medien der Kommunikation, d. h. sie vermitteln auf komplexe Weise den Austausch zwischen Menschen.

Funktionen von Medien
• Erweiterung der Wahrnehmung • Speicherung und Bearbeitung von Informationen • Übertragung von Informationen • Zwischenmenschliche Kommunikation

© Freimut Woessner

Von den Medienwissenschaften wird vor allem die *kommunikative Funktion* betont. Diese zielt nicht nur auf eine Veränderung räumlicher und zeitlicher Strukturen ab, indem entfernte Orte schneller verbunden werden, sondern schafft ganz neue Kommunikationsräume. Damit geht eine zunehmende Technisierung der Kommunikation einher: Sowohl auf der Seite der Produktion als auch der Rezeption (im ursprünglichen informationstheoretischen Ansatz als Sender und Empfänger konzipiert) ist der Einsatz von technischen Geräten erforderlich, um die Kommunikation durchzuführen. Mit der Verbreitung gerätetechnischer Medien erfolgt eine teilweise Verdrängung, aber auch Erweiterung der natürlichen Face-to-Face-Kommunikation.

Alle Medien besitzen eine *Medialität*, d. h. eine typische Konstellation von Eigenschaften die das jeweilige Medium konstituieren und so mit dem Rezipienten auf spezifische Art in Interaktion stehen. Man spricht deshalb von dem „Filmischen" beim Film, dem „Radiophonen" beim Hörfunk oder dem „Televisuellen" beim Fernsehen. Die Medialität ist jedoch keine unveränderliche, kontextunabhängige Struktur, sondern entsteht in spezifischen gesellschaftlichen Situationen und ist mit speziellen Gebrauchsmustern verknüpft. So wurde bereits darauf hingewiesen, dass die Oralität in den präliteralen Gesellschaften andere Ausdrucksformen, wie z. B. rhythmisches Vorsingen oder Vortragen von geschichtlichen Erzählungen vor einem Publikum, aufwies, als dies heute der Fall ist. Beispielsweise erfordert das auf Tonträgern gespeicherte Hörspiel oder ein audiovisueller Videoclip keine Anwesenheit eines Kommunikationspartners.

Durch ein neues Medium realisiert sich nicht nur eine spezifische Medialität, sondern es entstehen eigenständige neue *Medienwelten* in denen sich Menschen ausdrücken, mit anderen austauschen und sich mittels ihrer Fantasie, Gedanken und Gefühle hineinversetzen können. Auf diese Art und Weise können Medienwelten den Alltag mitbestimmen. Man spricht in diesem Zusammenhang von der „Wirklichkeit schaffenden Sprache", der „Welt der Bilder" oder der „virtuellen Realität".

1.4 Medialität der Kombination PC/Internet

Um die Medialität des Virtuellen begreifen zu können, d. h. die damit verbundene qualitative Veränderung der sinnlichen Wahrnehmung und der Art des kommunikativen Austausches zwischen Menschen, ist es nicht hilfreich, das gedankliche Grundelement der Science-Fiction-Literatur oder idealistischer Strömungen der modernen Medienphilosophie aufzugreifen. Wie bereits dargestellt wurde, lösen diese Ansätze das Virtuelle von seiner materiellen Basis ab, was für die Diskussion des psychischen Erlebens im Kontext des pathologischen PC-/Internet-Spielens nicht sinnvoll ist.

Das Medium PC/Internet besitzt eine technische Basis, die es erlaubt, virtuelle Realitäten zu generieren. Daraus leiten sich die spezifischen Merkmale der Medialität des Virtuellen ab, die eine eigenständige neue Medienwelt entstehen lassen, welche populär als „Cyberspace" und wissenschaftlich als „virtuelle Realität" bezeichnet wird. Beim Umgang mit diesem neuen Medium und der von ihr erzeugten Medienwelt ergeben sich neue Erlebnisformen, Entwicklungsmöglichkeiten der Persönlichkeit und Kommunikationsmuster beim jeweiligen Nutzer, die sowohl zu positiven als auch zu negativen

Konsequenzen führen können. Anders als in den in Kapitel 1.2 dargestellten Positionen angenommen, stellt das neue Medium jedoch weder eine destruktive Macht dar, noch ist es ein Allheilmittel.

Die technische Basis des Mediums PC/Internet basiert auf dem speziellen mathematischen Hintergrund der „Turing-Machine". Der Mathematiker Alan Turing konnte zeigen, dass sich mit nur drei Operationen (Lesen, Schreiben und „Kopf bewegen") sämtliche mathematischen Grundfunktionen simulieren und darauf aufbauend auch komplexe Programme entwickeln lassen. Auf dieser Grundlage wurde es mittels Digitalisierung möglich, dieses Prinzip materiell in Form von Großcomputern und später für den Alltagsgebrauch als PC zu realisieren. Durch Speicherung, Verrechnung und Versendung digitaler Signale und deren vernetzter Integration in Hypertexten konnten komplexe Simulationen, d. h. virtuelle Realitäten, erzeugt werden.

Die Medialität des PC/Internets wird durch fünf Eigenschaften konstituiert, welche so vor wenigen Jahrzehnten noch nicht vorstellbar waren (vgl. Abb. 1).

Zunächst handelt es sich um drei Merkmale die sich bereits in früheren technischen Medien finden, und in das Medium PC/Internet integriert und darin technisch weiterentwickelt wurden. Durch deren Kombination entstanden eine sinnlich komplexere Anreizsituation, eine gesteigerte Schnelligkeit der Datenübertragung und die leichtere Überwindung von räumlichen Entfernungen.

Das erste Merkmal ist die *Multimedialität*, die aus der Integration auditiver und visueller Elemente entstanden ist, womit eine audiovisuelle Sinnlichkeit bei dem Medium

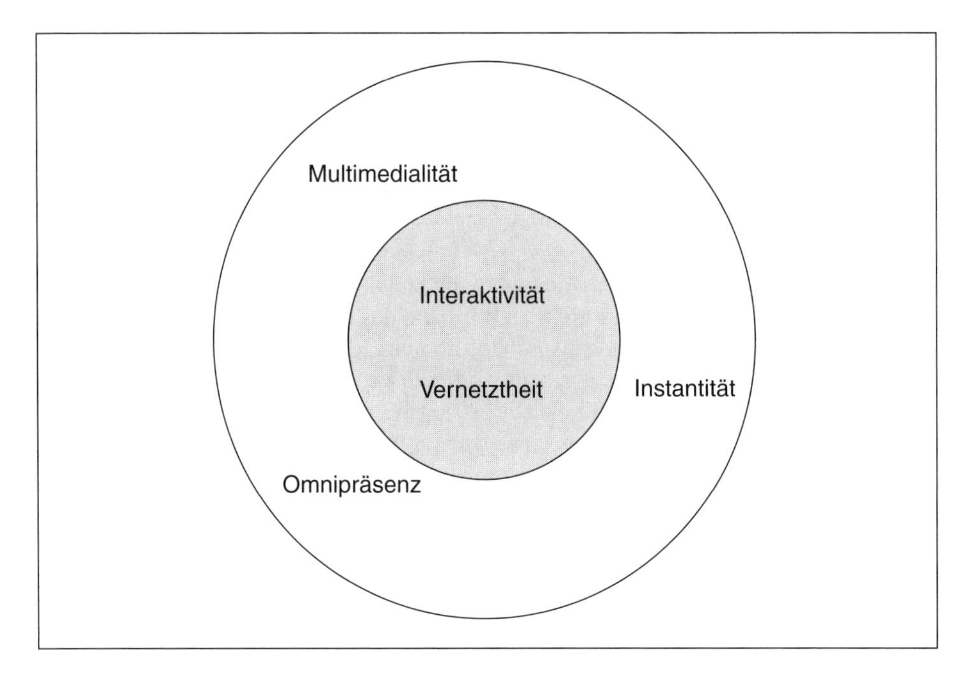

Abbildung 1: Konstitutive Merkmale des Mediums PC/Internet

PC/Internet dominiert. Inzwischen bestehen Versuche, taktile Sinneswahrnehmungen einzubeziehen. Dies könnte perspektivisch dazu führen, dass alle unsere Sinne in einen integrierten Wahrnehmungsmodus einbezogen werden, wodurch eine Sinneswahrnehmung entstehen könnte, die unseren Alltagserfahrungen immer näher käme.

Weiterhin besitzt das neue Medium eine *Instantität*. Durch die extrem schnelle Signalübertragung ist es möglich geworden, dass alle Sinneseindrücke innerhalb subjektiv kaum noch erfahrbarer physikalischer Grenzen in „Jetztzeit" erfolgen. Damit verbunden ist eine für die Moderne charakteristische Beschleunigung unseres Zeitgefühls. Es bleibt keine Zeit zum Verweilen, für die Muße oder auch für Langeweile. Unser Alltag wird durch einen extrem schnellen Takt bestimmt. Dabei können virtuelle Prozesse viel schneller ablaufen, als dies in der Realität möglich wäre. Der Mediennutzer kann so immer mehr im Augenblick leben und sich eine rasante Abfolge von Momenterlebnissen verschaffen. Dies impliziert jedoch keine Aufhebung der Zeitgebundenheit der zugrunde liegenden physikalischen Übertragungsprozesse.

Das dritte Merkmal ist in der Möglichkeit zur *Omnipräsenz* zu sehen. Der Nutzer kann sich unmittelbar an jeden Ort der Welt „bewegen", er kann von überall Bilder empfangen und dies sogar gleichzeitig von mehreren räumlich voneinander entfernten Ereignissen. Darüber hinaus kann er sich in einer von ihm geschaffenen virtuellen Welt bewegen und sich damit neben seiner Alltagserfahrung eine zusätzliche virtuelle Erlebnisweise erschließen. Hier sei bemerkt, dass es sich nicht um eine reale Fortbewegung handelt, wie sie als „Beamen" in der Science-Fiction-Literatur beschrieben wird.

Die beiden letzten Merkmale des neuen Mediums PC/Internet beinhalten einen qualitativen Sprung, der in dieser Art keinem der früheren Medien eigen war.

Die Kommunikation mittels PC/Internet besitzt eine *Vernetztheit*, wodurch der Nutzer von überallher Informationen, Wissen und Techniken abrufen und austauschen kann. Er kann darüber hinaus mit einer fast unbegrenzten Anzahl von Menschen, Gruppen und Institutionen auf dieser Welt Verbindung aufnehmen. Er kann auf vielfältige Art und Weise kommunizieren, dabei virtuelle Beziehungen eingehen, sich Stellvertreter in der virtuellen Welt nach eigenen Vorstellungen schaffen (sog. „Avatare") und mit virtuellen Stellvertretern anderer Personen kommunizieren. Schließlich besteht die Möglichkeit, sich virtuellen Gruppen und Gemeinschaften anzuschließen.

Das letzte Merkmal besteht in der *Interaktivität* des neuen Mediums. Der Nutzer ist kein passiver Konsument mehr, sondern aktiver Gestalter und Einflussnehmer auf das Geschehen. Er bestimmt selbst, wann und mit wem er Kontakt aufnimmt, welche Informationen er sich sucht und in welche virtuellen Erlebnisräume er sich begibt. Aufgrund der immer komplexer werdenden Programme und der umfassenden Vernetztheit kann auf jede Handlung eine unmittelbare Reaktion erfolgen, wodurch es möglich wird, sich innerhalb virtueller Realitäten weit entfernt von Widerständen der realen Welt zu bewegen. Diese Interaktivität bezieht sich auch auf die angesprochene vernetzte Kommunikation mit anderen Personen. Der Nutzer erlangt damit „soziale Präsenz" in einer virtuellen Welt.

Bezogen auf die beiden letzten Kernmerkmale dieser neuen Medialität bestehen materielle und soziale Grenzen. Die vernetzte Kommunikation wird durch den ungleichen

Verbreitungsgrad des neuen Mediums und die unterschiedlichen Nutzungsgewohnheiten bis hin zu staatlichen Zensurmaßnahmen beschränkt. Gleichzeitig ist die Interaktivität, z. B. bei Computerspielen, durch die vorgegebenen Programme und die Angebote der Game-Industrie beschränkt, auch wenn der Nutzer dies subjektiv nicht so erlebt. Für beide Merkmale gelten die Grenzen des Nutzers, der sich dieses Angebot aufgrund seiner körperlichen Konstitution, seiner psychischen Funktionsfähigkeit und seiner realen sozialen Einbindung nur begrenzt und selektiv aneignen kann.

Dennoch tut sich durch das Medium PC/Internet eine völlig eigenständige Welt auf, in die sich der Nutzer mit all seinen Gefühlen, seinen Einstellungen und seinen Fantasien hineinbegeben kann. Dabei besteht die Möglichkeit, sich vorübergehend von der Widerständigkeit der materiellen Welt, in der vieles subjektiv gesehen mit Anstrengung verbunden ist, zu entfernen. In der virtuellen Welt kann der Nutzer dagegen vielfältige, seine kreativ-spielerischen Kompetenzen fordernde, Erfahrungen sammeln wobei es möglich ist, eine starke Handlungskontrolle auszuüben und schnelle Erfolge zu erzielen. Dies ist möglich, indem alle im WWW verfügbaren Informationen beschafft werden können und dadurch Wissen erworben wird oder soziale Kontakte aufgenommen werden, sich Gruppen angeschlossen und mit fremden Personen und Institutionen kommuniziert wird. Der Rezipient kann negative, konfliktreiche Situationen ausfiltern, Gefühle sozialer Verbundenheit erleben und Selbstwert steigernde Anerkennung durch virtuelle Partner erhalten. Schließlich lassen sich unerfüllte Wünsche und real nicht erfüllte Bedürfnisse ersatzweise im virtuellen Raum einlösen und unbekannte Teile der Persönlichkeit entdecken und entwickeln, es können sogar völlig fremde Existenzformen wie ein anderes Geschlecht angenommen oder sich in ein fantasiertes Wesen verwandelt werden. Es wird deutlich, dass mit dieser Fülle von Möglichkeiten neben der Chance, eigene kreative Kräfte zu entwickeln und sich persönlich zu verwirklichen auch die Gefahr verbunden ist, sich in dieser Welt zu verlieren und dadurch den Kontakt zur realen Lebensumgebung einzubüßen.

2 Medienpsychologische Grundlagen

Zusammenfassung

Innerhalb der Medienpsychologie hat sich eine rezipientenorientierte Vorstellung durchgesetzt, derzufolge computervermittelte Kommunikationsprozesse auf dem Hintergrund eines komplexen Bedingungsgefüges stattfinden und Medienwirkungen nicht isoliert betrachtet werden können. Im Zentrum der Kommunikation wird ein kreativ handelnder Rezipient angenommen, der diesen Prozess aktiv steuert und der sich der Unterscheidbarkeit von Virtualität und Realität bewusst ist. Die virtuelle Erlebnisweise der „Versunkenheit" lässt sich anhand der sinnlichen Qualitäten des Mediums. der Motivation des Nutzers sowie des situativen und sozialen Kontextes charakterisieren. Aktuelle medientheoretische Ansätze sehen die Nutzung der Neuen Medien im „Normalfall" als eine Erweiterungsmöglichkeit der Face-to-Face-Kommunikation an. Mögliche Einschränkungen und Gefahren dieser neuen Kommunikationsart müssen in Abhängigkeit von den sozioökonomischen Rahmenbedingungen, dem situativen Kontext und Unterschieden in den Persönlichkeiten der Kommunikationspartner bewertet werden.

2.1 Erklärungsansätze zur Mediennutzung

Die klassische Medienpsychologie (Winterhoff-Spurk, 2004) hat sich schwerpunktmäßig mit dem Fernsehen als Massenmedium beschäftigt und war als Wirkungsforschung konzipiert. Ziel war die empirische Erfassung der kognitiven Medienwirkungen, d. h. der Veränderung von Einstellungen und Wissen, der emotionalen Wirkungen speziell beim Einsatz des Fernsehens als Mittel der Gefühlsregulation und der verhaltensbezogenen Wirkungen der Medien, insbesondere das Auslösen anti- bzw. prosozialen Verhaltens. Dabei konnten einseitig zugespitzte kulturpessimistische Bewertungen aus den 1980er Jahren (Maletzke, 1988; Postman, 1985), die bis heute anhalten (Spitzer, 2005; vgl. Kap. 1.2), relativiert werden.

Einen Themenschwerpunkt bilden nach wie vor problematische Medienwirkungen, z. B. im Bereich aggressiven Verhaltens. Nach heutiger Ansicht führen Gewaltdarstellungen nicht unmittelbar zur Gewaltausübung, sondern liefern aggressive Muster, die unter bestimmten Rahmenbedingungen, wie z. B. der Verfügbarkeit von Waffen, dem Vorliegen bestimmter Persönlichkeitsmerkmale (z. B. Impulsivität) und situativer Faktoren (Rauschmitteleinfluss), aggressionsfördernd sein können. Dasselbe gilt für Video- (Knoll, 1993) und moderne Computerspiele (Hartmann, 2006), welche sich häufig aus militärischen Simulationsspielen ableiten (Grossmann & DeGaetano, 2003). Waldrich (2007) weist am Beispiel jugendlicher Amokläufer eindringlich darauf hin, dass dieses Phänomen nicht einseitig auf das Medium PC/Internet zurückzuführen ist, sondern erst auf dem Hintergrund entfremdeter Lebensverhältnisse verständlich wird. Diese führen dem Autor nach dazu, dass Heranwachsende zu wenig soziale Anerkennung erhalten und keine befriedigenden Bindungserfahrungen mehr erleben. In einem leistungsorientierten Schulsystem, das ständig Verlierer „produziert", kann es im Extremfall dazu kommen, dass unter Rückgriff auf die in Gewaltspielen eintrainierten Muster bei anfälligen Persönlichkeiten ein Amoklauf entsteht.

Eine aktuelle Debatte beschäftigt sich mit einem „neuen" Sozialcharakter, den man in einschlägigen Talkshows beobachten kann, und der sich durch seine emotionale Oberflächlichkeit und sein Bedürfnis nach theatralischer Inszenierung auszeichnet (Winterhoff-Spurk, 2005). Illouz (2007) führt dazu aus, dass diese zunehmende öffentliche Zurschaustellung des privaten Selbst in der kapitalistischen Ökonomisierung des persönlichen Gefühlslebens wurzelt. Die Autorin schließt damit neue Formen der Gefühlsäußerung im Internet, insbesondere in Partnerbörsen, ein.

Bereits in den 1970er Jahren fand – bezogen auf die alten Medien (Zeitung, Rundfunk und Fernsehen) – ein Paradigmenwechsel in der Medienforschung statt. Die *medienzentrierte* Sichtweise, der zufolge vor allem Massenmedien linear und kausal auf den Konsumenten einwirken, wurde durch eine *rezipientenorientierte* Sichtweise abgelöst. Dieser Annahme lagen empirische Befunde zugrunde, nach denen Rezipienten sich nicht wahllos Medienbotschaften aussetzen sondern selektiv – vor allem durch ihre persönlichen Einstellungen und Bedürfnisse gesteuert – Medien auswählen und nutzen. Darüber hinaus konnte am Beispiel von Wahlentscheidungen empirisch gezeigt werden, dass der Einfluss von Massenmedien geringer ausfällt, als die Beeinflussung durch persönliche Kontakte und die Normen von Bezugsgruppen (Vogel et al., 2007).

Ein bis heute bedeutsames Erklärungsmodell der aktiven, selektiven Mediennutzung ist der *Uses-and-Gratifications-Ansatz* von Katz und Mitarbeitern (1974). Die Nutzung von Medien sollte immer vor dem Hintergrund der individuellen Motivationen und Zielsetzungen des Rezipienten gesehen werden. Der Rezipient ist sich seiner Bedürfnisse und Motive bei der Medienwahl und deren Nutzung bewusst. Er entscheidet sich aktiv unter Berücksichtigung alternativer Möglichkeiten der Bedürfnisbefriedigung für die Nutzung oder Nichtnutzung von Medien und natürlich auch für oder gegen spezifische Medien und die darin enthaltenen unterschiedlichen Formate und Anwendungsformen.

Bezogen auf das Fernsehen führt Keppler (2006) aus, dass dem Konsumenten die Differenz zwischen realitätsbezogenen Dokumentationen und fiktiven Darstellungen gerade durch das Nebeneinander vielfältigster Formate (Dokumentation, Doku-Soap, Nachrichten, Quizsendung, Talkshow, Schauspiel, Spielfilm, Gameshow, Werbung etc.) ständig bewusst ist. Wir erkennen beim Einschalten einer Sendung aufgrund der Variation des wahrnehmbaren Kontextes auf Anhieb den mehr oder minder ausgeprägten Realitätsbezug des Dargestellten. Von Früh (2002) wurde das bewusste Erleben der virtuellen Vermittlung beim Video- und Computerspielen thematisiert. Er kritisiert die im medienphilosophischen Diskurs angesprochene Annahme, dass der Nutzer des Mediums PC/ Internet vollständig in eine andere Welt eintrete und die Welt, in der er sich körperlich befindet, völlig vergesse. Der Autor erklärt dies anhand eines Abenteuer-Rollenspieles, bei dem der Nutzer in einem fernen Land gegen Monster kämpft. Er hinterfragt, warum dieser nicht spätestens bei dem zweiten Fehlschuss in Panik gerate und stellt die grundsätzlich Frage: „Was sollte einen total involvierten Zuschauer oder Videospieler, dem das Bewusstsein der Vermitteltheit völlig abhanden gekommen ist, überhaupt noch veranlassen, aus der virtuellen Welt wieder auszusteigen?" (Früh, 2002, S. 133).

Interaktives Fernsehen

Zum besseren Verständnis der Mediennutzung wurden bereits für die klassischen Massenmedien komplexere theoretische Erklärungsmodelle entwickelt. Ein Beispiel ist die *Theorie der Fernsehunterhaltung* von Früh (2002). Er analysiert das Unterhaltungserlebnis beim Fernsehen als eine angenehm erlebte Metaemotion, die aus der Verarbeitung vielfältiger angenehmer und unangenehmer Emotionen, auch bei „gruseligen" Medienangeboten, tendenziell zu einem positiven Erleben führt. Zum Unterhaltungserlebnis kommt es laut dem Autor aber nur dann, wenn Merkmale der Person, des Medienangebotes und des situativen Hintergrundes zusammenpassen und der Rezipient die Gewissheit hat, dass er die Situation kontrollieren kann.

2.2 Medienpsychologische Kommunikationstheorien

Die Medienpsychologie wird zurzeit in den übergeordneten theoretischen Rahmen der Kommunikationspsychologie gestellt. Sie beschäftigt sich mit der Analyse, Erklärung und Vorhersage von psychischen Prozessen und Erlebnissen medial vermittelter Kommunikation (Bierhoff & Frey, 2006; Frindte, 2001; Six et al. 2007). Ursprünglich wurde von einem einfachen Modell der Informationsübertragung ausgegangen, wie es Shannon und Weaver (1949) formulierten. Ihrer Vorstellung nach, die auf den Bereich der Informationstechnologie zurückzuführen ist, kodiert ein Sender eine Nachricht, welche über einen Kanal mit möglichen Störeinflüssen an einen Empfänger übermittelt wird, der wiederum diese Nachricht dekodiert. Gegen die Übertragung dieses einfachen Modells auf den menschlichen Kontext gibt es grundsätzliche Einwände. Die zwischenmenschliche Kommunikation ist immer in eine interaktionelle Gesamtsituation eingebettet, in der sprachliche und nicht sprachliche Kommunikationsformen gleichzeitig auftreten. Es besteht ein intensiver Austausch zwischen den Kommunikationspartnern mit dem Ziel, ein gegenseitiges Verständnis aufzubauen und Handlungen aufeinander abzustimmen.

Mittlerweile hat sich als Bezugsmodell die sogenannte *Face-to-Face-Kommunikation* durchgesetzt, an der jegliche zwischenmenschliche Kommunikationsformen gemessen werden. Es handelt sich dabei um eine besondere Art der Kommunikation, in der wechselseitig miteinander agierende Akteure auf der Basis eines gemeinsamen Zeichensystems innerhalb einer Gesamtsituation aufeinander abgestimmte verbale und nonverbale Botschaften übermitteln, um ein gemeinsames Verständnis und eine gegenseitige Beeinflussung herzustellen (Winterhoff-Spurk, 2004).

Im Gegensatz zur Kommunikation von Angesicht zu Angesicht muss die *computervermittelte Kommunikation* als eine andere Form des menschlichen Austausches angesehen werden. Beim Einsatz des Computers als Kommunikationsmedium fehlt die körperliche Kopräsenz der Partner. Es bestehen hierbei zwei alternative Möglichkeiten der zeitlichen Synchronisation, indem zum einen die Botschaften zeitgleich und zum andern zeitversetzt ausgetauscht werden können. Die Kommunikation erfolgt bisher größtenteils textbasiert durch das Schreiben der Botschaft mittels Tastatur und anschließendem Lesen auf dem Monitor. Dabei ist typischerweise der nonverbale Kommunikationsmodus nicht gegeben. Die Besonderheiten dieser textbasierten computervermittelten Kommunikation haben dazu geführt, dass zur Kompensation fehlender nonverbaler Ausdrucksmittel neue expressive Formen der Verständigung geschaffen werden. Es handelt sich um sogenannte „Emoticons“, wie den „Smiley“ (☺), Aktionswörter wie *schluck* oder sogenannte „Disclaimer“, d. h. relativierende Metakommunikationen, wie „nur ein Scherz“ (Döring, 1999). Darüber hinaus haben sich netzwerkspezifische Normen entwickelt, die den Umgang mit der Anonymität regeln und den gegenseitigen Respekt sicherstellen sollen. So finden sich spezielle Regelsysteme („Netiquette“) für E-Mails, News-Groups, für den Chat oder für Rollenspiele (Misoch, 2006). Die technische Entwicklung hat mittlerweile dazu geführt, dass sowohl die direkte sprachliche Kommunikation mittels Headset und Internettelefonie als auch die gegenseitige optische Wahrnehmung durch eine Webcam ermöglicht wird. Ein Beispiel dafür ist das Messenger-Programm „Skype“, das die Möglichkeit bietet, diese beiden Kommunikationsformen zu einem audiovisuellen Kommunikationsmodus zu integrieren.

Bezogen auf die computervermittelte Kommunikation existiert eine Fülle von Theorien, die jedoch immer nur spezielle Aspekte, wie die Medienwahl, die besonderen Merkmale des Mediums und die Art der Verarbeitung medialer Einflüsse betreffen (Döring, 2003b;

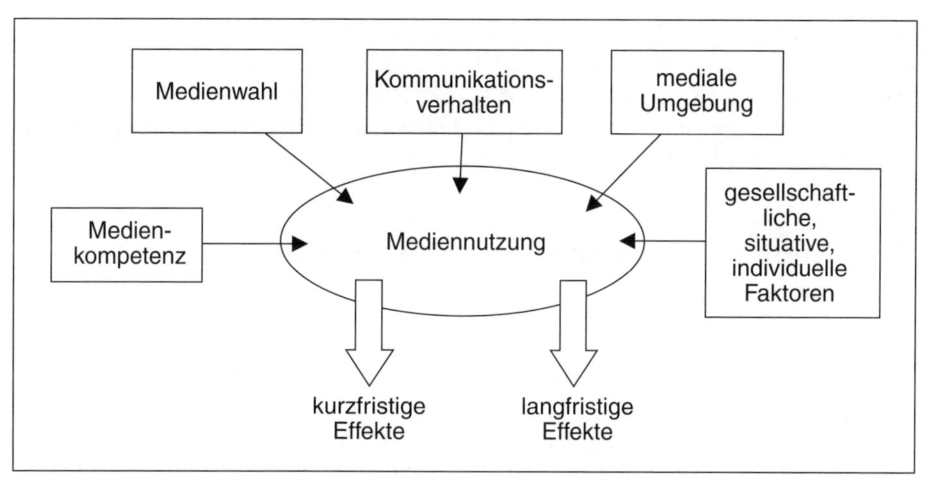

Abbildung 2: Medienökologisches Rahmenmodell von Döring (1999)

Misoch, 2006). Von Döring wurde deshalb ein integratives *medienökologisches Rahmenmodell* vorgeschlagen (Döring, 1999). Dieses ist schematisch in Abbildung 2 dargestellt.

Die erste Komponente dieses Modells betrifft die *Medienwahl*. Dies wirft die Frage auf, welche Bedingungen dazu führen, dass aus einem bestehenden Spektrum ein konkretes Medium, z. B. Brief, Telefon, E-Mail etc. ausgewählt wird. Diese Wahl hängt von verschiedensten Merkmalen ab, wie der Verfügbarkeit des jeweiligen Mediums, der Medienkompetenz des Nutzers und der für ihn relevanten sozialen Normen. Eine zweite Komponente des Modells beinhaltet die *mediale Umgebung*, die den gewählten Code, wie z. B. Sprache oder Schrift, den Teilnehmerkreis, die zeitliche Abstimmung, die räumliche Anordnung und allgemeine kulturelle Normen umfasst. Je nach gewählter oder vorgegebener medialer Umgebung bestehen typische Möglichkeiten oder Einschränkungen der Kommunikation. Die dritte Komponente bezieht sich auf das *Kommunikationsverhalten*, d. h. die Aneignung der bestehenden medienspezifischen Optionen und Restriktionen im Rahmen eines sozialen Verständigungsprozesses. Dabei betonen technikdeterministische Modelle den direkten Einfluss der Medienmerkmale bzw. der medialen Umgebung, wobei der Einfluss des Nutzers vernachlässigt wird. Die rezipientenorientierten Modelle betonen dagegen die Kompensationsmöglichkeiten der bestehenden medialen Einschränkungen und die kreative Ausschöpfung neuer und zusätzlicher Optionen, die mit einem spezifischen Medium verbunden sein können, durch den aktiv handelnden Nutzer. Schließlich wird zwischen *kurzfristigen Effekten* und *langfristigen Folgen* der Mediennutzung unterschieden. Bezogen auf die kurzfristigen Effekte wird davon ausgegangen, dass die Medienkompetenz darüber entscheidet, ob es im Vergleich zur Face-to-Face-Kommunikation zu Defiziten in der Kommunikation kommt oder diese Einschränkungen kompensiert bzw. kreativ ausgeweitet werden. Bezüglich der langfristigen Folgen der Mediennutzung müssen diese Auswirkungen in Abhängigkeit von den gesellschaftlichen Rahmenbedingungen, dem situativen Kontext und den Persönlichkeitsmerkmalen der Kommunikationspartner betrachtet werden. Dabei kann es zu mehr oder minder bereichernden oder problematischen Konsequenzen hinsichtlich der Identitätsentwicklung, sozialer Beziehungen und Gruppenprozessen kommen. Diese langfristigen Folgen hängen nicht nur von der Qualität der computervermittelten Kommunikationen ab, sondern auch von der Art und dem Umfang der Verzahnung mit anderen Kommunikationsformen, wie z. B. Telefon- und Briefkontakten oder dem persönlichen Austausch von Angesicht zu Angesicht.

2.3 Versunken in virtuellen Welten, Telepräsenz und Immersion

Jeder PC-/Internet-Nutzer kennt das Erleben der Zeitvergessenheit („time sink"). Dieses Phänomen (Wallace, 1999) wurde im Rahmen einer Längsschnittbeobachtung von Haushalten, deren Online-Aktivität verfolgt wurde, mit negativen Aspekten, wie der Reduzierung familiärer und sozialer Kontakte und dem Auftreten von Gefühlen der Einsamkeit und Depressionen, in Verbindung gebracht. Nach Döring (2003b) kann die häufige Nutzung des Mediums PC/Internet einerseits sowohl zu einer Reduzierung sozialer Beziehungen führen (Eskapismus; vgl. Kap. 2.5) als andererseits auch zur Pflege und zum Ausbau sozialer Bindungen beitragen. Für die Mehrheit der Nutzer wird aufgrund bisheriger Untersuchungen angenommen, dass die Nutzung der Neuen Medien zusätzliche soziale Kontakte ermöglicht. Dies zeigt sich darin, dass in der heranwachsenden Generation eine zunehmende Verzahnung von Online- und Offline-Kontakten besteht (sog. Hybrid-Beziehungen).

In Bezug auf die psychische Erlebnisqualität der Versunkenheit in virtuelle Räume hat sich inzwischen ein konzeptionell und methodisch differenzierterer Ansatz entwickelt, in dessen Zentrum die Begriffe der Telepräsenz und Immersion stehen (Bente et al., 2002).

Das Konstrukt der *Telepräsenz* bezieht sich auf die Erfahrung des Rezipienten, inwieweit er sich in einem System anwesend fühlt. Es wird davon ausgegangen, dass mit dem PC/Internet eine künstliche Realität geschaffen wird, in der sich der Nutzer mehr oder minder anwesend erlebt. In dieser virtuellen Umgebung erlebt er ein Gefühl der raum-zeitlichen Anwesenheit. Für die Telepräsenz, die für Video- und Computerspiele besonders bedeutsam ist, werden zwei Faktoren als grundlegend erachtet. Es handelt sich um die Lebendigkeit, die zum einen durch die Anzahl gleichzeitig erfahrbarer Sinnesmodalitäten beeinflusst wird (sensorische Breite) und zum anderen durch den Differenzierungsgrad innerhalb einzelner sensorischer Bereiche (sensorische Tiefe). Den zweiten Faktor bildet die Interaktivität, welche von der Geschwindigkeit, mit der Informationen aufgenommen werden, der Anzahl verfügbarer Verhaltensalternativen und der Fähigkeit des Systems, Handlungsräume in natürlicher und vorhersehbarer Weise auf das Nutzerverhalten abzustimmen, abhängt. Im Laufe der technischen Entwicklung ist es deshalb zunehmend möglich, sich als Mediennutzer immer stärker im System anwesend zu fühlen. Inzwischen werden nicht nur diese medientechnischen Besonderheiten betrachtet, sondern es wird auch den aufgaben- und personenbezogenen Merkmalen mehr Aufmerksamkeit geschenkt. Dabei scheint für die Telepräsenz vor allem die Aufgabenschwierigkeit und deren Automatisierungsgrad von Bedeutung zu sein. Auf der Seite des Rezipienten ist dessen Vertrautheit und Kompetenz hinsichtlich der jeweiligen Situationsanforderungen bedeutsam. Von der Telepräsenz lässt sich die sogenannte *so-*

ziale Präsenz abgrenzen, worunter nach der Theorie von Short und Mitarbeitern (1976) das „Ins-Auge-springen" (Salienz) anderer Personen in einer Interaktion verstanden wird. Die Autoren erfassen damit die Unmittelbarkeit und damit verbundene Intimität der sozialen Interaktion, z. B. im Rahmen von Videokonferenzen (vgl. dazu Kap. 2.4).

Während sich die Telepräsenz auf die erlebte Anwesenheit in einer virtuellen Realität bezieht, ist unter dem Begriff der *Immersion* das Zurücktreten der realen Erlebniswelt hinter die virtuelle Realität zu verstehen. Für das Eintauchen in die virtuelle Welt wird vor allem die Aufmerksamkeitszentrierung, d. h. die kognitive, gefühlsmäßige und handlungsbezogene Fokussierung, auf die virtuell präsentierten Inhalte verantwortlich gemacht. Entsprechend dieser Definitionen müssen die Intensität der erlebten Telepräsenz und das Ausmaß des Eintauchens als wechselseitig abhängig gesehen werden. Die Merkmale der beiden Konstrukte für das „Versunkensein" in einer virtuellen Welt sind in Tabelle 2 zusammengefasst.

Tabelle 2: Merkmale von Telepräsenz und Immersion

Telepräsenz	**Immersion**
Anwesenheit in der virtuellen Erlebniswelt: • beeinflusst durch Lebendigkeit der sensorischen Stimulationen • abhängig vom Grad der Interaktivität, von Aufgaben- und Personenmerkmalen	Eintauchen in den virtuellen Erlebnismodus: • Fokussierung der Aufmerksamkeit auf virtuelle Inhalte und Abläufe • Zurücktreten der realen Lebenswirklichkeit

Es wäre jedoch falsch, die hier beschriebenen Prozesse allein auf die sinnlichen Qualitäten des Mediums zurückzuführen. Um die psychischen Prozesse beim Umgang mit virtuellen Realitäten zu verstehen, sollten vielmehr medienunabhängige Faktoren, insbesondere die *Motivation* des Rezipienten, einbezogen werden. In diesem Zusammenhang wird auf das „Flow-Konzept" von Csikszentmihalyi (1975) zurückgegriffen. Damit ist das Erleben des Fließens von Handlungsketten bei optimaler Passung von Aufgabenschwierigkeit und Handlungskompetenz gemeint. Wenn optimale Rückmeldungen über den Erfolg einer Handlung stattfinden, kommt es zu einem Erfolgserleben. Dies kann dazu führen, dass die Unterschiede zwischen Spiel und Arbeit verschwinden. In der Realität mit ihrer Widerständigkeit ist dies ein seltenes, schwer zu erlangendes Erlebnis, wohingegen in virtuellen Welten vielfältige Angebote zum schnellen Herbeiführen solcher „Flow-Gefühle" gegeben sind.

Wir haben es also mit einem mehrdimensionalen Prozess der Motivation, Aufmerksamkeitssteuerung und raumkognitiven Wahrnehmung zu tun. Dabei ist noch wenig erforscht, inwieweit nicht nur die Umgebungswahrnehmung, sondern auch Aspekte der Selbstwahrnehmung und der erlebten Beziehung zu Kommunikationspartnern im virtuellen Raum zu einer veränderten Erlebnisqualität führen. Es liegen ebenso noch keine Befunde darüber vor, wie aus diesem vorübergehenden Zustand der Versunkenheit bei einem zu frühen und/oder exzessiven Medienkonsum ein dauerhafter Rückzug in die virtuelle Welt entstehen kann.

2.4 Virtuelle Erlebnispotenziale

Die Nutzungssituation des Mediums PC/Internet, also die Aneignung der medienspezifischen Optionen und Restriktionen dieses speziellen medialen Angebotes, ist charakterisiert durch die physische Isolation des Nutzers und eine soziale Anonymität, in der er sich befindet, wenn er sich mit den spezifischen Anreizen dieses Mediums auseinandersetzt. Der Nutzer ist mit den drei übergeordneten Anreizen der Unterhaltung, Beziehungsbildung und Identitätsentwicklung konfrontiert. Im Sinne der Lewinschen Verhaltensgleichung (Lewin, 1982) resultiert aus der Wechselbeziehung zwischen innerer Bedürftigkeit und dem Aufforderungscharakter der äußeren Anreizsituation das konkrete Verhalten.

Bezogen auf die computervermittelte Kommunikation wurde diese Nutzungssituation zunächst unter der technikdeterministischen Perspektive des „Kanal-Reduktions-Modells“ betrachtet (Döring, 2003b; Misoch, 2006). Es wurde angenommen, dass aufgrund der Reduktion angesprochener Sinnesmodalitäten, des restringierten Zeichensystems und eingeschränkter Handlungsmöglichkeiten eine Entsinnlichung, Enträumlichung und Entzeitlichung stattfindet. Die Qualität der Kommunikation wurde als emotional kühler, sachorientierter und sozial distanzierter angesehen. Dies konnte auch zunächst anhand kurzfristiger Effekte in Laborexperimenten belegt werden. Diese Position kann inzwischen als überwunden gelten, da gezeigt werden konnte, dass eine längerfristige aktive Mediennutzung vielfältige Kompensationsmöglichkeiten etabliert. Solch ein Effekt tritt auf, wenn die Neuen Medien ergänzend zur alltäglichen Kommunikation eingesetzt werden und eine Verschränkung der Face-to-Face-Kommunikation mit der modernen technisierten Medienkultur besteht (Hahn, 2007).

2.4.1 Unterhaltung

Ein übergeordneter Anreiz des Mediums PC/Internet besteht in der Weiterentwicklung von Angeboten älterer Medien (insbesondere des Fernsehens) zur Unterhaltung der Rezipienten. Mittels der Neuen Medien ist es möglich, alle älteren Medienangebote, wie Printmedien, Rundfunksendungen und Fernsehsendungen, im Online-Modus zu erleben. Die Interaktivität lässt ganz neue Unterhaltungsangebote wie Blogs, Audio- und Video-Podcasts entstehen. Als Beispiel für einen lokalen Blog seien die „Bielefelder Flaneure“ genannt. Darin berichten zwei Kenner in sehr treffender und unterhaltsamer Art von ihren wöchentlichen Streifzügen durch Bielefelder Kneipen, Imbissbuden und Restaurants. Ein bundesweit beliebter Blog ist der „Bild-Blog“ (www.bildblog.de). Überregional finden die gesammelten Video-Clips und Musikdateien, die sich über YouTube empfangen lassen, besonderes Interesse. Offline und Online verfügbare Video- und Computerspiele stellen die häufigste Form der Unterhaltung dar. Dies reicht von den einfachsten Spielen wie „Tetris“ und „Moorhuhn“ über diverse Kartenspiele wie „Spider Solitär“ bis hin zu komplexeren Simulationsspielen, z. B. Fußballspielen oder Strategiespielen wie „SimCity“.

Zur Erklärung des Phänomens Unterhaltung bestehen vielfältige theoretische Ansätze (Früh, 2002). Nach traditioneller Auffassung handelt es sich bei der Unterhaltung um die Auslösung positiver Emotionen als Mittel der Stimmungsregulation und somit der

Befriedigung des menschlichen Grundbedürfnisses (Grawe, 2004) nach Lustgewinn und Unlustvermeidung. Über die emotionsregulierende Funktion hinaus muss die Wechselwirkung zwischen dem Objekt der Unterhaltung, d. h. den Inhalten und der medialen Rahmung des Angebotes und den Rezipienten, die das Aufgenommene aktiv und selektiv verarbeiten, als wesentlicher Einflussfaktor berücksichtigt werden. Dieser psychische Erlebniszustand ist darüber hinaus in den sozialen Kontext der unterhaltungsproduzierenden Kulturindustrie mit seiner systemstabilisierenden Funktion einzuordnen (Baudrillard, 1978; Haug, 2009; Horkheimer & Adorno, 1992). Bei Vorderer (2001) wird unter Bezug auf die handlungstheoretische Theorie des Spielens (vgl. dazu Kap. 3) Unterhaltung als Spielhandlung definiert, da es sich wie beim Spiel um eine zweckfreie Handlung um ihrer Selbst willen handelt, ein Wechsel des Realitätsbezuges erfolgt und die Handlung durch häufige Wiederholungen geprägt ist. Die Unterhaltung dient – wie das Spiel – der Realitätsbewältigung durch Kompensation unerfüllter Wünsche und beinhaltet die Möglichkeit zur projektiven Selbstverwirklichung.

Wie bereits ausgeführt, ermöglicht das neue Medium PC/Internet eine noch intensivere Erlebnisqualität der Unterhaltung als es traditionelle Medien vermögen. Aufgrund ihrer medialen Eigenschaften kommt es zu einem noch intensiver erlebten Gefühl der Anwesenheit in dem System (Telepräsenz) und einer noch stärkeren Aufmerksamkeitszentrierung auf das mediale Angebot, so dass die reale Welt noch stärker in den Hintergrund rückt (Immersion). Im Normalfall bleibt jedoch dem Rezipienten die Vermitteltheit seines medialen Handels bewusst. Der Videospieler, der z. B. ein virtuelles Formel-1-Rennen fährt, ist sich während der Bedienung der Tastatur, der Maus oder des Joysticks bewusst, dass es sich nicht um die Schaltung, Kupplung und Lenkung eines realen Fahrzeuges handelt (Früh, 2002). Der Gamer ist z. B. auch dazu in der Lage sofort die Escape-Taste zu drücken, wenn ein unerwünschter Beobachter den Raum betritt (z. B. der Vorgesetzte), und einen dadurch verursachten virtuellen Crash seines Wagens in Kauf zu nehmen.

Das subjektive virtuelle Erlebnis kann unter Umständen viel intensiver und leichter sein, als es in der Realität vorkommt. Ein echter Formel-1-Fahrer muss über einen durchtrainierten Körper verfügen und diese Kraft gegen die Fliehkraft einsetzen. Er muss entwickelte Fähigkeiten zur Angstbewältigung besitzen, eine hohe Anstrengungs- und Ausdauerbereitschaft aufweisen und wird dennoch immer wieder mit negativen Erfahrungen bis hin zu gefährlichen Unfällen konfrontiert. Der Videospieler ist von allen diesen physischen und psychischen Widerständen der Realität weitgehend befreit und erhält ein unmittelbares im Verlauf positiver werdendes Feedback mit einem entsprechend euphorisierenden Erlebniszustand (Flow).

Im Zusammenhang mit der Erlebnisqualität Unterhaltung ist auf ein weiteres inzwischen häufiges Alltagsphänomen hinzuweisen. Es handelt sich um das allen bekannte Surfen im WWW. Gemeint ist dabei nicht die berufsbedingte Informationssuche oder die private Suche nach preisgünstigen Urlaubsangeboten im Internet, sondern das freie, *ungezielte Surfen*, bei dem man von Link zu Link auf immer wieder neue interessante Dinge stößt, aus denen sich wiederum andere Hinweise ergeben.

Das Phänomen lässt sich im Rahmen der menschlichen Neugiermotivation verstehen (Berlyne, 1960, 1971). Dabei handelt es sich ursprünglich um ein biologisches Motiv, da

Neugierverhalten der Orientierung von Lebewesen in ihrer Umwelt dient. Berlyne unterscheidet zwischen spezifischem und diversivem Neugierverhalten. Ersteres wird durch spezifische Reize der Umwelt ausgelöst, während letzteres als Reaktion auf eine reizarme Situation, in der Menschen Langeweile erleben, erfolgt. Spezifisches Neugierverhalten hängt von besonderen Reizmerkmalen wie Neuigkeit, Komplexität, Zweideutigkeit und der mit einem Reiz verbundenen Unsicherheit zusammen. Die dabei auftretende Unsicherheit kann durch das Neugierverhalten, das mit einer verstärkten Informationsaufnahme einhergeht, reduziert werden. Bezogen auf das diversive Neugierverhalten wird von der erregungspsychologischen Annahme ausgegangen, dass alle Menschen ein – individuell allerdings sehr unterschiedlich ausgeprägtes – mittleres Erregungsniveau anstreben. Im Zustand einer Untererregung tritt Langeweile auf, was zu Neugierverhalten führt, so dass dieser unangenehme Zustand beseitigt werden kann. Dies trifft auf das freie, ungezielte Surfen im Netz zu, bei dem es sich um eine unspezifische Suche nach Reizen handelt, die der Aufrechterhaltung bzw. Erreichung eines mittleren Erregungsniveaus dient.

Die neugierbedingte Informationssuche im WWW kann auch als gezielte Suche im Sinne einer Sammelleidenschaft auftreten. Beim *Sammeln* handelt es sich um eine systematische Form der Suche in Bezug auf ein definiertes Interessengebiet. Hinzu kommt, dass neben bedeutsamen Informationen auch Gegenstände erworben und aufbewahrt werden. Das Sammeln steht evolutionspsychologisch in Zusammenhang mit der Vorratshaltung in den Jäger- und Sammler-Kulturen. Allgemeinpsychologisch lässt es sich heute als unterhaltsame Form der Freizeitgestaltung (Hobby) interpretieren, die der Weiterbildung, der Kontaktaufnahme zu anderen Menschen und der Gewinnung eines gesellschaftlichen Status mit entsprechender sozialer Anerkennung dient. Im Gegensatz zur arbeitsbezogenen Informationssuche handelt es sich um ein zweckfreies, sich wiederholendes, eine eigene Welt schaffendes Spielverhalten (Oerter 1993, 1998). Vor dem Hintergrund der heutigen komplexen, arbeitsteiligen Industriegesellschaft mit ihren Unsicherheiten kann ein überschaubares Sammelgebiet ein Gefühl der Sicherheit und Kompetenz herstellen. Der Psychoanalytiker Muensterberger vergleicht die Objekte von Sammlern mit den kindlichen Übergangsobjekten (Winnicott, 1974), die der Abwehr von Gefühlen der Hilflosigkeit und Trennungsangst dienen (Muensterberger, 1995). Dies ergibt einen möglichen Interpretationsrahmen für pathologische Formen des „zweickfreien Surfens“ und der exzessiven Nutzung von Verkaufsplattformen wie „eBay“ mittels PC/Internet (vgl. dazu Kap. 8.3 und 8.4).

2.4.2 Beziehungsbildung

Ein weiteres übergeordnetes Angebot des Mediums PC/Internet besteht in der Herstellung und dem Erleben virtueller Beziehungen. Hahn (2007) erläutert, dass eine Beziehung als Einheit von subjektiv gefühlter Nähe und Entferntheit entsteht. Sie ist nicht zwangsläufig an räumliche Nähe oder Entferntheit gebunden, da alles Abwesende innerlich als durchaus anwesend erleben werden kann. Im Kontext der heutigen Gesellschaft sind Formen der Medienkommunikation weit verbreitet, die dazu geführt haben, dass die eigentlich paradoxe „intime Distanzkommunikation“ als eine aktuell typische Kommunikationssituation angesehen werden kann. Vor dem Hintergrund der langfristigen

© Freimut Woessner

soziostrukturellen und kulturellen Wandlungsprozesse moderner Gesellschaften bieten mediale Kommunikationsformen die Möglichkeit, der prinzipiellen Offenheit und Ungewissheit menschlicher Lebenserfahrungen zu entgehen. Die räumlich distanzierte, anonyme, körperlose und zeitlich kontrollierbare soziale Beziehungsbildung mittels neuer Medien erlaubt dem Nutzer, dem belastenden Handlungsdruck und der interaktiven Ungewissheit der Face-to-Face-Kommunikation zu entgehen. Dies kann zu einer subjektiv als offener, emotionaler und intimer erlebten Fülle virtueller Beziehungen führen.

Ein Beispiel dafür sind spezielle Chatforen, wie z. B. das Internet-Forum „Absolute Beginners". Dabei handelt es sich um Erwachsene, die ungewollt keine Beziehungserfahrungen (insbesondere sexuelle Erfahrungen) erlebt haben. Die Teilnehmer weisen einen abstrakten und theoretischen Blickwinkel ihrer Problematik auf und beraten sich wechselseitig auf ansehnlichem fachlichem Niveau. Gleichzeitig besitzen sie ein Beziehungsideal mit hohen romantischen Ansprüchen. Die medienvermittelte Kommunikation erlaubt ihnen eine dafür adäquate Problemlösung, die so in alltäglichen Face-to-Face-Kontakten für sie nicht realisierbar wäre. Alle Teilnehmer berichten von einem sehr vertrauensvollen Austausch mit ihren Gesprächspartnern. Sie erfahren dabei einen subjektiv höheren Intimitätsgrad als in ihrem realen Lebensalltag.

Eine Erklärung dieses Phänomens wird von dem Ansatz zur *hyperpersonalen Beziehung* (Walther, 1996) versucht. Der Autor greift die These auf, dass die Online-Kommunikation herzlicher, sozialer und intimer verlaufe als die Face-to-Face-Kommunikation (vgl. dazu Kap. 8.2). Walther sieht dies in drei Faktoren begründet. Zum ersten wird der virtuelle Partner verstärkt idealisiert. Dies hängt damit zusammen, dass das restringierte Zeichensystem zu einer stereotypisierten Wahrnehmung des Gegenübers führt, und die dabei bestehenden Informationslücken durch positive und idealisierte Inhalte ausgefüllt werden. Zum zweiten findet eine selektive Selbstdarstellung statt, indem sozial erwünschte positive Eigenschaften bei der Präsentation gegenüber Anderen ausgewählt werden. Dieses als *Impression Management* bezeichnete Phänomen tritt sowohl im realen Leben als auch in der computervermittelten Kommunikation auf. Durch die zunehmende Verschränkung zwischen realen und medialen Kommunikationsformen kann es jedoch zu interessanten Wechselwirkungen zwischen den möglicherweise unterschiedlich verlaufenden Selbstdarstellungen gegenüber fremden Personen im Online- oder Offline-Modus kommen (McKenna et al., 2005). In Anlehnung an Bell und Daly (1984) hat die selektiv positive Selbstdarstellung gegenüber Fremden vor allem die Funktion, soziale Anerkennung zu bekommen. Als dritter Faktor wird die Intensität des Erlebens durch die Wechselseitigkeit der Kommunikation verstärkt, die insbesondere bei der zeitlich versetzten (asynchronen) Kommunikation (E-Mail, Foren) den Teilnehmern gute Kontrollmöglichkeiten erlaubt und Zeit für idealisierende Projektionen bereitstellt.

Utz (2002) stellte bezogen auf Mehrpersonen-Online-Rollenspiele fest, dass beim Einloggen in diese virtuelle Gemeinschaft schon zu Beginn die soziale Identifikation mit der Gruppe sehr hoch ist, da die jeweilige Gemeinschaft aus Interesse an dem Thema gewählt wurde und aufgrund der Anonymität der anderen Mitglieder deren Homogenität als Repräsentanten einer gleich gesinnten Gruppe überschätzt wird. Darüber hinaus findet sich ein linearer Anstieg der interpersonalen Vertrautheit in Abhängigkeit von der Dauer der gemeinsamen Online-Aktivität (vgl. dazu Kap. 8.1).

Zimmerman (1987) konnte in einer experimentellen Langzeitstudie bestätigten, dass die computervermittelte Kommunikation das Potenzial besitzt, den Beteiligten eine emotional reichhaltige und beziehungsorientierte Kommunikation zu ermöglichen. Der gefundene Zusammenhang gilt insbesondere für emotional belastete und psychisch kranke Jugendliche.

2.4.3 Identitätsentwicklung

Ein dritter Bereich des virtuellen Erlebens betrifft die Entwicklung einer virtuellen Identität (Döring, 2003b; Köhler, 2005). In sozialpsychologischen Theorien wird zwischen der personalen Identität, d. h. den persönlichen Einstellungen und Fähigkeiten einer Person sowie der sozialen Identität als Summe von Identifikationen einer Person durch Zugehörigkeit zu sozialen Gemeinschaften unterschieden.

Bezugspunkt der folgenden Diskussion ist die Arbeit von Turkle (1998). Als Hintergrund für ihren Ansatz beschreibt die Autorin die veränderte Struktur moderner Gesellschaften. Diese weisen eine zunehmende Komplexität und Ungewissheit auf, so dass die familiären und beruflichen Lebensverhältnisse unter den Bedingungen von Globalisierung und politischer Deregulation neue Persönlichkeitsstrukturen im Sinne einer facettenreichen, weniger kohärenten Identität erfordern (Bolz, 2004). Turkle entwirft dazu das Bild einer spielerischen Konstruktion des Selbst in der neuen Netzkultur. Sie untersucht dies vor allem an den Mehrpersonen-Online-Rollenspielen. Ihre Hauptthese ist, dass es sich beim Internet um ein soziales Labor handelt, in dem mit verschiedenen Teilen der Identität experimentiert werden kann und so eine Multiplizierung des Selbst durch die Konstruktion verschiedener Online-Teilpersonen entsteht. Die Autorin geht davon aus, dass es sich dabei nicht um einen pathologischen Prozess handelt, sondern um eine Form der Selbstentwicklung, die nur unter den geschützten Bedingungen einer anonymisierten, computervermittelten Kommunikation möglich ist. Aus diesem Prozess heraus entsteht ihrer Ansicht nach eine postmoderne Identität, die als Anpassungsform an veränderte gesellschaftliche Gegebenheiten zu begreifen ist.

Aus einer kulturpessimistischen Sichtweise heraus kann die Annahme formuliert werden, dass durch die restriktiven Bedingungen der computervermittelten Kommunikation ein Identitätsverlust (Deindividuation) auftritt, da bei dieser Kommunikationsform soziale Hinweisreize herausgefiltert werden. Dies führt nach Döring (2003b) dazu, dass Angaben über die soziale Identität oder die körperliche Ausstattung einer Person bewusster und möglicherweise verfälscht kommuniziert werden. Die Autorin geht davon aus, dass bei der virtuellen Identitätsbildung subjektiv bedeutsame Aspekte des Selbst als Teilidentitäten interpretiert werden können, die sich zu einer „Patchwork-Identität" zusammenfügen und fortlaufend verändert werden. Die im Alltag entwickelte Persönlichkeit kann sich mittels computervermittelter Kommunikation verändern, indem bestimmte Aspekte der Identität nicht aktiviert werden, d. h. eine unpersönliche Kommunikation stattfindet, hingegen andere Teilaspekte der Identität, z. B. im Rahmen einer gruppenorientierten Kommunikation, gezielt betont werden oder gar völlig neue Identitäten geschaffen werden können. Döring resümiert den Forschungsstand und stellt fest: „Der pauschale kulturpessimistische Vorwurf des Identitätsverlusts und Versteckens hinter Schein-Identitäten ist ebenso zurück zu weisen, wie die Annahme, dass Internet-Kommunikationen generell Selbstexploration (umfassende Realisation vorhandener Selbst-Aspekte) und Selbstentwicklung (erproben neuer Handlungsweisen, Erfahrungstransfer) fördere ..." (Döring, 2003b, S. 410).

Köhler (2005) untersuchte, inwieweit es im Rahmen einer verstärkten computervermittelten Kommunikation zu möglichen pathologisch-dissoziativen Erfahrungen kommen kann. Er zieht aus seinen empirischen Befunden den Schluss, dass nur eine geringe Zunahme dissoziativer Erfahrungen bei jugendlichen Internetnutzern auftritt und dass diese Art der Kommunikation nicht zu einer pathologischen Veränderung der Persönlichkeit führt. Er weist ebenfalls darauf hin, dass sich dieser Befund möglicherweise nicht auf die extrem intensive Nutzung des Internets generalisieren lässt. Bezogen auf die soziale Identität resümiert Köhler, dass durch die Nutzung des Mediums PC/Internet sowohl kurzfristige Veränderungen der Selbstwahrnehmung und Selbstakzeptanz als auch langfristige Veränderungen feststellbar sind. Er betont jedoch, dass es sich dabei um ein sehr komplexes Bedingungsgefüge handelt, bei dem die Medienerfahrung, die Art der gemeinschaftlichen Nutzung des Mediums, die vorhandene physische Isolation und das subjektive Hervorstechen (Salienz) der virtuellen Gemeinschaft von Bedeutung sind. Aufgrund des unklaren Ursache- und Wirkungsverhältnisses und bezüglich der Übertragung dieser Befunde auf die zunehmende Nutzung neuer Medien im Alltag von Kindern und Jugendlichen stellt er fest: „ ... kann weder aus Sicht der klinisch-psychiatrischen Forschung noch aus Sicht der medien- und persönlichkeitspsychologischen Arbeiten eine auch nur annähernd befriedigende Modellierung der Veränderung von personaler und sozialer Identität bei der untersuchten Altersgruppe angeboten werden" (Köhler, 2005, S. 264).

Von besonderem Interesse für die Fragestellung nach der Veränderung der personalen und sozialen Identität erscheint das völlig neue Gebiet der Erforschung virtueller Stellvertreter (Avatare). In diesem Zusammenhang ist der von Short und Mitarbeitern (1976) eingeführte Begriff der *sozialen Präsenz* von Bedeutung. Sie definieren die soziale Präsenz einer Person im Rahmen einer computervermittelten Kommunikation als das Ausmaß des Hervorstechens (Salienz) des virtuellen Interaktionspartners und der damit verbundenen interpersonalen Beziehung. Ihre zentrale Aussage besteht darin, dass die soziale Präsenz mit zunehmenden Restriktionen des Kommunikationskanals eines Mediums abnimmt. Demnach ist die soziale Präsenz beim Kontakt von Angesicht zu Angesicht am höchsten und sinkt bei der audiovisuellen über die auditive bis hin zur textbasierten Kommunikation ab.

Bei einer avatarbasierten Kommunikation besteht die Besonderheit, dass virtuelle Stellvertreter, hinter denen reale Personen stehen, miteinander interagieren. Von Petersen und Mitarbeitern (2002) wurde diese Situation genauer untersucht. Sie gingen der Frage nach, inwieweit durch den Einsatz virtueller Stellvertreter in einer computervermittelten Kommunikation eine Steigerung des sozialen Präsenzerlebens erfolgt und in welchem Ausmaß dies den Verlauf der Kommunikation beeinflusst. Die Autoren kamen in ihren experimentellen Untersuchungen zu dem überraschenden Ergebnis, dass sich die avatarvermittelte, die videobasierte und die Face-to-Face-Kommunikation hinsichtlich ihrer sozialemotionalen Personenwahrnehmung und dem Präsenzempfinden nicht unterscheiden. Sie schließen daraus, dass unser menschliches Kommunikationssystem eine außergewöhnliche Anpassungsfähigkeit aufweist, da es den Teilnehmern auf frappierende Weise gelingt, eine „normale“ Unterhaltung mit einem Avatar als Gesprächspartner zu führen und effektiv zu handeln. Dies spricht für die Kompensationshypothese, wonach restriktive, kanalreduzierende Merkmale eines Mediums rasch und effektiv ausgeglichen werden können.

Ein anderer Aspekt der Forschung zu virtuellen Stellvertretern betrifft die durch Nutzer gewählte Verkörperung ihres gewählten Avatars. Dabei besteht die Möglichkeit, extreme Formen der sozialen Maskierung, wie z. B. die Veränderung des Geschlechtes (Gender-Switching), vorzunehmen. In einer Untersuchung von Misoch (2007) wurden die Avatare in der virtuellen Welt „Second Life“ qualitativ analysiert. Der Befund sagt eindeutig aus, dass es eine deutliche Tendenz zur Verkörperung mittels menschlicher und eindeutig geschlechtlich identifizierbarer Stellvertreter, die der realen Geschlechtszugehörigkeit entsprechen, besteht. Die Avatare gleichen mehrheitlich den an das geschlechtsbezogene Schönheitsideal angepassten Stereotypen. Mithin besteht die Tendenz, idealisierte Selbstanteile in die virtuelle Figur zu projizieren. Dies bestätigt bisherige Befunde, denen zufolge radikale Veränderungen bei der Selbstdarstellung in virtuellen Räumen eher seltener sind (Cooper et al., 1999).

2.5 Gefahr des Eskapismus

Das Konzept der Realitätsflucht durch Medienkonsum, der sogenannte *Eskapismus*, geht auf Katz und Foulkes (1962) zurück. Sie gehen davon aus, dass aufgrund einer durch die modernen Industriegesellschaften entstandenen Entfremdung für eine Mehrheit der

Bevölkerung unbefriedigende Lebensbedingungen entstehen. Die Welt werde als trist wahrgenommen, so dass nur durch Flucht in die Welt virtueller Medieninhalte das Leben erträglich gestaltet werden könne. Es bestehe das Motiv, der Wirklichkeit vorübergehend zu entfliehen, um eine schönere und angenehmere Welt zu erleben. Da es sich bei letzterer um eine fiktive Wirklichkeit handelt, seien keine negativen Konsequenzen zu fürchten und es sei jederzeit möglich, die virtuelle Welt wieder zu verlassen. Diese Art der Mediennutzung führe zu einer starken Identifikation mit den Medieninhalten und deren Akteuren. Der Medienkonsument kann vergessen, sich passiv entspannen, sich von den Anforderungen der Realität ablenken, angenehme Emotionen erleben und sich frustrierte Wünsche erfüllen. Diese kurzfristige Entlastung führe jedoch zu keiner Verbesserung der Lebenssituation und kann unter sozialkritischer Perspektive als systemstabilisierende Wirkung angesehen werden (Baudrillard, 1978; Haug, 2009; Horkheimer & Adorno, 1992). Es handelt sich beim Eskapismus also um ein sehr komplexes Konzept, das sowohl die gesellschaftlichen Ursachen, als auch die Motive des Nutzers sowie die Art des Medienkonsums, dessen Inhalte und Wirkungen umfasst. Dieses Konzept wurde im Medienbereich vor allem auf das Fernsehen angewandt.

In der aktuellen medienpsychologischen Diskussion über die computervermittelte Kommunikation wird das Phänomen des Eskapismus zwar erwähnt, jedoch nicht ausführlicher untersucht. So weist Döring (1999, 2003b) auf die Gefahr des sozialen Rückzugs mit gleichzeitiger Flucht in eine virtuelle Scheinidentität zwar hin, stellt jedoch fest, dass dieser Fall auf den normalen Mediennutzer nicht zutreffe. Dieser nutze die neuen Medien eher dazu, zusätzliche soziale Kontakte herzustellen. Virtuelle Identitäten hätten in der Regel nicht die Funktion, sich hinter virtuelle Masken zurückzuziehen, sondern dienten dazu, die reale Identität zu ergänzen. Die Autorin gibt lediglich den Hinweis darauf, dass möglicherweise Personen mit individuellen Problemen, wie z. B. einem geringen Selbstwertgefühl oder sozialen Ängsten, für eine eskapistische Mediennutzung anfällig seien.

Die medienpsychologische Literatur geht insgesamt davon aus, dass negative Auswirkungen der zunehmend verbreiteten Nutzung neuer Medien die Ausnahme darstellen, da die Mehrheit der „normalen" Mediennutzer in der Lage sei, die Restriktionen und Optionen medienkompetent für sich zu nutzen. Diese Annahme impliziert, dass die Nutzer die jeweiligen Vor- und Nachteile eines Mediums kennen, durch kompetenten Umgang mögliche Defizite kompensieren können und ihre personale und soziale Identität durch virtuelle Anteile anzureichern vermögen. Dabei wird ein persönlich stabiles Individuum vorausgesetzt, das in der Lage ist, seine Emotionen zu regulieren und eine stabile Identität zu entwickeln. Im Umgang mit den beschriebenen Erlebnisweisen der Unterhaltung, der Beziehungsbildung und der Identitätsentwicklung bedeutet dies, dass der „Normalnutzer" sich vorübergehend entspannen kann, intensivere soziale Beziehungen aufnehmen kann, als dies im Alltag möglich ist, und in der Lage ist, neue Seiten seiner Identität zu entdecken.

Gleichzeitig wird unterstellt, dass der Nutzer jederzeit in der Lage sei, bezüglich seiner Medienwahl und seines Medienkonsums Kontrolle auszuüben und die reale und virtuelle Realität auseinanderhalten zu können. Der heutige Mediennutzer „switche" somit geschickt unter Anpassung an veränderte gesellschaftliche Lebensbedingungen zwischen seiner Online- und Offline-Kommunikation hin und her. Die aufgezeigte Entwicklung der Medientheorien und die dazu bisher vorliegenden empirischen Untersuchungen scheinen diesen Standpunkt zu bekräftigen. Frühere Annahmen über den defizitären Charakter des Mediums PC/Internet und damit in direktem Zusammenhang stehende negative Folgen können somit als zweifelhaft betrachtet werden.

Unter sozialkritischer Perspektive kann man die u. a. von Döring vertretene Position auch als apologetisch interpretieren. Auf einer noch sehr eingeschränkten empirischen Basis wird psychologisierend ausgeblendet, dass die damit geforderte Medienkompetenz große Teile der Jugend und sozial benachteiligter Schichten überfordert und mit den Konsumanreizen der Medienökonomie alleine lässt. So wird von Pfeiffer und Mitarbeitern (2007) anhand umfangreicher Untersuchungen an Schülern auf dem Hintergrund des komplexen Bedingungsgefüges von Herkunft, Elternhaus, Geschlecht und Medienkonsum auf den deutlichen Zusammenhang (in Quer- und Längsschnittstudien) zwischen Ausmaß und Art der Mediennutzung und defizitären Schulleistungen bei Risikogruppen (Migranten, Jungen, Unterschicht) hingewiesen.

Eine Generalisierbarkeit bisheriger empirischer Befunde und der dargestellten Erklärungsansätze auf die exzessive Nutzung des Mediums PC/Internet ist noch nicht gegeben. Bezogen auf den pathologischen Umgang mit den neuen Medien wird lediglich angenommen, dass eine Wechselbeziehung zwischen problematischer Nutzung der Neuen Medien und pathologischen Persönlichkeitsmerkmalen besteht.

3 Handlungspsychologie des Spiels

Zusammenfassung

Das handlungspsychologische Modell des Spiels von Oerter geht von der Annahme aus, dass spielerisches Verhalten zielgerichtet und auf einen Gegenstand bezogen ist. Das Spiel dient der Auseinandersetzung mit der gegenständlichen Welt, der Bewältigung von belastenden Erfahrungen und der Bearbeitung von Entwicklungsthemen. Ebenso gehen andere Theorien von einer konstruktiven Funktion des Spiels sowohl für die individuelle als auch die kulturelle Entwicklung aus. Das Medium PC/Internet kann als universelles Spielzeug angesehen werden, das den Bedürfnissen nach Gefühlsregulation, Beziehungsaufnahme und Identitätsentwicklung nachkommt. Darüber hinaus können damit frustrierende Alltagserfahrungen kompensiert werden. Problematisch wird es jedoch dann, wenn diese Funktion Überhand nimmt und so der PC bzw. das Internet zum dominierenden Bezugsobjekt wird. In diesem Fall spricht man von einem dysfunktionalen PC-/Internet-Gebrauch.

3.1 Handlungstheorie nach Oerter

Der bekannte Entwicklungspsychologe Rolf Oerter (1993, 2008) stellte auf der Grundlage der *Kulturhistorischen Schule* der sowjetischen Psychologie (Leontjew, 1964; Holzkamp, 1983) ein handlungstheoretisches Modell des Spiels auf. Dabei integrierte der Autor auch andere, z. B. psychoanalytische, Theorien über das Wesen des menschlichen Spiels und die empirischen Ergebnisse der modernen Entwicklungspsychologie in seine Konzeption. Ausgangspunkt seiner Handlungstheorie ist die Annahme, dass menschliches Verhalten nicht als äußere Bewegung (Behaviorismus) oder inneres Erleben und Bewerten (Kognitivismus) zu verstehen ist, sondern als eine Handlung, die zielgerichtet und auf einen Gegenstand bezogen ist. Die Zielgerichtetheit zeigt sich in der zeitlichen Vorwegnahme des Handlungszieles, im Sinne eines inneren Planes, der zwischenzeitlichen Beibehaltung und Umsetzung der Handlungsabsicht und der Kontrolle des Ergebnisses durch Abgleich mit den Handlungszielen. Der Gegenstandsbezug besteht darin, dass Gegenstände die Kristallisationspunkte von Handlungen und damit von zentraler Bedeutung für die menschliche Entwicklung sind. Das Handeln wird durch die Beschaffenheit der Gegenstände als kulturelles Erzeugnis der Gesellschaft bestimmt. Im Laufe der kindlichen Entwicklung erfolgt eine Loslösung vom alleinigen Bezug auf materielle Gegenstände, so dass auch Ideen, Werte und Regeln zu Bezugspunkten werden können.

Nach Oerter ist es trotz der vielfältigen Erscheinungsformen des Spiels möglich, drei begrifflich zentrale Merkmale zu definieren. Das erste Merkmal ist die *Zweckfreiheit* des Spiels, das als Handlung um der Handlung willen ausgeführt wird. Er verweist in diesem Zusammenhang auf das von Csikszentmihalyi (1975) als „Flow" benannte Gefühl, das vorliegt, wenn der Handelnde optimal beansprucht wird, der Handlungsablauf glatt und flüssig verläuft, die Konzentration sich von selbst einstellt, das Zeiterleben teilweise ausgeschaltet ist und man sich selbst nicht mehr von der Tätigkeit abgehoben, sondern ganz in ihr aufgegangen fühlt. Das zweite Merkmal besteht in einem *Wechsel des Realitätsbezuges*. Es wird im Sinne von Wygotski (1980) eine „eingebildete Situation" geschaffen (vgl. Kap. 3.2), d. h. ein eigener Handlungsrahmen gebildet, innerhalb dessen Gegenstände, Handlungen und Personen andere Bedeutungen erhalten können als dies in der Realität der Fall ist. Nach Bateson (1981) ist dies bei der Beteiligung mehrerer Organismen – er bezieht dies auch auf Tiere – nur möglich, wenn eine Form der Metakommunikation, d. h. Verständigung über den gemeinsamen vereinbarten Rahmen, erfolgt. Das dritte Merkmal des Spiels zeigt sich in einer (häufigen) *Wiederholung* von Handlungen und ggf. in einer Festlegung eines rituellen Ablaufs.

In der tätigkeitstheoretischen Grundlegung durch Leontjew (1977) wird zwischen drei Ebenen unterschieden. Im Zentrum steht die *Handlungsebene*, d. h. die eigentliche Spielaktion, die sowohl zielgerichtet als auch bewusst ist. Das Kind kann also benennen, was es gerade tut (Kartenspielen, Rennfahrer spielen etc.). In der Spielhandlung nutzt es als untergeordnete Ebene bestimmte *Operationen*, d. h. automatisierte, nicht bewusste Handlungsroutinen, wie z. B. Laufen oder Sprechen. Die *Tätigkeitsebene* bildet schließlich den übergeordneten Rahmen, in den Handlungen und Operationen eingebettet sind. Im Sinne der kritischen Theorie von Holzkamp (1983) betrifft dies die gesellschaftliche Natur des Menschen. Die Spieltätigkeit hat den allgemeinen Sinn, das existenzsichernde Streben des Menschen in symbolischer Form kindgerecht auszuleben.

Die Handlungstheorie Oerters charakterisiert das Spiel durch vier Besonderheiten. Es handelt sich zum einen um den für viele Spiele typischen *„Aktivierungszirkel"*, der sich auf die Zweckfreiheit des Spielens bezieht. Dieser Zirkel äußert sich darin, dass bei bestimmten Spielformen eine Aktivitäts- und Erregungssteigerung bis hin zu einem Höhepunkt mit darauffolgendem Abfall sichtbar wird, was als lustvoll erlebt wird, wie z. B. bei Ballspielen. Zum zweiten zeichnen sich Spiele durch einen intensiven *Austauschprozess zwischen Person und Umwelt* aus. Dies kann als Vergegenständlichung erfolgen, indem bestimmte Fähigkeiten eingesetzt werden, um die materielle Welt zu verändern, wie z. B. beim Spielen mit Knetmasse. Es kann aber auch zu einer Aneignung von Eigenschaften der materiellen Welt kommen, indem diese exploriert und ausprobiert werden und so innere Wahrnehmungs- und Handlungsschemata gebildet werden, wie das schon sehr früh im Rahmen des „sensomotorischen Spiels" erfolgt. Eine weitere Besonderheit der Spieltätigkeit besteht in der *Bewältigung spezifischer Probleme*. Diese erfolgt vor allem bei unangenehmen Erfahrungen, die aufgrund des bestehenden Entwicklungsstandes noch nicht verarbeitet werden können. Ein Beispiel ist die Verarbeitung von Trennungserlebnissen, indem die Rolle der abwesenden Person spielerisch übernommen wird. Ein vierter Gesichtspunkt besteht in der *Auseinandersetzung mit Entwicklungsthematiken*, wie das Erleben von Kontrolle und Macht, die in dieser Form nicht real ausgeübt werden können, und Beziehungsthematiken, wie die Gefährdung der Beziehung zu einer zentralen familiären Bezugsperson.

Ein wesentlicher Bestandteil der zugrunde liegenden tätigkeitstheoretischen Konzeption bezieht sich auf den Gegenstandsbezug von Spielhandlungen. Dabei ist bedeutsam, dass im Gegensatz zu Arbeitshandlungen, die auf Gegenstände mit festen Funktionen gerichtet sind, im Spiel Objekte verändert und beliebig umgedeutet werden können. Die Spielhandlungen führen im Gegensatz zu den in der realen Welt erfolgenden „Ernsthandlungen" deshalb nicht zu „wirklichen" Konsequenzen, allerdings zu langfristigen entwicklungsfördernden Folgen (vgl. dazu Wygotski, 1987).

Oerter unterscheidet verschiedene *Valenzarten* in Hinsicht auf den Gegenstandsbezug von Spielhandlungen. Er versteht im Sinne der Lewinschen Feldtheorie unter Valenz oder Aufforderungscharakter die Summe der Kräfte, die in einem Lebensraum auf eine bestimmte Region einwirken. Wenn diese Summe positiv ist, besitzt die Region eine positive Valenz, so dass das Subjekt von der Region angezogen wird. Eine negative Valenz liegt vor, wenn das Subjekt von dieser äußeren Kraft und somit der Region abgestoßen wird. Oerter benennt drei Arten von Valenz, die im Folgenden noch ausführlicher erläutert werden. Subjektive Valenz eines Gegenstandes besteht, wenn dieser das Subjekt aufgrund seiner inneren Bedürfnisse sehr eng an sich bindet. Objektive Valenz ist aufgrund der im Gegenstand steckenden Handlungsmöglichkeiten, die unabhängig von subjektiven Deutungen sind, vorhanden. Abstrakte Valenz eines Gegenstandes liegt vor, wenn eine Vielzahl von Handlungsmöglichkeiten in einem Objekt vereinigt sind oder viele Gegenstände durch eine Handlung repräsentiert werden können.

Für das Kind besitzen sowohl Gegenstände als auch Personen zunächst allein *subjektive Valenz*, wie z. B. ein begehrtes Spielzeug und insbesondere die für sie zentralen Bezugspersonen. Der Psychoanalytiker Winnicott (1974) bezeichnet in diesem Zusammenhang Gegenstände oder Verhaltensmuster, die dem Kind helfen, Ängste – insbesondere vor dem Verlust von Bezugspersonen – abzuwehren, als „Übergangsobjekte". Dieses Phänomen lässt sich schon in sehr frühen (zwischen dem vierten und zwölften Lebensmonat) Entwicklungsphasen beobachten. Wichtig ist, dass solche Übergangsobjekte im späteren Alter dann wieder bedeutsam werden können, wenn der Verlust eines Liebesobjektes droht.

Die *objektive Valenz* eines Gegenstandes ist kulturell bestimmt und bleibt von daher in ihrer Bedeutung lange Zeit konstant. Beispiele für Objekte mit objektiver Valenz sind Werkzeuge, in denen bestimmte Handlungsmöglichkeiten vergegenständlicht sind, aber auch „gegenstandslose" Dinge wie soziale Regeln, kulturelle Institutionen oder politische Symbole weisen eine objektive Valenz auf. Darüber hinaus ist für die objektive Valenz bedeutsam, dass der Gegenstand einer generellen Nutzung vieler Akteure zur Verfügung steht. Das Kind kann sich durch Exploration, Beobachtung und Nachahmung schrittweise einen Begriff über die Eigenschaften eines Gegenstandes bilden. In diesem Prozess erlernt es, seine egozentrische Haltung zu überwindet und ein distanzierteres Verhältnis zu der gegenständlichen und personellen Welt aufzubauen (Dezentrierung). Dazu gehört auch, dass beim Kind ein Verständnis von Rollen mit dem dazugehörigen Handlungsrepertoire entsteht. Auf dieser Grundlage entwickeln sich zunehmend reifere soziale Beziehungen.

Nach Oerter stellt die *abstrakte Valenz* im Vergleich zur objektiven Valenz einen weiteren Schritt zur Verallgemeinerung hin dar und eröffnet dem Subjekt höhere Freiheitsgrade des Handelns. Die erste Möglichkeit besteht darin, dass verschiedene Handlungsmöglichkeiten in einem Gegenstand repräsentiert sind. Ein prototypisches Beispiel dafür ist das Geld. Es stellt ein Objekt dar, für das eine Vielzahl von Dingen, Kulturgüter aber auch menschliche Arbeitskraft eingetauscht werden können. Die Handlungsmöglichkeiten für dieses Objekt erweitern sich dadurch extrem, was zu der Bezeichnung „Allmacht des Geldes“ geführt hat. Die zweite Möglichkeit besteht in einer Integration aller möglichen Gegenstände in einen einzigen Handlungstypus, wie das z. B. im Bereich der Arbeit und Leistung der Fall ist. Durch Arbeit können potenziell alle Gegenstände verfügbar gemacht werden, indem man sie direkt herstellt oder gegen andere eintauscht. Abstrakte Valenz korrespondiert mit dem psychischen Streben nach Kontrolle und Machtausübung. Im kindlichen Spiel findet sich dieser Gegenstandsbezug zunächst in Wettbewerbsspielen und später im Nachahmen von Erwachsenenrollen mit damit verbundenen Allmachtsphantasien. Nach Oerter (2008) handelt es sich beim Spiel um eine illusionäre oder symbolische Erprobung der eigenen Existenz und des damit verbundenen Überlebenskampfes.

Zur abschließenden Übersicht der Oerter'schen Handlungstheorie sind die zentralen Elemente in Tabelle 3 zusammengefasst.

Tabelle 3: Handlungstheorie nach Oerter

Merkmale	• Zweckfreiheit • Wechsel des Realitätsbezugs • Wiederholung
Besonderheiten	• Aktivierungszirkel • Austauschprozess zwischen Person und Umwelt • Problembewältigung • Entwicklungsthematiken
Valenz des Gegenstandsbezugs	• subjektive Valenz • objektive Valenz • abstrakte Valenz

3.2 Das kindliche Spiel

Spielen kann als zentrale Tätigkeit des Kindes angesehen werden, da es für seine Entwicklung unabdingbar ist. Bis zum Ende des Vorschulalters treten alle wesentlichen Spielformen mit ihren speziellen Entwicklungsimpulsen auf. Zunächst ist die Frage zu stellen, warum Kinder eigentlich spielen, welches also die möglichen Basismotivationen des Spiels sind. Als Erklärungsmodelle sind der psychoanalytische, der entwicklungspsychologische und der tätigkeitspsychologische Ansatz von Bedeutung.

Der psychoanalytische Ansatz. Innerhalb der Psychoanalyse wurde von Sigmund Freud auf zwei Grundmotive des Spiels hingewiesen. In seinen frühen Schriften (Freud, 1920) ging er auf die wunscherfüllende Funktion des Spiels ein. Nach Freud gehorcht das Spiel dem Lustprinzip, während in der Welt außerhalb des Spiels das Realitätsprinzip herrscht. Das Spiel erlaubt dem Kind, den Zwängen der äußeren Realität zu entfliehen und eigene gehemmte Impulse auszuleben. Dazu wird angenommen, dass durch das Ausleben unerlaubter „Triebwünsche“ eine Reinigung (Katharsis) erfolgt, die das Kind von seinen Ängsten befreit. Freud hat diese Mechanismen vor allem auf tabuisierte aggressive Impulse bezogen. Ein zweites, von Freud postuliertes Motiv stellt die Verarbeitung von Alltagserfahrungen dar. Das Kind lernt durch Spielen, seine Lebenssituation zu beherrschen. Anstatt Ereignisse passiv zu erdulden, gelingt es dem Kind aufgrund seiner Spielerfahrungen, mit Alltagsproblemen aktiv umzugehen (Freud, 1930).

Der entwicklungspsychologische Ansatz. Von dem Entwicklungspsychologen Jean Piaget (1975) wurde eine weitere Hypothese über das Wesen des Spiels aufgestellt. Nach seiner Grundannahme stellt jegliches Verhalten einen Anpassungsakt dar, um einen fließenden Gleichgewichtszustand zwischen der Angleichung der Umwelt an das Individuum (Assimilation) und der Anpassung des Individuums an die Umwelt (Akkomodation) zu erreichen. Bezogen auf das Spiel geht Piaget davon aus, dass es sich um einen Überhang an Assimilation handelt, d. h. derjenigen kognitiven Aktivitäten, welche die Umwelt einseitig an die Schemata des Kindes anpassen. Darüber hinaus nimmt Piaget an, dass es sich um eine Schutzreaktion gegen die Zwänge der sozialen und materiellen Wirklichkeit handelt. Das Kind möchte sich ungestört seiner spielerischen Wirklichkeit erfreuen, die es ganz für sich alleine hat. Im Spiel wird die subjektive Erlebniswelt gegen die von außen erzwungenen Akkomodationskräfte verteidigt.

Der tätigkeitstheoretische Ansatz. Den beiden ersten Ansätzen ist gemeinsam, dass das Spiel der Lebensbewältigung dient, da dem Kind zu einem frühen Zeitpunkt die dazu erforderlichen Handlungsmöglichkeiten noch fehlen. Dies ist der Ausgangspunkt des tätigkeitstheoretischen Ansatzes von Wygotski (1980). Er versucht, diejenigen „Triebkräfte" oder „Motive der Tätigkeit" zu erklären, die zur Entstehung des Spiels beim Kind führen.

Im Zentrum des Spiels steht nach Wygotski die Fantasie als spezifische menschliche Form der Bewusstseinstätigkeit, die sich im Vorschulalter entwickelt. Das Kind ist dazu in der Lage, seine affektive Beziehung zur gegenständlichen Welt zu verallgemeinern, d. h. es begreift die Bedeutung von Erscheinungen oder Gegenständen unabhängig von der konkreten Situation, in der sie auftreten. Auf dem Hintergrund dieser Nichtübereinstimmung zwischen Gesichts- und Bedeutungsfeld (ein Gegenstand existiert, obwohl man ihn nicht sieht) schafft sich das Kind im Spiel eine „eingebildete Situation". Wygotski geht außerdem davon aus, dass in diesem Alter spezifische Bedürfnisse entstehen, die für die Weiterentwicklung des Kindes von zentraler Bedeutung sind. Aus der Spannung heraus, diese Wünsche unmittelbar befriedigen zu wollen und der Tatsache, dass diese Wünsche in der Realität nicht realisierbar sind, entsteht das kindliche Spiel. Das Kind wird sich beispielsweise der abhängigen Beziehung zur Erwachsenenwelt bewusst. Aus der nicht bewussten affektiven Tendenz, die Autorität und den Status von Erwachsenen erlangen zu wollen, entsteht ein kindlicher Minderwertigkeitskomplex, der im Spiel verarbeitet wird. Für das Kind besitzt die „eingebildete Situation" die Funktion, unerfüllten Wünsche ausleben zu können, das Spiel ist also als „eingebildete, illusionäre Realisierung unrealisierbarer Wünsche" (Wygotski, 1980, S. 443) zu verstehen. Wygotski (1980) betont, dass sich das Kind seiner Motive nicht bewusst ist, was die Spieltätigkeit von der Arbeit und anderen Tätigkeitsarten unterscheidet.

In seinen späteren Arbeiten (Wygotski, 1987) entwickelte er das Konzept einer „Zone nächster (proximaler) Entwicklung", worunter er die Distanz zwischen aktuellem kindlichen Entwicklungsniveau und dem potenziellen Niveau, das unter Anleitung kompetenter erwachsener Partner erreicht werden kann, versteht. Das Spiel erzeugt eine besondere Zone nächster Entwicklung, in der sich das Kind auf ein höheres Entwicklungsniveau begibt. Dies führt dann zu entsprechenden Entwicklungssprüngen.

Oerter (1993) unterscheidet in seinem im Kapitel 3.1 dargestellten handlungstheoretischen Ansatz vier *Formen des Spiels* und deren Bedeutung für die kindliche Entwicklung. Bei der Unterscheidung dieser Spielformen handelt es sich um idealtypische Beschreibungen. In realen Spielen sind deshalb immer Elemente verschiedener Spielformen enthalten.

Im ersten Lebensjahr dominieren die „sensomotorischen Spiele“. Aus den Bewegungserfahrungen des Säuglings resultieren durch die Manipulation von Gegenständen selbst erzielte Effekte, die als lustvoll erlebt werden. Aus diesem Explorationsverhalten heraus entwickeln sich später komplexere Handlungen, die mit Alltagsgegenständen ausgeführt werden.

Ab dem zweiten Lebensjahr erfolgt mit dem „Symbolspiel“ (Als-ob-Spiel) ein beträchtlicher Entwicklungsprozess, da das Kind zunehmend lernt, die Bedeutung eines Gegenstandes von seiner sichtbaren Erscheinung zu trennen. Gegenstände und Handlungen können zu Symbolen für etwas anderes werden. Diese Entwicklung entspricht den von Piaget (1975) beschriebenen Dezentrierungsprozessen und den von Wygotski (1987) thematisierten Entwicklungsschüben des Vorschulkindes. Das Kind schafft sich einen neuen Handlungsrahmen, wodurch der spieltypische Wechsel des Realitätsbezuges möglich wird. Es entwickelt sich die Fantasietätigkeit mit der Möglichkeit sich Situationen bildhaft vorzustellen und es entsteht das schlussfolgernde Denken mit dessen Hilfe fiktive Realitäten konstruiert werden können.

Darauf aufbauend bildet sich in der Folge als dritte Spielform das „Rollenspiel“. Die dabei verwendeten Spielgegenstände müssen objektive Valenz besitzen, d. h. auf ihre Funktionen bezogen sein, um als solche auch für andere Personen wertvoll sein zu können. Dieses soziale Spiel tritt zunächst als Parallelspiel auf, woraus im dritten und vierten Lebensjahr komplexere soziale Rollenspiele entstehen, die Fähigkeiten zur Metakommunikation voraussetzen. Das bedeutet, dass eine Verständigung zwischen den Beteiligten darüber stattfinden muss, was gespielt werden soll und dass es sich beim Spiel um einen fiktiven Rahmen handelt, was etwa ab der Mitte des vierten Lebensjahres der Fall ist.

Im Vorschulalter (vom dritten bis zum siebten Lebensjahr) entwickelt sich stufenweise das „Regelspiel“, bei dem sich meistens mehrere Personen unter Einsatz ihrer speziellen Fähigkeiten nach festgelegten Regeln auf ein Spielobjekt beziehen, wie z. B. bei Sportspielen. Typischerweise handelt es sich um einen sozialen Vergleich zwischen den Teilnehmern, der für den Gewinner zu einer Selbstwerterhöhung führt. Von Piaget (1954) werden die dabei durchlaufenen Entwicklungsstadien beschrieben, wonach das Kind zunächst selbst Schemata für Handlungen entwirft, sich dann von außen festgesetzten Regeln unterwirft und schließlich Regeln als das Ergebnis von Vereinbarungen begreift. Von Elkonin (1980) wurde die zunehmende Internalisierung von Regeln herausgearbeitet, wodurch es den Kindern im Vorschulalter zunehmend gelingt, den Konflikt zwischen unmittelbarem Handlungsimpuls und dagegen stehenden Regelvorschriften zu bewältigen. Am Ende dieses Prozesses werden im sechsten und siebten Lebensjahr Regeln als innere Verpflichtungen auch ohne äußere Kontrolle aufrechterhalten.

3.3 Spielen im Erwachsenenalter

Um die Bedeutung des Spiels für die menschliche Entwicklung zu verstehen, stellt sich die weitergehende Frage, welche Funktionen das Spiel im Leben von Erwachsenen hat bzw. welche Transformationen es im Prozess des Erwachsenenwerdens erlebt. Oerter (1993, 1998) betont zunächst, dass es einseitig wäre, das Spiel nur auf den individuellen Entwicklungsprozess zu beziehen, da ein enge Verzahnung mit der schöpferischen Entwicklung der menschlichen Kultur vorläge. Dies wurde am eindringlichsten in der Monografie des niederländischen Kulturphilosophen Huizinga diskutiert (Huizinga, 1956). Er sieht das Spiel als grundlegendes Element unserer Kultur an, da der Mensch ohne seine Lust und seine Fähigkeit zum Spielen keinen Bereich unseres kulturellen Lebens hätte entwickeln können. Dies betrifft die Bereiche der Dichtung, Musik, das Recht, die

Wissenschaft, die bildende Kunst, Philosophie und Religion. Huizinga hat deshalb dem „denkenden“ (Homo Sapiens) und dem „tätigen“ Menschen (Homo Faber) den „spielenden“ Menschen (Homo Ludens) hinzugefügt.

Oerter (1993) greift diese Grundannahme auf und postuliert, dass die verschiedenen Spielformen des Kindes im Laufe der Entwicklung nicht verloren gehen, sondern in kulturelle Tätigkeiten münden. Das Spiel wird in diesem Prozess in kulturelles Schaffen transformiert. Jede produktive Tätigkeit enthält deshalb Spielelemente, die gewährleisten, dass die Anstrengungen der Arbeit (Ermüdung) gemildert werden und neue kreative Leistungen entstehen. So bilden sich aus dem sensomotorischen Spiel verschiedenste Formen des Sports und des Tanzes, aus dem Konstruktionsspiel lassen sich Kunstwerke, die Architektur und Ingenieurskunst ableiten, die Musik stellt eine Weiterentwicklung kindlicher Improvisationen dar, das Rollenspiel führt zum Theater und zur Oper und das Regelspiel bildet die Basis für die Regeln der Gesellschaft insgesamt. Neben diesen Transformationen des Spiels bleiben einige Spielformen im Erwachsenenalter erhalten, die typische Merkmale der kindlichen Phase aufweisen. Das kulturell nicht transformierbare Spiel wird durch Institutionalisierung aus dem kulturellen Verwandlungsprozess herausgelöst und abgegrenzt. Beispiele sind öffentlich institutionalisierte Wettkämpfe, wie z. B. der Fußball, und privat institutionalisierte Sportspiele als Freizeitsport. Daneben existieren weitere private Formen der Fortsetzung des kindlichen Spiels. Dazu gehören vor allem Regelspiele wie familiäre Kartenspiele oder Gesellschaftsspiele auf Partys.

Die Parzellierung menschlicher Aktivität in der modernen Gesellschaft erlaubt es, spielähnliche Tätigkeiten von anderen Bereichen des Berufslebens und der Familie abzugrenzen. Eine besondere Art der Rückkehr zum kindlichen Spiel besteht bei Hobbys. Oerter sieht darin eine Flucht in die „heile Welt“ des kindlichen Spiels, bei der ein stabiler Objektbezug mit hoher subjektiver Valenz hergestellt wird.

Oerter (1993, 1998) stellt abschließend fest, dass das Spiel im Erwachsenenalter in den Lebenszusammenhang integriert werden muss. Wenn dies nicht gelingt, kann das sonst konsequenzlose Spiel negative Seiten entfalten, die bei einem Überhandnehmen als Flucht aus der Realität angesehen werden können. Diese Gefahren resultieren daraus, dass die moderne Gesellschaft eine zunehmende Tendenz zur Entfremdung aufweist, so dass der Einzelne sich nur noch als „Rädchen im Getriebe“ wahrnimmt. Gleichzeitig kann das Spiel ausufern, da ein Überfluss an Medienangeboten zur Verfügung steht. Dies kann zu einer Überforderung von Heranwachsenden führen, die diesen Anreizen nicht gewachsen sind. In einer solchen Situation kann das Spiel dazu verführen, sich zunehmend von der Realität zu entfernen. In diesem Zustand kann zwar innerhalb der Spielaktivität noch das Gefühl von Lebensbewältigung bestehen, gleichzeitig jedoch die Realitätsentfernung so groß geworden sein, dass negative Folgen für den Einzelnen resultieren.

3.4 Das Medium PC/Internet als Universalspielzeug

3.4.1 PC/Internet als Arbeitsmittel

Die historischen Wurzeln des Internets liegen im militärischen Bereich und sind anschließend in die wissenschaftliche Forschung übergegangen (Döring, 1999, 2003b).

Das neue Medium PC/Internet mit all seinen Nutzungsmöglichkeiten stellt deshalb zunächst immer noch ein Arbeitsmittel dar. Inzwischen hat es als Produktivkraft entscheidende Bedeutung für die wirtschaftliche Entwicklung vor allem der Industrieländer mit ihrer weltweiten Vernetzung. Alle Wirtschaftsbereiche von der Produktion bis zur Distribution werden zunehmend von diesem neuen Medium bestimmt und treiben den Globalisierungsprozess voran (Göhring, 2007).

Wie tief dieser Prozess in einzelne Bereiche vorgedrungen ist, lässt sich am Beispiel der Medizin erläutern. Knecht (2005), führt für diesen Bereich die folgenden Anwendungsgebiete an: E-Health, Patient Empowerment, Homepages, Medizininformatik, Telemedizin, Tele-Bio-Monitoring, Telekonferenzen, Ärzteinformation, Evidence-based Medicine, Ärztliche Beratung, Online-Sprechstunde, Online-Psychotherapie, E-Learning, Online-Zuweisung, virtuelle Krankengeschichten, Online-Medikamentenhandel, elektronische Jobbörsen und kognitives Training innerhalb der Rehabilitation.

Gleichzeitig haben diese arbeitsbezogenen Anwendungen Einzug in unseren Alltag gehalten. Sie bestimmen zunehmend den Bildungsbereich von der Vorschule bis zur Universität sowie die berufliche Weiterbildung, den Erwerb und die Bezahlung von Waren und Dienstleistungen und natürlich auch unser Privatleben mit allen Möglichkeiten zur Freizeitgestaltung. Die private Nutzung (Döring 1999, 2003b) war zunächst auf weiße, männliche und gebildete Personenkreise beschränkt. Bezogen auf die westlichen Industrienationen werden bestehende Alters-, Geschlechts- und Schichtunterschiede zunehmend aufgehoben (Medienpädagogischer Forschungsverbund Südwest, 2008). Für die junge Generation gilt inzwischen, dass es sich bei den Neuen Medien um eine allumfassende Sozialisationsinstanz handelt (Fromme, 2006a).

3.4.2 Surfen, Chatten und Gamen

Bei der Medienkombination PC/Internet handelt es sich auch um ein universelles Spielzeug. Es können alle Formen des Spiels vom entdeckenden sensomotorischen Spiel über das Symbolspiel und das Rollenspiel bis hin zum Regelspiel ausgeübt werden. Nach Vorderer (2001) treffen alle definitorischen Merkmale des Spiels auf spezielle Nutzungsmuster des PC/Internets zu. Der spielerische Umgang mit den Neuen Medien zeichnet sich dadurch aus, dass die Online-Aktivität um ihrer Selbst willen (Zweckfreiheit) ausgeübt wird, ein Wechsel des Realitätsbezuges in die virtuelle Welt stattfindet und eine häufige Wiederholung derselben Handlungen erfolgt (vgl. Kap. 3.1).

Die häufigsten Erscheinungsformen des spielerischen Umgangs mit dem PC/Internet sind das *Surfen*, *Chatten* und *Gamen*, die sich auf die beschriebenen Erlebnisqualitäten der Unterhaltung, Beziehungsbildung und Identitätsentwicklung beziehen (vgl. Kap. 2.4). Die Neuen Medien erfüllen dabei positive Grundfunktionen, indem sie zur Stimmungs- und Emotionsregulation (Schramm & Wirth, 2007), zur Aufnahme von sozialen Beziehungen (Paechter, 2006) und zur Identitätsentwicklung (Turkle, 1998) beitragen.

Surfen. Der Unterhaltung suchende Surfer findet im PC/Internet ein universelles Objekt seiner Begierde. Abermillionen von Websites stehen dem Nutzer zur Verfügung. Jede

Person jeglicher Schicht- und Altersgruppe kann mit dem PC/Internet relativ kostengünstig ihre speziellen Informationsbedürfnisse befriedigen, Hobbys entwickeln und ihrer Sammelleidenschaft freien Lauf lassen. Dies beginnt bei dem jugendlichen Musikfan, der Musikstücke und Videoclips jeglicher Art im Internet herunterladen und tauschen kann (Münch, 2006), setzt sich fort bei Wissensdurstigen jeglicher Art, die sich „googelnd" (Lehmann & Schetsche, 2005) durch die Welt des WWW bewegen und endet bei technikbesessenen Laien, Studenten der Informatik und berufstätigen Akademikern, die immer auf der Suche nach neueren und besseren Programmen und Nutzungsformen des neuen Mediums sind. Die digitale Welt der Hypertexte lässt keinen Wunsch mehr offen und erlaubt in steigendem Ausmaß, eigenes Wissen und Können im Web 2.0 (Hein, 2007) zu präsentieren.

Chatten. Ein zweites Feld des spielerischen Umgangs mit dem PC/Internet bezieht sich auf die Kontaktaufnahme und Beziehungssuche, insbesondere mittels der verschiedenen Chats, Foren oder der avatar-vermittelten Selbstdarstellung. Das Chatten gehört mittlerweile zum Alltag Heranwachsender, und wird z. B. über die bekannte Internet-Community „Xing" oder die unter Schülern und Studenten beliebten Kontaktnetzwerke „Facebook", „SchülerVZ" und „StudiVZ" ausgeführt. Dies trifft natürlich auch auf Erwachsene zu. Alle diese Nutzungsformen dienen der Selbstdarstellung, Kontaktpflege und Identitätsbildung (Tillmann, 2006). Inzwischen existieren spezielle Angebote der spielerischen Selbstdarstellung und Kontaktaufnahme, die Avatare in der Form nutzen, wie sie ursprünglich nur bei Video- und Computerspielen (Neitzel, 2005) bekannt war. Diese virtuellen Stellvertreter kann der Nutzer in größerem Umfang selbst wählen und gestalten (Misoch, 2007). Das derzeit bekannteste Beispiel ist die dem Cyberpunk-Roman von Stephenson (1995) entstammende virtuelle Welt „Second Life" (Stöcker, 2007), in der sich spielerisch alle realen Lebenserfahrungen virtuell erleben lassen. Dabei ist festzustellen, dass im WWW sexualbezogene Inhalte sehr verbreitet sind (Döring, 2003a; Seikowski, 2005). Als Konsequenz dieser Fülle von Kommunikationsformen existieren medienpädagogische Ansätze zur Entwicklung der dafür erforderlichen Medienkompetenz (Brüggermann & Welling, 2006) sowie spezielle Angebote für Jugendliche zur Prävention sexueller Belästigungen und drohender Missbrauchserfahrungen (Weber, 2006) in virtuellen Kontakträumen.

Gamen. Der dritte, besonders attraktive Nutzungsbereich betrifft Computerspiele jeglicher Art. Die Angebote reichen von einfachen Geschicklichkeits- und Simulations- über Strategiespiele bis hin zu den Mehrpersonen-Online-Rollenspielen, die unsere soziale Lebenswert zunehmend mitbestimmen (Kaminski & Lorber, 2006) und neue „Spielwelten" eröffnen (Fritz, 2004). Die Game-Industrie ist ein milliardenschwerer Markt geworden, der die Konsumenten mit vielfältigsten Angeboten bedient. Die politische Diskussion zentriert sich in diesem Zusammenhang vor allem auf die sogenannten „Killerspiele" und deren aggressionsförderndes Potenzial, wodurch jedoch nicht vernachlässigt werden sollte, dass es auch eine Fülle von konstruktiven Spielangeboten gibt, die Bestandteil der Jugendkultur sind (Himmelsbach, 2005). Die Faszination dieser Games spricht auch im weiten Umfang das Spielbedürfnis Erwachsener an. Mancher Nutzer sieht sich aufgrund des spieltypischen Anreizcharakters genötigt, einfache Kartenspiele, wie das von Microsoft zum PC mitgelieferte Spiel „Spider Solitär" zu löschen, um dann doch die gelöschte Datei gleich wieder zu suchen oder Online nach Alternativen zu fahnden. Faszinierend für jung und alt sind die neuen Bewegungsspiele, z. B. das populäre Produkt „Wii“ von Nintendo oder die „Xbox“ von Microsoft.

Im Zentrum der Diskussion über das Gamen stehen aber die Mehrpersonen-Online-Rollenspiele (Fromme, 2006b; Klimmt, 2006). Eine begriffliche Integration bisheriger Forschung liefert Fromme (2007). Er sieht drei übergeordnete Gründe für die Faszinationskraft dieser Spiele in der Erweiterung des Welt-, Sozial- und Selbstbezuges. Hinsichtlich des Weltbezuges ermöglichen diese Spiele den Zugang zu neuen und anderen Sinnwelten, die so im unmittelbaren Lebensumfeld nicht zugänglich sind, wie z. B. historische Welten, ferne Länder, Welten der Erwachsenen und fiktive Welten. Einen besonderen Grund für ihre Anziehungskraft sieht Fromme darin, dass mediale Welten sehr „verdichtet“ sind und der Bezug zur Welt durch die immanenten Kontroll- und Selbstwirksamkeitserfahrungen der interaktiven Spielangebote erweitert wird. Weiterhin eröffnet sich eine Fülle von Handlungsmöglichkeiten des Erkundens, der sozialen Kommunikation und der Aufgabenbewältigung, die das eigene Erleben fördert und Kompetenzen entwickeln lässt. Der Sozialbezug wird dadurch erweitert, dass Mehrpersonen-Online-Rollenspiele als Teil der Jugendkultur ein Gefühl von Zugehörigkeit und Abgrenzung innerhalb einer Peergroup ermöglichen und gemeinsame Themen sowie Aktivitäten für diese Bezugsgruppe liefern. Darüber hinaus können Freundschaften geschlossen werden, die durch eine positive Kommunikation und Kooperation ein Gruppenerlebnis schaffen, was wiederum ein großes Zugehörigkeitsgefühl fördert. Die Erweiterung des Selbstbezuges erfolgt durch die Übernahme neuer Rollen und Identitäten. Es besteht die Möglichkeit, sich in Form eines Avatars selbst zu artikulieren, sich nicht nur mit anderen zu identifizieren, sondern auch ein anderer sein zu können. Darüber hinaus können neue Interessen entwickelt, wichtige Lebensthemen und Entwicklungsaufgaben bearbeitet werden und es besteht die Möglichkeit, sich selbst zu behaupten.

3.4.3 Dysfunktionaler PC-/Internet-Gebrauch

Für die Thematik eines dysfunktionalen Umgangs mit dem PC/Internet sind nicht die aufgabenbezogenen Möglichkeiten in Beruf und Alltag von Bedeutung, sondern der spielerische Umgang mit diesem neuen Medium. Ein *dysfunktionaler Umgang* tritt auf, wenn das Medium PC/Internet eine dominierende subjektive Valenz erhält, wenn also die Nutzung vorwiegend auf persönliche Bedürfnisse bezogen ist und das Medium seine Funktion als Arbeitsmittel verliert.

Die drei spielerischen Möglichkeiten des zweckfreien Surfens, des kommunikativen Chattens und des Gamens sind bei Heranwachsenden und Erwachsenen in diesem Fall nicht mehr in den Lebensalltag integrierbar. Sie verlieren ihre positive, die Belastungen des Alltags kompensierende Funktion der Unterhaltung, der sozialen Beziehungsaufnahme und der Erweiterung der personalen und sozialen Identität. Aus dem realen gegenstandsbezogenen Weltbezug wird ein lediglich durch den virtuellen Erlebnismodus vermittelter Zugang zur Umwelt . Ein solcher Prozess kann zu einer psychischen Rückentwicklung auf die Stufe des spielenden Vorschulkindes (vgl. Kap. 3.2) führen. Das Universalspielzeug PC/Internet wird mit einer herausragenden subjektiven Valenz belegt und fungiert als zentrales Beziehungsobjekt. Dabei kann es im Sinne von Winnicott (1974) zum „Übergangsobjekt“ werden, das Beziehungen zu anderen Personen ersetzt und der Bewältigung von Ängsten dient. Das neue Medium PC/Internet erfüllt im Rahmen eines dysfunktionalen Umganges zunehmend die Funktion, die im realen Leben nicht erfüllten Bedürfnisse zu befriedigen und vorhandene Minderwertigkeiten zu kompensieren. Daraus resultiert vor allem ein sozialer Rückzug aus der realen Welt. Eine symbolische Auseinandersetzung mit realen Existenzbedingungen, wie sie beim PC-/Internet-Spielen auftritt, kann zum Verlust der im Sinne Oerters überlebenswichtigen Funktionen des Spiels, d. h. dem Austausch mit der realen Umwelt, der Verarbeitung problematischer Erfahrungen und der Bearbeitung von wichtigen Entwicklungsthematiken (vgl. Kap. 3.1), führen. Aus der konstruktiven „Versunkenheit“ kann ein pathologisches „Verlorensein“ in der virtuellen Welt schrittweise entstehen.

Neuere Untersuchungen an Schulen zeigen, dass sich eine soziale Problemgruppe von Häufignutzern herausgebildet hat, die vorwiegend aus männlichen Heranwachsenden unterer sozialer Schichten – häufig mit Migrationshintergrund – besteht (Pfeiffer et al., 2007). Diese Gruppe hat nichts mit der sogenannten, positiv assoziierten „LAN-Party-Szene“ („Männer schlafen auf der Tastatur!“) gemein (Illing, 2006). Die negativen Auswirkungen einer exzessiven PC-/Internet-Nutzung bei der Informationssuche (Jackson et al., 2005), der Kontaktsuche (Wolf et al., 2005) und der Selbstdarstellung (Schatz, 2005) korrelieren gleichzeitig mit psychopathologischen Persönlichkeitsmerkmalen. So finden sich Hinweise darauf, dass Häufignutzer (Hahn & Jerusalem, 2001; Kratzer, 2006) eine hohe psychische Auffälligkeit in Form von Selbstwertproblemen, depresssiven Störungen und Suchtproblematiken aufweisen. Es besteht somit ein komplexes Muster personaler und sozialer Risikofaktoren bzw. fehlender Ressourcen bei der Entwicklung eines dysfunktionalen Umgangs mit dem PC/Internet in der Adoleszenz. Die Schätzungen der Prävalenz dieser Risikogruppe aufgrund früheren Online-Studien (Hahn & Jerusalem, 2001) fallen bei größeren Schülerbefragungen jedoch geringer aus und zeigen deutliche Abfälle bei Heranwachsenden ab dem 18. Lebensjahr (Meixner, 2008).

4 Bindungsdynamische Sichtweise

Petra Schuhler

Zusammenfassung

Bindungs- und Explorationssystem bilden nach der Theorie von Bowlby eine gegensätzliche, aber voneinander abhängige Motivation für das Verhalten. Diese grundlegende Dynamik zwischen Sicherheitsbedürfnis und Neugier kann im Gamen, Chatten und Surfen wiedererkannt werden. Zur weiteren Erklärung kann die Bindungsorganisation herangezogen werden, die sich allgemein in sichere, unsicher-vermeidende, unsicher-ambivalente und desorganisierte Bindung unterteilen lässt. Es wird angenommen, dass das in der Kindheit erworbene Bindungsmuster dauerhaft bis in das Erwachsenenalter hineinbesteht. Auf diesem Hintergrund lässt sich der dysfunktionale PC-/Internet-Gebrauch und die pathologische Form des PC-/Internet-Spielens als Bewältigungsstrategie interpretieren: Es wird versucht, ungünstige frühe Bindungserfahrungen in einer virtuellen Beziehungswelt zu kompensieren. Darüber hinaus tragen die subjektiv stärker erlebte Kontrolle und Geborgenheit in der virtuellen Welt im Vergleich zur Realität zur Aufrechterhaltung dieses Verhaltens bei.

4.1 Erkunden, entdecken und erobern – aber von einem sicheren Hafen aus

In Deutschland ist die Bindungsforschung eng mit den Namen von Karin und Klaus Grossmann von der Universität Regensburg verknüpft (Grossmann & Grossmann, 2004). Das Forscherpaar hat weltweite Beachtung gefunden mit seinen prospektiven entwicklungspsychologischen Längsschnittstudien über Kontinuität und Wandel früher Interaktionserfahrungen, die Bindungsqualität vom Säuglingsalter über die Jugend bis hin zum Erwachsenenalter, sowie über die Weitergabe von Bindungsmustern von der älteren Generation auf die Kinder im transgenerationalen Erbe und deren Bedeutung für die Entwicklung von Schutz- und Risikofaktoren über die Lebensspanne (Gloger-Tippelt, 2001). Klinische Anwendungsmöglichkeiten der Bindungsforschung rücken zunehmend in den Fokus des Interesses (Beebe & Lachmann, 2002; Brisch, 2008; Brisch et al., 2002; Hofmann, 2002; Strauß, 2008; Strauß et al., 2002).

4.1.1 Bindungstheoretische Grundlagen

Bowlby (1969a, 1969b) bezeichnet *Bindung* als eine emotionale Erfahrung und ein grundlegendes Interaktionsmuster, das sich während der Kindheit ausprägt. Dieses wirkt als emotionale Basis während des ganzen Lebens bis ins hohe Alter immer dann, wenn Abhängigkeit von anderen und existenzielle Ängste, wie sie bereits im Kleinkindalter vorhanden sind, auftreten. In solchen kritischen Situationen werden Motive und Bedürfnisse auf zwischenmenschlicher Ebene angeregt. Wie diese Bedürfnisbefriedigung letztlich erfolgt, ob sie eher gelingt oder misslingt – und zu welchem Preis – daran hat das innere Arbeitsmodell von Bindung, die *Bindungsorganisation*, einen wesentlichen Anteil. Dieses Kapitel beschäftigt sich damit, wie der dysfunktionale PC-/Internet-Gebrauch und das pathologische PC-/Internet-Spielen als defizitäre Bewältigungsstrategie in einem bindungsdynamischen Bezugsrahmen verstanden werden können. Dabei wird von der Annahme ausgegangen, dass ungünstige Bindungserfahrungen durch einen riskanten „Selbstheilungsversuch" innerhalb einer virtuellen Beziehungswelt kompensiert werden sollen. Diese Suchhaltung vollzieht sich nicht bewusst, sondern folgt verdeckten, aber starken, überdauernden inneren Bedürfnissen, wie Nähe- und Explorationswünschen.

Die Bindungstheorie ist dafür geeignet, den Zusammenhang zwischen einer Person und seiner PC-/Internet-Aktivität zu verstehen: Sie befasst sich mit den grundlegenden frühen Einflüssen auf die emotionale Entwicklung des Kindes, bietet ein tragfähiges Erklärungsmodell für die Entstehung und Veränderung von starken gefühlsmäßigen Bindungen im gesamten Lebenslauf, für potenziell virulente Anforderungen in der Beziehungswelt über die Lebensspanne und deren funktionaler oder dysfunktionaler Bewältigung.

Nach Bowlby (1969a, 1969b) stellt das Bindungssystem ein primäres, genetisch verankertes motivationales System dar, das zwischen der primären Bezugsperson und dem Säugling nach der Geburt aktiviert wird und das eine überlebenssichernde Funktion hat. Von besonderer Bedeutung für die Bindungsorganisation des Säuglings ist die Empathiefähigkeit der Bezugsperson, d. h. ob diese dazu in der Lage ist, die Signale des Kindes richtig zu interpretieren. Der Säugling entwickelt nämlich zu denjenigen Personen eine sichere Bindung, die durch ihr Pflegeverhalten seine Bedürfnisse feinfühlig befriedigen. Aus vielen Interaktionserfahrungen, in denen sich die primäre Bezugsperson und das Kind voneinander trennen und wieder zusammenkommen, bildet das Kind ein inneres Arbeitsmodell heraus. Ein solches Modell ist am Anfang noch flexibel, wird im Entwicklungsverlauf aber zunehmend stabiler und verfestigt sich in einer psychischen Repräsentation, der *Bindungsrepräsentation*, welche über die Kindheit hinaus bis ins Erwachsenenalter stabil bleibt. Dem Bindungsbedürfnis steht das Explorationsbedürfnis des Kindes gegenüber, welche von Bowlby als antagonistische, stark motivationale Systeme konzeptualisiert wurden: Bindungs- und das Explorationssystem entspringen einander entgegengesetzten Motivationen, stehen aber in gegenseitiger Abhängigkeit. Eine *sichere Bindung* ist die Voraussetzung dafür, dass ein Kind seine Umwelt erforschen und sich dabei als selbstwirksam und aktiv handelnd erfahren kann. Wichtig ist dafür, dass die Mutter sich immer wieder als sichere Basis für eine „Rückversicherung" des Kindes bei seinem Explorationsverhalten zur Verfügung stellt. Kehrt das Kind von seinen Erkundungen zurück, muss es sich bei der Bezugsperson emotional angenommen fühlen. Mahler et al. (1993) haben dies als „emotionales Auftanken" bezeichnet.

Der bindungstheoretische Ansatz kann auf die Bindung zwischen Mensch und „quasibeseelten" Systemen, als welche die Angebote der Games, Chatrooms und Surfdomänen aufgefasst werden können, ausgeweitet werden. Die für die menschliche Entwicklung grundlegende Dynamik zwischen Sicherheitsempfinden und Explorationsmut bzw.

Explorationsfreude kann in vielfältiger Form in der PC-/Internet-Aktivität beobachtet werden. Die Mehrpersonen-Online-Rollenspiele erlauben eine selektive idealisierende Selbstdarstellung, die Abkehr von belastender sozial-interaktiver Realität, eine relativ erfolgreiche Suche nach Anerkennung, recht sicheres Explorationsstreben, die Abfuhr aggressiver Regungen ohne einen realen Gegenangriff fürchten zu müssen und die Illusion von Sicherheit und Geborgenheit in einer Gruppe. In den Chatrooms gelingt eine Beziehungsregulierung und Selbstdarstellung, die idealen, aber die Realität verkennenden Vorstellungen entspricht. Das ausufernde Surfen vermag die trügerische Gewissheit einer eigenen kleinen Welt verschaffen, die beherrschbar erscheint, neue Entdeckungen bereithält und in welcher Erfolg greifbar nahe ist. Darüber hinaus zieht die im Gegensatz zur realen Welt weitaus größere Kontrollierbarkeit der virtuellen Welt offensichtlich Menschen mit Defiziten im Bindungs-Exploration-System stark an.

Der motivationale Anreiz, den Gamen, Chatten oder Surfen bieten können, kann so als Suchen nach einer Balance zwischen stark anflutenden Bindungs- und Explorationsimpulsen beschrieben werden. Dies soll an einigen Beispielen verdeutlicht werden.

Beispiel Gamen:

„World of Warcraft" ist ein Mehrpersonen-Online-Rollenspiel, das weltweit bereits viele Millionen Mal verkauft wurde. Der Spieler wählt eine Figur, die er verkörpern möchte, aus drei Grundtypen, die das Spiel vorgibt, aus: (a) Einen „Tank", der als Krieger sozusagen „den Kopf beim Vorwärtsstürmen hinhält" und so die „Aggro", d. h. die Aggression des Gegners, auf sich zieht, (b) einen „Healer" bzw. Heiler, der die anderen Kämpfer in der „Gilde" (das ist eine Kampfgemeinschaft von mehreren Spielern, die sich untereinander über kurze geschriebene Botschaften, aber auch per Headset verständigen können) wieder mit Energie versorgt und (c) einen „Damage Dealer", der dem Gegner einen erhofften vernichtenden Schaden zufügt. Aus sogenannten „Skilltrees", verschiedenen Angeboten von Eigenschaften, kann der Spieler seine Figur ausstatten. Ein „Paladin" z. B. hat Eigenschaften aus drei „Skilltrees". Wählt er diese aus dem Tank-Spektrum, kann er gut angreifen, „skillt" er sich auf „Healer", kann er gut heilen, „skillt" er sich auf „Damage Dealer" kann er kraftvoll siegen. Die Bezüge zu Explorationsfreude, Entdeckungsangst und dem Wunsch nach Versorgtwerden liegen auf der Hand. Betroffene, die 20 bis 30 Stunden am Stück spielen, in den Spitzenzeiten sogar bis zu 50 Stunden, beschreiben Selbsttröstungsversuche, die sie rückblickend mit dem Spielen verbunden hatten: Ihre Sehnsucht nach einer nahen, vertrauensvollen Beziehung, nach Liebe und Geborgenheit, konnte auf diese Weise passager beschwichtigt werden. Das wahre Leben lief aus dem Ruder, aber im Spiel wurde Kontrolle erlebt. „Ich traue mir was zu, ich kann was, ja ich bin besser als andere" – diese Selbstkommentierung wurde immer mehr nur noch im Spiel möglich. Ehrgeiz, Mut und Disziplin – der Spielverlauf bescheinigte dem Spieler diese Entdeckertugenden. Schlafen, Essen, Körperhygiene – diese Bedürfnisse traten zurück vor den Verlockungen des Spiels. Der spezielle Reiz des Spiels entsteht hier aus der für den Spieler bedeutsamen Spannung sowie der Gewissheit, sicher in der Gemeinschaft aufgehoben zu sein und Risiken bedenkenlos eingehen zu können.

Beispiel Chatten:

Im Chatten findet sich typischerweise der übermächtige Wunsch nach Nähe und Geborgenheit, nach echten zugewandten Gefühlen von einem Gegenüber, der den Schreiber schätzt und um seiner selbst willen liebt. Dieses Selbst zu enthüllen ist jedoch genau das, was der Chatter am meisten fürchtet, da er sich Attraktivität und Beziehungsmut abspricht. „Ich war süchtig nach Liebe – aber nur aus sicherer Distanz", so drückt es ein Betroffener in der Rückschau auf sein Verhalten im Chat aus.

Beispiel Surfen:

Diese spezielle Art des „Jäger-und-Sammler-Verhaltens" wird durch die mitunter schwindelerregende Vorstellung motiviert, dass der ganze Erdball im WWW zur Verfügung steht, in dem nach Musikstücken, Filmen, Computern, den besten Reisezielen oder den neusten Hightech-Geräten gesucht werden kann. Die Sammelwut, die im virtuellen Raum angesiedelt bleibt (nichts wird wirklich bestellt – außer dem Downloaden von z. B. Musiktiteln oder Filmen), geht immer weiter, es sind nie genug neue Eindrücke, Grenzen scheint es keine mehr zu geben. Das Surfen hat somit sein Ziel darin, sich als Schöpfer einer eigenen kleinen Welt zu fühlen, beflügelt von dem Wunsch, etwas „Vollkommenes" im Sinne einer vollständigen Informations- oder Datensammlung schaffen zu können.

Es erscheint heuristisch produktiv, den Schlüssel zur Erklärung dieses obsessiven Verhaltens, sei es nun Gamen, Chatten oder Surfen, in der Kindheit und der Beschaffenheit des Bindungsmusters zu suchen.

4.1.2 Das Konzept der Feinfühligkeit

In der Kindheit wird das Bindungssystem aktiviert, wenn die Bindungsperson zu weit entfernt ist oder wenn angsterzeugende Entdeckungen gemacht werden. Sucht das Kind in einer Belastungssituation nicht die Nähe der nahen Bezugsperson auf, wird davon ausgegangen, dass es aufgrund schlechter Erfahrungen und Zurückweisung diesen Impuls aktiv unterdrückt. In einer als sicher empfundenen Situation findet das Explorationsverhalten sozusagen automatisch statt, Initiative und Steuerung gehen jeweils vom Kind aus. Bindet die Mutter ihr Kind zu sehr an sich, stellt sie zwar eine große Nähe her, gibt aber wenig Spielraum für das Bedürfnis des Kindes nach Exploration. Die Spannung zwischen Bindung und Exploration muss immer wieder neu ausbalanciert werden, da Bindung und Exploration miteinander in Wechselwirkung stehen. Das Konzept der *Feinfühligkeit* (Ainsworth, 1978) gehört in diesem Zusammenhang zu den wesentlichen Inhalten der Bindungstheorie. Eine feinfühlige oder empathische Mutter sollte die Signale ihres Kindes unbeeinflusst durch eigene Affekte, Emotionen und Wahrnehmungspräferenzen erfassen. Diese Feinfühligkeit bildet eine wesentliche Grundlage für die Qualität der Bindung. Unter feinfühligem Verhalten werden folgende Fähigkeiten in der Wahrnehmung und im Verhalten verstanden: Große Aufmerksamkeit bei der Wahrnehmung der kindlichen Signale, Bedeutungskompetenz bei der Entschlüsselung der Signale aus der Perspektive des Kindes, angemessene Reaktionen auf die Signale des

Kindes, also Spielanregung bei Langeweile, Beruhigung bei Angst etc. ohne durch Über- oder Unterstimulation die Mutter-Kind-Interaktion zu erschweren und eine prompte Reaktion, d. h., dass die Reaktion innerhalb einer für das Kind tolerablen Frustrationszeit erfolgen muss.

Vergegenwärtigt man sich diese Kriterien der Feinfühligkeit, so können Parallelen zu den Eigenschaften der dysfunktionalen und pathologischen PC-/Internet-Aktivitäten gezogen werden. Spiele, wie die Mehrpersonen-Online-Rollenspiele, sind so angelegt, dass die von einem selbst ausgehenden bzw. ausgesandten Signale wahrgenommen und beantwortet werden. Diese Reaktionen finden in einem überschaubaren und von vornherein akzeptierten Spektrum statt und erlauben kaum eine negative Interpretation durch den Spieler. Vom Spielsystem kann zuverlässig eine Reaktion auf die eigene Aktivität erwartet werden. Zudem gibt es kein Ende des Beziehungsangebots: Die PC-/Internet-Aktivität kann scheinbar endlos fortgesetzt werden, es gibt keinen Schluss wie bei einem Buch oder einem Film – oder auch wie bei den Kontakten mit Menschen in der Realität.

Dies alles unterscheidet die interaktive Welt des PC-/Internet-Spielens von der realen Beziehungswelt in vielfältiger Weise: Das Kontrollerleben ist wesentlich größer als in der oft als bedrohlich erlebten Realität, Anerkennung der eigenen Person erfolgt zuverlässig nach festgelegten Regeln und ist auf überschaubarem Weg zu erreichen, die eigene Person kann in einer idealisierten Weise dargestellt werden und Erfolg und Anerkennung rücken in sehr viel greifbarere Nähe, als dies in der wirklichen Welt (Chou et al., 2005) gelingen mag. In diesen Merkmalen zeichnet sich das enorme Verstärkungspotenzial ab, dass der PC-/Internet-Gebrauch haben kann, denn grundlegende motivationale Bedürfnisse werden in der virtuellen Welt scheinbar zuverlässig, schnell, anhaltend und leicht erreichbar befriedigt. Die klinisch zu beobachtende enorm starke Bindung zwischen Mensch und PC-/Internet-Aktivität dürfte darin ihre Erklärung finden.

4.2 Ungünstige Bindungserfahrungen und Kompensationsversuche im PC-/Internet-Gebrauch

Die berühmt gewordene Untersuchungssituation der „fremden Situation“ (Ainsworth & Wittig, 1969) umfasst eine festgelegte Abfolge von Episoden, in deren Verlauf sich die Mutter zweimal vom Kind trennt und nach einigen Minuten wieder mit ihm zusammenkommt. Dadurch wird das Bindungssystem des Kindes aktiviert und einer Beobachtung zugänglich gemacht. Auf der Grundlage dieses Untersuchungsparadigmas ist es möglich, die kindliche Bindungsqualität zu klassifizieren. Unterschieden werden sicher, unsicher-vermeidend und unsicher-ambivalent gebundene Kinder, sowie solche mit einer desorganisierten Bindung. *Sicher* gebundene Kinder zeigen ein deutliches Bindungsverhalten, wenn die Mutter weggegangen ist. Sie rufen nach ihr, suchen sie, weinen und sind sichtbar belastet. Auf die Wiederkehr der Mutter reagieren sie mit Freude, wollen getröstet werden, suchen Körperkontakt, können sich nach kurzer Zeit beruhigen und dem Spiel erneut zuwenden. *Unsicher-vermeidend* gebundene Kinder reagieren auf die Trennung nur mit wenig Protest und zeigen kein deutliches Bindungsverhalten. Sie bleiben an ihrem Platz und spielen weiter, wenn auch mit weniger Ausdauer und Neugier. Auf die Rückkehr der Mutter reagieren sie eher mit Ablehnung und wollen nicht auf den Arm genommen werden. *Unsicher-ambivalent* gebundene Kinder zeigen die größte Belastung von allen und weinen heftig, wenn sie allein gelassen werden. Nach der Rückkehr der Mutter können sie von dieser kaum beruhigt werden. Wenn sie von der Mutter auf den Arm genommen werden, scheinen sie einerseits den Körperkontakt zu suchen, wehren sich aber andererseits gegen körperliche Nähe. Bei besonders risikoreichen Eltern-Kind-Beziehungen, wie im Fall von körperlicher Gewalt oder traumatischen, unverarbeiteten Verlusten in der Familiengeschichte, zeigen sich Anzeichen für eine *desorganisierte* Bindung: Die Bewegungen der Kinder in der Trennungssituation und bei der Rückkehr der Mutter erstarren und scheinen einzufrieren. Außerdem können stereotype Verhaltens- und Bewegungsmuster beobachtet werden.

Alle Kinder in der „fremden Situation“ reagieren auch körperlich mit mehr oder weniger großen Stresssymptomen, etwa mit einer Erhöhung der Herzfrequenz. Die äußerlich ruhig wirkenden, unsicher-vermeidend gebundenen Kinder, bei denen man ursprünglich eine besondere Anpassungs- und Adaptionsfähigkeit vermutete, zeigten bei der Messung des Speichelkortisols sogar noch höhere Stresswerte als die sicher oder auch unsicher-ambivalent gebundenen Kinder. Hier scheint es sich um frühe psychophysiologische Reaktionen zu handeln, die von einer vegetativen Spannung auf der Grundlage eines zurückgedrängten Affekts bei Aufrechterhaltung einer scheinbar ruhigen äußeren Verhaltensweise geprägt sind. Zur jeweiligen Ausprägung des Bindungsmusters trägt nicht nur die Feinfühligkeit der primären Bezugsperson bei, sondern die individuelle Disposition des Säuglings hinsichtlich des Erlebens und Verhaltens. Es ist sicherlich notwendig, solche biologisch-vegetativen Grundausstattungsmerkmale in ihrem Beitrag zur Interaktion mit der Bezugsperson zu berücksichtigen. Ein unruhiger Säugling, etwa mit ausgeprägten Ess- und Schlafproblemen, wird auch eine Bezugsperson mit ausgeprägter Kompetenz hinsichtlich ihrer Feinfühligkeit überfordern können.

Mit Ainsworths Methode liegt eine Möglichkeit zur Klassifikation der Bindungsqualität von Kindern vor und es ergibt sich die Frage nach einem entsprechenden Vorgehen zur Einschätzung der Bindungsrepräsentation von Erwachsenen. Eine Lösung hierfür bietet Mary Mains halbstrukturiertes „Adult-Attachment-Interview“ (George et al., 1996), das eine qualitativ-hermeneutische, auf den individuellen Fall bezogene, klinische Kompetenz erfordert. In diesem „Bindungsinterview“ werden bei Erwachsenen durch Fragen und Erinnerungen an positive oder auch negative Bindungserfahrungen die damit verbundenen Emotionen geweckt. Main geht davon aus, dass das Interview „das Unbewusste überrasche“ und dass es dadurch möglich sei, authentische Informationen über die Bindungsrepräsentanz von Erwachsenen zu erhalten. Das Hauptkriterium für die Klassifikation in *sicher* und *unsicher* ist die Stimmigkeit oder Kohärenz, die sich beim Erwachsenen im Interview ausdrückt. Die Gültigkeit der Klassifikation konnte sowohl anhand der Verhaltensweisen gegenüber dem eigenen Kind, als auch in klinischen Gruppen belegt werden.

In klinischen Stichproben, bei denen von hoher psychischer Komorbidität ausgegangen werden muss – wie es im Fall des pathologischen PC-/Internet-Spielens (Yen et al., 2008; vgl. auch Kap. 7.1, Kap. 8.5) regelmäßig der Fall ist – kann kaum von einer sicheren Bindungsrepräsentation ausgegangen werden. Der Nutzen der Anwendung des Adult-Attachment-Interviews in diesem Problembereich geht allerdings über eine kategoriale Einordnung des Bindungsverhaltens hinaus, indem die individuellen Erfahrungen der Betroffenen in diesem Bereich ausführlich betrachtet werden können. Als Arbeitshypothese kann davon ausgegangen werden, dass defizitäre Bindungserfahrungen der Vergangenheit durch einen dysfunktionalen Selbstheilungsversuch auszugleichen versucht werden. Dies geschieht auf einer dem Betroffenen nicht bewussten Ebene. Als Hinweis auf eine Bindungskompensation durch dysfunktionalen PC-/Internet-Gebrauch und pathologisches PC-/Internet-Spielen kann die Sehnsucht genannt werden, die bei Betroffenen auftritt, wenn sie an ihre PC-/Internet-Existenz erinnert werden, weiterhin das subjektiv erlebte positive „Auftanken“ und eine erlebte Beruhigung durch den Aufenthalt in der virtuellen Welt. Die Betroffenen verspüren Ermunterung und Anerkennung, wenn von den Freunden in der Gilde Lob über eine geglückte Lösungsfindung gezollt wird, wenn die Partner im Chatroom schmeichelhaft im intimen Chat reagieren und die Fachleute in themenzentrierten Foren einen Beitrag honorieren.

Für die Therapie impliziert dies, dass die Suche nach Funktionalität im Rahmen fehlgeschlagener oder defizitärer Bindungserfahrungen zu einem vertieften Verständnis des Problems führen und die Auswahl psychotherapeutischer Interventionen inspirieren kann. Die Interdependenzen zwischen Bindungserfahrungen und dysfunktionalen bzw. pathologischen PC-/Internet-Aktivitäten auf diese Weise zu erhellen, verspricht einen aussichtsreichen Ertrag.

5 Erklärungsmodelle zum dysfunktionalen PC-/Internet-Gebrauch und pathologischen PC-/Internet-Spielen

Zusammenfassung:

Zur Erklärung des dysfunktionalen und pathologischen bzw. süchtigen PC-/Internet-Gebrauchs liegen bis jetzt zwei Erklärungsmodelle vor. Nach dem Suchtmodell wird die „Computersucht" als nicht stoffgebundene Suchterkrankung konzipiert, das Diathese-Stress-Modell betont dagegen die Bedeutung der Wechselwirkungen zwischen disponierenden Persönlichkeitsmerkmalen und ungünstigen Lebensbedingungen für die Entstehung und Aufrechterhaltung des Störungsbildes. Als Grundlage zur Erklärung des pathologischen PC-/Internet-Spielens kann darüber hinaus das biopsychosoziale Modell der Klinischen Psychologie bzw. psychosomatischen Medizin herangezogen werden, welches psychische Störungen als Ergebnis einer komplexen Wechselwirkung individueller Anfälligkeiten, Umgebungsfaktoren und auslösenden Bedingungen konzipiert. Welches Nutzungsmuster des PC und Internets sich beim Einzelnen etabliert, hängt von verschiedenen Bedingungen ab. Dazu gehören kulturell-gesellschaftliche Rahmenbedingungen, die personalen und sozialen Ressourcen des Individuums und auch die Medienkompetenz der Nutzer. Verschiedene Ausprägungsformen des PC-/Internet-Gebrauchs können auf diesem Hintergrund als funktional, dysfunktional und pathologisch bezeichnet werden. Diese qualitativ abgrenzbaren Nutzungsmuster weisen ein jeweils charakteristisches Bedingungsgefüge auf.

5.1 Das Suchtkonzept

Ausgangspunkt zur Popularisierung des Suchtkonzeptes war der als Glosse intendierte Artikel des Psychiaters Ivan Goldberg (zit. nach Ott & Eichenberg, 1999) über „Internetsucht", der jedoch von Fachkollegen und Journalisten als ernsthaftes Konzept aufgegriffen wurde. Insbesondere die Veröffentlichung von Kimberly Young (1999) zur Diagnose und Behandlung der Internetsucht hat zur gesellschaftlichen Verbreitung dieses Konstruktes geführt (Schetsche, 2007). Seitdem wird die Diskussion in den öffentlichen Medien vom Suchtdiskurs bestimmt. Auch innerhalb der Selbsthilfebewegung wird das Suchtkonzept vertreten (Farke, 2003). Es ist gleichfalls Bestandteil oder Ausdruck des impliziten Krankheitsverständnisses von betroffenen Menschen.

Durch den Bezug auf die Operationalisierung des pathologischen Glücksspielens in den psychiatrischen Klassifikationssystemen ICD-10 (Dilling et al., 1991) und insbesondere im DSM-IV (Saß et al., 1996) wird die als Computer-, Online- oder Mediensucht (im Folgenden als Computersucht) bezeichnete Störung als *nichtstoffgebundene Suchterkrankung* (Griffiths, 1990; Gross, 1990; Grüsser & Thalemann, C. N., 2006) konzipiert. Diese Klassifikationssysteme sehen hierfür jedoch keine entsprechende Kategorie vor, weshalb eine Einordnung dieses Störungsbildes als *abnorme Gewohnheit und Störung der Impulskontrolle* erfolgt. In therapeutischen Ratgebern (Bergmann & Hüther, 2006;

Grüsser & Thalemann, R., 2006; Singer, 2002) wird dieser Ansatz als eine Form der „Verhaltenssucht" verbreitet. Es handelt sich hierbei um ein Konzept, welches das organische Krankheitsmodell des Alkoholismus nach Jellinek (1960) und die Grundlagen der modernen Hirnforschung (Spitzer, 2002) mit der klassischen Lerntheorie verbindet (Grüsser & Thalemann, C. N., 2006). Nach diesem Modell wird angenommen, dass das Medium PC/Internet als „Droge" einen emotionalen Konditionierungsprozess auslöst, der sich auf das dopaminerge Belohnungssystems des Gehirns bezieht. In der Folge kommt es wie bei stoffgebunden Süchten zu einer „Dosissteigerung", einem „Kontrollverlust" und beim Einstellen des Verhaltensmusters zu „Entzugserscheinungen".

Es ist verwunderlich, dass bei der Erklärung der Computersucht als nichtstoffgebundene Suchterkrankung aktuelle psychologische Suchtmodelle nicht berücksichtigt werden, sondern auf das organische Krankheitsmodell zurückgegriffen wird. *Suchtverhalten* wird heute als konflikthaftes Wechselspiel zwischen belohnender Bindung an das Suchtmittel und einschränkenden Restriktionen körperlicher, psychischer und sozialer Art aufgefasst, die auf lange Sicht aufgrund des ungünstigen Kosten-Nutzen-Verhältnisses bei einer Mehrheit von Betroffenen zum Selbstausstieg führen (Klingemann & Sobell, 2006; Orford, 2001). Entsprechend werden verhaltensökonomische (Vuchinich & Heather, 2003) und entscheidungstheoretische (Cox & Klinger, 2004) Modelle diskutiert. Nach diesen Vorstellungen treffen süchtige Konsumenten ihre Entscheidungen zwischen suchtbezogenen und nicht suchtbezogenen Verhaltensalternativen auf dem Hintergrund einer mehr oder minder bewussten Bewertung eines Kosten-Nutzen-Verhältnisses. Der Suchtkranke wird entsprechend als eine handelnde Persönlichkeit betrachtet, die während des Suchtprozesses durchaus eine – wenn auch sehr konflikthafte und durch Gewohnheitsbildung eingeschränkte – Handlungskontrolle ausübt und dabei für sich eine zielorientierte Sinnhaftigkeit herzustellen versucht (Schlimme, 2008).

Mit der Übertragung des für *stoffgebundene Suchterkrankungen* entwickelten organischen Krankheitsmodells auf die Computersucht als nichtstoffgebundene Suchtform liegt ein nicht statthafter Analogieschluss vor. Die in der Alkoholismustheorie eindeutig definierten Begriffe Droge, Toleranzentwicklung und Entzugserscheinungen (Soyka & Küfner, 2008) werden so ihrer ursprünglichen organpathologischen Bedeutung beraubt. Bei einer *Droge* handelt es sich um eine psychotrope Substanz, die dem Körper zugeführt wird und unmittelbar auf das zentrale Nervensystem einwirkt. Der *Toleranzentwicklung* liegt nicht nur eine dauerhafte Adaption des neurobiologischen Systems, sondern auch eine Beschleunigung der metabolischen Verarbeitung der zugeführten Droge in der Leber zugrunde. Bei *Entzugserscheinungen* handelt es sich um eindeutig definierte organpathologische Veränderungen des neurobiologischen Systems bei chronischer Zuführung einer psychotropen Substanz. Diese führt im Körper zu einer adaptiven Veränderung verschiedener Neurotransmittersysteme sowie zu Veränderungen auf zellulärer Ebene. Bei einer Übertragung dieser Konzepte auf nichtstoffgebundene Süchte ergibt sich keine plausible Erklärungsbasis. In der suchttheoretisch orientierten Literatur (Bergmann & Hüther, 2006; Grüsser & Thalemann, R., 2006; Singer, 2002) wird dabei zudem die Grenze zwischen problematischen und pathologischen Online-Aktivitäten verwischt.

Die in der Forschung eingesetzten Fragebögen sind ebenfalls an das organische Krankheitskonzept angelehnt (Hahn & Jerusalem, 2001; Young, 1999). Sie sind dadurch so eingeengt formuliert, dass sie keinen Platz für eine empirische Erfassung alternativer Erklärungsmodelle bieten. Die für den pathologischen PC-/Internet-Gebrauch postulierten „Entzugserscheinungen" ließen sich z. B. auch auf einem nicht organischen Hintergrund erklären. So kann die auftretende Niedergeschlagenheit oder Aggressivität nach dem Einstellen der PC-/Internet-Aktivität als Trauerreaktion erklärt werden, die durch den Verlust eines Objekts mit hoher subjektiver Valenz bedingt ist. Klassische Entzugserscheinungen beinhalten zudem ganz andere, zunächst vor allem vegetative, Symptome und körperliche Fehlregulationen, die darüber hinaus als organische Akuterkrankungen lebensbedrohlich sein können. Unruhezustände oder dysphorische Stimmungen haben trotz ihrer teilweisen Ähnlichkeit mit Entzugserscheinungen ihre Wurzeln im Bereich der Gefühlsregulation. Darüber hinaus konnte das durch Jellinek eingeführte, aus dem organischen Suchtmodell abgeleitete, Phasenmodell des Alkoholismus mit seinem zentralen Konzept des *Kontrollverlustes* bisher weder auf der organischen, noch auf der psychischen oder sozialen Ebene mit Inhalt gefüllt und entsprechend empirisch belegt werden (Funke & Siemon, 1989).

Innerhalb des Suchtkonzepts besteht die Grundannahme, dass für die Entwicklung süchtigen Verhaltens die emotionalen Konditionierungsprozesse des Belohnungszentrums unseres Gehirns von herausragender Bedeutung seien. Durch diese Überbetonung wird vernachlässigt, dass die hirnphysiologischen Grundlagen der Persönlichkeit wesentlich komplexer sind. Das *Vier-Ebenen-Modell der Persönlichkeit* von Roth (2007) unterscheidet beispielsweise vier funktionale Gehirnebenen, die er wie folgend beschriebt: „Die untere limbische Ebene des vegetativ-affektiven Verhaltens und die mittlere limbische Ebene der emotionalen Konditionierung, Bewertung und Motivation bilden zusammen das ‚unbewusste Selbst'. Auf bewusster Ebene bildet die obere limbische Ebene in der rechten Hemisphäre das ‚individuell-soziale Ich', dem das ‚kognitiv-kommunikative Ich' in der linken Hemisphäre gegenübergestellt wird" (a. a. O., S. 91). Die Entscheidung zur Aufrechterhaltung eines exzessiven Verhaltensmusters und die Wahl alternativer Handlungsoptionen unterliegen demnach einem komplexen Bedingungsgefüge motivationaler und volitionaler Kräfte, d. h. psychischer Prozesse, die sich nicht so einfach auf neurobiologische Grundlagen reduzieren lassen (vgl. Janich, 2009; Tretter & Grünhut, in Druck).

Auf der psychischen Ebene sind nach der denkpsychologischen *Zwei-Prozess-Theorie* von Evans (2003) zwei (Gedächtnis-)Systeme für unser Handeln verantwortlich: Das evolutionär ältere, unbewusste System zur Handlungsaktivierung, dessen Informationsverarbeitung rasch, parallel und kraftvoll ist und das bewusste, evolutionär jüngere System zur verzögerten Handlungskontrolle, das langsam, sequenziell und überlegt funktioniert. Das Modell wurde unter dem Begriff *Implicit Cognition* auf die Entstehung und Behandlung von Süchten angewandt (Wiers & Stacy, 2006) und auch im Zusammenhang mit Angststörungen diskutiert (Maurer et al., 2007). Viele bewusste Kognitionen stellen nach dieser Auffassung lediglich nachträgliche Rationalisierungen von unbewusst gesteuerten Tendenzen und Reaktionen dar. Trotz dieser dominanten unbewussten Prozesse entwickeln sich im Jugendalter die Grundlagen der Persönlichkeit bei gleichzeitiger Integration in die soziale Gemeinschaft als wesentliche Determinanten der bewussten Kontrolle des Verhaltens. Diese beiden Systeme unseres neuropsychologischen Apparates stehen nach Evans in ständigem Widerstreit. Es ist also erforderlich, in theoretische Überlegungen verstärkt den Einfluss der bewussten Planungs- und Steuerungsfunktion des präfrontalen Kortex einzubeziehen und die Überbetonung der emotionalen Konditionierungsprozesse des Belohnungssystems, insbesondere der Amygdala, zu relativieren. In der Psychotherapie müssen deshalb neben dem Abbau des anreizgesteuerten Symptomverhaltens auch alternative Kompetenzen zur Handlungskontrolle gefördert werden.

Nach Orford (2001) umfasst die *Suchtdomäne* sowohl stoffgebundene als auch nichtstoffgebundene Suchtformen. Dazu gehören im Kern der Alkoholismus, alle Formen der Drogenabhängigkeit, die Glücksspielsucht, exzessive Formen des Essens („Fresssucht") und exzessive Formen der Sexualität (Hypersexualität). Zentrale Bestimmungsstücke dieses Suchtbegriffes sind der mit dem Suchtverhalten verbundene Rauschzustand, die soziale Devianz einschließlich krimineller Taten, soziale Diskriminierungen durch das Umfeld, intensive Schuld- und Schamgefühle bei den Betroffenen, eine fortschreitende Einengung der Handlungskontrolle und eine eskalierende, teilweise tödlich verlaufende Suchtdynamik. Durch die Definition der Arbeits-, Kauf- und eben auch der Computersucht als „Sucht" erfolgt eine nicht statthafte Ausdehnung der Suchtdomäne (Petry, 1991). Die zentralen Merkmale der Sucht als einer chronischen, mit einem hohen Sterberisiko verbundenen Erkrankung, die aufgrund ihrer Devianz starken gesellschaftlichen Sanktionen unterliegt, treffen so auf diese psychopathologischen Phänomene nicht zu.

Pathologische PC-/Internet-Spieler stellen sich klinisch-phänomenologisch nicht als Suchtkranke dar. Ihre exzessiven Online-Aktivitäten und das damit verbundene Immersionserleben lassen sich nicht mit einem drogeninduziertem Rauschzustand (Korte, 2007) vergleichen. Das heißt, dass bei diesen Personen kein suchttypisch veränderter Bewusstseinzustand mit Störungen der Wahrnehmung, des Denkens, der Gefühle und der Selbst- und Körperwahrnehmung auftritt. Der virtuelle Erlebnismodus entspricht auch nicht dem für stoffgebundene und nichtstoffgebundene Süchte charakteristischen dissoziativen Erlebniszustand (Jacobs, 1989; vgl. auch Kap. 8.5). Die Online-Aktivität ist vielmehr ein aktives Tun, das der Lösung von Aufgaben, der Entwicklung neuer Aspekte der Identität und dem Eingehen von Beziehungen dient. Die mit der Online-Aktivität verbundene intensive Fokussierung auf den virtuellen Erlebnismodus lässt sich alternativ mit den medienpsychologischen Begriffen der Telepräsenz (Anwesenheitsgefühl in der virtuellen Welt) und Immersion (Aufmerksamkeitsfokussierung auf die virtuellen Inhalte) ausreichend beschreiben (vgl. Kap. 2.3). Die Computersucht ist durch gravierende körperliche (z. B. Störungen des Schlaf-Wach-Rhythmus), psychische (depressive Verstimmungen, soziale Ängste) und soziale (häufige Schul- und Arbeitsprobleme) Nachteile und einen weitgehenden sozialen Rückzug charakterisiert. Sie besitzt allerdings nicht die selbstzerstörerische bis tödliche Dynamik, die auch für nichtstoffgebundene Süchte, wie die Glückspielsucht (Petry, 2003a) oder die sexuelle Abhängigkeit (Roth, 2004), typisch sind. Auch das in diesen Fällen gesellschaftlich abweichende, oft kriminelle Verhalten und die häufige Suizidgefährdung lassen sich bei der Computersucht so nicht beobachten. Gleichfalls fehlen die für Suchterkrankungen charakteristischen sozialen Diskriminierungen und die damit verbundenen ausgeprägten Schuld- und Schamgefühle bei der Computersucht weitgehend.

Rogge (2000) und Cover (2006) analysierten den Suchtdiskurs auf seinen kulturpessimistischen Charakter hin. Die Neuen Medien werden in dieser Diskussion als etwas der menschlichen Natur Fremdes dargestellt, das zur Zerstörung der Kultur führt. In diesem Zusammenhang ist zu reflektieren, dass die Gesellschaft nur in begrenztem Ausmaß bereit ist, Ressourcen für den Schutz und die Behandlung von Suchtkranken zur Verfügung zu stellen. In sozialen Krisensituationen werden Suchtkranke von der Gesellschaft als „Sündenböcke" angesehen und behandelt, wodurch es zu lebensbedrohlichen Folgen für diese Gruppe kommen kann, wie es beispielsweise bei der Zwangssterilisation von Alkoholkranken im Nationalsozialismus der Fall war (Petry, 1992). Es erscheint also auch unter diesem Aspekt nicht sinnvoll, das Suchtkonzept auf Phänomene auszuweiten, die keine entsprechende gesellschaftliche Devianz besitzen und gravierende Diskriminierungen von Betroffenen auslösen können.

5.2 Das Diathese-Stress-Modell

Inzwischen existieren alternative Erklärungsmodelle zum dysfunktionalen und pathologischen PC-/Internet-Gebrauch, die innere und äußere Faktoren sowie die besonderen Eigenschaften dieses Mediums theoretisch integrieren. Im Sinne eines Diathese-Stress-Modells wird dabei versucht, empirische Befunde zu disponierenden Persönlichkeitsmerkmalen – wie eine erhöhte Depressivität und Ängstlichkeit, Selbstwertprobleme und Einsamkeit – in Beziehung zu defizitären Formen der Bewältigung von belastenden oder traumatisierenden Lebensereignissen und ungünstigen Lebensbedingungen zu setzen. Die Literatur wird von Kratzer (2006) und Six (2007) im Überblick dargestellt.

Die bisher vorliegenden vorwiegend psychologischen Erklärungsmodelle wurden von Six und Mitarbeitern (2005) analysiert und zu einem eigenen Modell integriert.

Zunächst verweisen die Autoren in ihrem Theorieüberblick auf die *kognitiv-behaviorale Konzeption* von Davis (2001). Davis nimmt an, dass beim Vorhandensein psychischer Problematiken (Depressionen, Ängstlichkeit etc.) und belastender Erlebnisse die Begegnung mit dem Medium PC/Internet über die damit erzielte Stimmungsverbesserung zu wiederholten Gratifikationen führt, wodurch sich durch klassische und operante Konditionierungsprozesse ein gefestigtes Gewohnheitsmuster etabliert. Hinzu kommen Selbstzweifel über die exzessive Nutzung des PC-/Internets und dysfunktionale Annahmen über den vermeintlich befriedigenden Wert von virtuellen Anreizen. In einem Teufelskreis tragen Kognitionen zur Aufrechterhaltung bestehender, das exzessive Verhaltensmuster bedingender psychischer Probleme und diese wiederum zur Verstärkung der unangemessenen Kognitionen bei etc. Zusätzlich nimmt Davis an, dass ein Mangel an sozialer Unterstützung dazu führen kann, dass die spezifische Online-Aktivität eine psychosoziale Ersatzfunktion einnimmt, um den Selbstwert zu steigern und Ängste zu bewältigen.

Als weiteres Modell stellen Six et al. den *sozial-kognitiven Ansatz* von LaRose und Mitarbeitern (2003) vor. Nach diesem Modell, das sich auf lerntheoretische Selbstregulationstheorien stützt, besteht, ähnlich wie bei Davis, die Hypothese, dass negative psychische Empfindungen, insbesondere depressive Zustände, durch die PC-/Internet-Nutzung zunächst reduziert werden. In der Folge kann dies jedoch zu einem „Spiraleffekt" führen, indem negative Selbstbewertungen und damit verbundene dysphorische

Stimmungen die PC-/Internet-Nutzung verstärken. Im Mittelpunkt der Theorie steht das Postulat, dass dieser Prozess die handlungssteuernde Funktion der Selbstbeobachtung und Selbstregulation schwächt und sich so eine Gewohnheit etabliert, welche sich der bewussten Kontrolle zunehmend entzieht.

Auf der Grundlage dieser Theorien formulieren Six und Kollegen ein *ressourcenorientiertes, dynamisches Modell*, in welchem sie von drei grundlegenden Annahmen ausgehen:

Die unterscheidbaren Nutzungsmustern des funktionalen, dysfunktionalen und pathologisch-süchtigen PC-/Internet-Gebrauchs liegen auf einem Kontinuum. Der funktionale PC-/Internet-Gebrauch zeichnet sich durch Zielgesteuertheit aus, führt zu keinen gravierenden negativen Folgen und weist insgesamt eine positive Kosten-Nutzen-Bilanz auf. Bei einem dysfunktionalen Handlungsmuster liegt ein weniger kontrollierter Gebrauch vor, bei dem das Medium PC/Internet mit hohem Aufwand und ersten negativen Folgen genutzt wird, obwohl alternative Handlungsoptionen mit einer besseren Kosten-Nutzen-Bilanz bestehen. Von einem pathologisch-süchtigen Nutzungsmuster sprechen die Autoren, wenn eine geringe Handlungskontrolle vorliegt, das eigene Verhalten als problematisch wahrgenommen wird und eine hoch negative Bilanz zwischen Kosten und Nutzen besteht, d. h. die kurzfristigen Gratifikationen der PC-/Internet-Nutzung unter Inkaufnahme langfristig gravierender Nachteile aufrecht erhalten werden.

Der Internetgebrauch wird als Resultat einer komplexen Wechselwirkung zwischen der Medienkompetenz und den medienunabhängigen personalen und sozialen Ressourcen der Nutzerpersönlichkeit betrachtet. Bei der Erklärung des pathologisch-süchtigen PC-/Internet-Gebrauchs wird explizit nicht angenommen, dass eine zugrunde liegende psychische Störung besteht. Six et al. nehmen jedoch an, dass Individuen mit geringen sozialen Kompetenzen, inadäquaten Copingstrategien sowie dysfunktionalen Kognitionen und Überzeugungen ihre eigenen Fähigkeiten und potenziell verfügbare Umweltressourcen nicht wahrnehmen bzw. ungenutzt lassen. Solche Personen laufen Gefahr, die leicht verfügbaren und einfach realisierbaren kompensatorischen Möglichkeiten des Mediums PC/Internet zur Befriedigung eigener Anliegen (Gefühlsregulation, soziale Anerkennung) verstärkt einzusetzen. In der Folge kann sich eine Gewohnheit etablieren, insbesondere, wenn den kurzfristigen Gratifikationen durch die PC-/Internet-Nutzung keine positiven Alternativerfahrungen in der Realität gegenüberstehen. Es resultiert ein in geringem Ausmaße reflektierter, vorwiegend spontaner und wenig kontrollierter Handlungsmodus.

Die Entwicklung eines dysfunktionalen und pathologisch-süchtigen PC-/Internet-Gebrauchs resultiert aus einer teufelskreisartigen Reduzierung der Selbstkontroll- und Selbstregulationsfähigkeit. Die Autoren sehen als eine wesentliche Determinante des pathologischen Störungsbildes eine mangelnde Medienkompetenz der Nutzer. Im Sinne des *Salutogenese-Modells* von Antonovsky (1987) wird die fehlende Medienkompetenz im Rahmen eines verminderten „Kohärenzgefühls" interpretiert. Damit ist die Fähigkeit gemeint, Lebensanforderungen als Herausforderungen aufzufassen und bestehende Ressourcen zu deren Bewältigung einzusetzen sowie ein Verständnis und einen Sinn für die Welt und das Leben zu entwickeln. Führt die mangelnde Medienkompetenz in Kombination mit weiteren Faktoren zu einem eskalierenden Nutzungsmuster, kann ein Teufelskreis entstehen, in dem negativ bewertete Konsequenzen und negative Emotionen, eine zusehend abnehmende Selbstwirksamkeit und eine unzureichende Abschätzung von Handlungsoptionen sich gegenseitig verstärken. Der pathologisch-süchtige PC-/Internet-Gebrauch kann somit durch eine stark gewohnheitsbedingte Fokussierung auf dieses Medium charakterisiert werden. Die Nutzung von PC und Internet wird vom Betroffenen als überragend gewichtete Handlungsoption wahrgenommen, die einer kurzfristigen Bewältigung der zunehmend unangenehmer werdenden Folgen dient.

Die Vorteile dieser ressourcenorientierten, prozesshaften Modellvorstellung liegen vor allem darin, dass zum ersten Mal medienpsychologische, allgemeinpsychologische und gesundheitspsychologische Annahmen auf das Problemgebiet angewandt werden und gleichzeitig von einem aktiv handelnden Medienrezipienten ausgegangen wird. Ein entscheidender Mangel dieses Konzepts von Six und Kollegen ist jedoch darin zu sehen, dass die entwicklungspsychopathologischen Wurzeln und damit verbundene dysfunktionale Bindungs- und Identitätsentwicklungsprozesse nicht thematisiert werden. Entsprechend verweisen die Autoren bei der Beschreibung fortgeschrittener Formen des pathologischen PC-/Internet-Gebrauchs auf das aus diesem Modell eigentlich nicht ableitbare Suchtmodell.

5.3 Das biopsychosoziale Störungsmodell

Zur Erklärung des dysfunktionalen und pathologischen PC-/Internet-Gebrauchs kann auch von dem systemtheoretisch begründeten *biopsychosozialen Störungsmodell* ausgegangen werden, wie es in der klinischen Psychologie (Bastine, 1990) und psychosomatischen Medizin (Paar et al., 1999) vertreten wird. Das Modell geht davon aus, dass körperliche, psychische und soziale Bedingungen und Prozesse in systematischer Beziehung zueinander stehen. Es handelt sich dabei jeweils um hierarchisch aufgebaute Strukturen, die von elementaren bis hin zu komplexeren, übergeordneten Teilsystemen reichen. Diese körperlichen, psychischen und sozialen Systemklassen stehen in Wechselwirkung zueinander, indem sie sich fortlaufend gegenseitig beeinflussen. Bezogen auf verschiedene psychische Störungen kommt diesen Faktoren, sowohl einzeln als auch in Gesamtsystem betrachtet, ein unterschiedliches Gewicht zu. Demnach gilt für jedes Störungsbild eine andere Konstellation von Einflüssen. Bei der Abgrenzung des dysfunktionalen PC-/Internet-Gebrauchs vom pathologischen PC-/Internet-Spielen müssen also jeweils unterschiedliche Bedingungsgefüge vorliegen.

Die Wechselwirkung zwischen disponierenden Faktoren des Individuums, die sowohl organischer als auch psychosozialer Art sein können, und den gesellschaftlich-kulturellen Einflüssen wird mit dem Konzept der *Vulnerabilität* erklärt (Zubin & Spring, 1977). Nach Faloun und Mitarbeitern (1984) wird die individuelle „Anfälligkeit“ für psychische Störungen nicht als statische Gegebenheit angesehen, sondern als dynamischer Prozess, der ein großes Ausmaß an Veränderbarkeit aufweist. Unter entwicklungspsychopathologischer Perspektive ist deshalb zu klären, welche Bedingungen unter welchen psychischen Gegebenheiten und Umweltbedingungen im Laufe der Lebensspanne jeweils wirksam sind. Dabei sind Individuen mit unterschiedlicher Vulnerabilität – sei es aufgrund ihrer Veranlagung oder durch Einflüsse der frühkindlichen oder adoleszenten Entwicklung – in ihrer Lebensgeschichte verschieden gewichteten Auslösebedingungen,

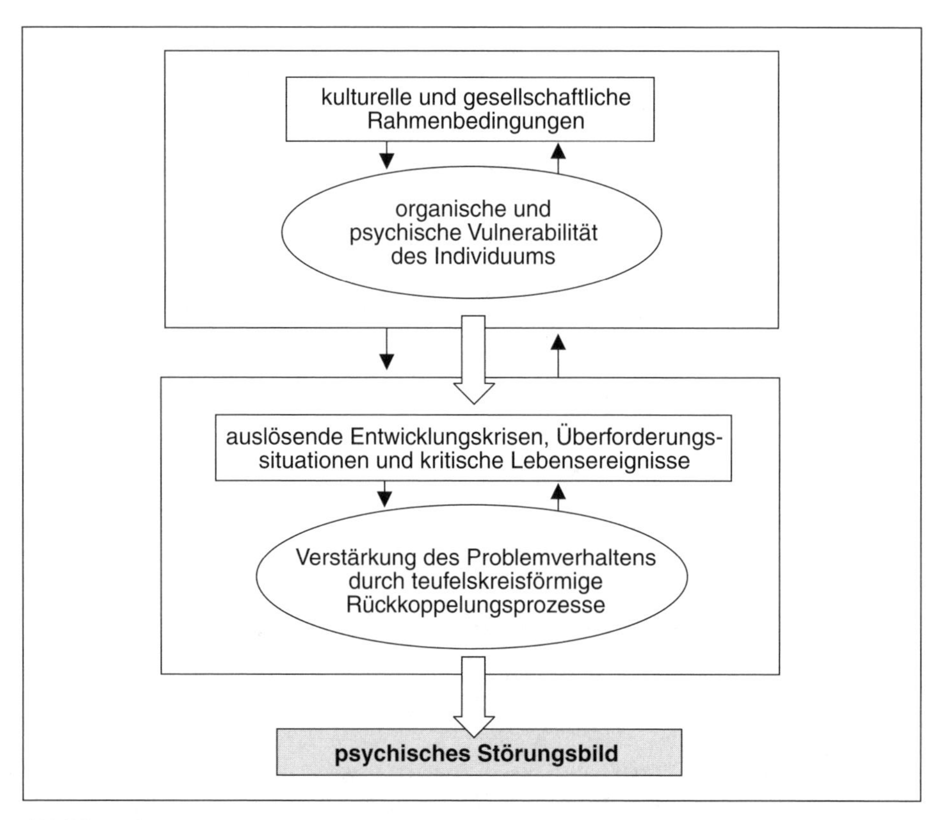

Abbildung 3: Schematische Darstellung des biopsychosozialen Störungsmodells.

wie Verlusterlebnissen oder körperlichen Erkrankungen, ausgesetzt. Aus der Wechselbeziehung dieser Einflussfaktoren können psychische Störungen entstehen. Ein solcher psychopathologischer Prozess kann in der Folge teufelskreisartig verstärkt werden und zunehmend andere Lebensbereiche erfassen, wodurch es zu einer Chronifizierung der psychischen Störung kommt. Das biopsychosoziale Modell wird schematisch in Abbildung 3 veranschaulicht.

5.3.1 Einflussfaktoren des PC-/Internet-Gebrauchs

Betrachtet man im Rahmen des biopsychosozialen Modells die Teilsysteme der gesellschaftlich-kulturellen Bedingungen, der biopersonalen Anfälligkeit des Individuums und den Einfluss der Neuen Medien mit ihren virtuellen Erlebniswelten und ihrer machtökonomischen Durchdringung der Gesellschaft, so lassen sich für alle diese drei Bereiche dimensionale Pole beschreiben, die den Nutzen und Schaden des Mediums PC/Internet bestimmen.

Auf der *gesellschaftlich-kulturellen Ebene* bestimmt das Ausmaß der sozialen Integration oder Ausgrenzung darüber, ob die Neuen Medien zur individuellen Bereicherung oder zu destruktiven Rückzugsprozessen beitragen. Die Möglichkeit zum positiven Umgang mit den Neuen Medien hängt also davon ab, inwieweit das gesellschaftliche Umfeld ausreichende alternative Gratifikationen – z. B. im beruflichen Bereich – zur Verfügung stellt, vor familiären Traumatisierungen schützt, eine materielle und soziale Teilhabe am gesellschaftlichen Leben erlaubt, sinnstiftende Vorbilder anbietet und eine angstfreie Zukunftsperspektive eröffnet.

Auf der *individuellen Ebene* der Persönlichkeit des Nutzers entscheidet dessen psychische Stabilität bzw. Instabilität über seine Chancen zur kreativen Nutzung der Neuen Medien, insbesondere in der krisenhaften Lebensspanne der Adoleszenz. Eine sichere Bindungsqualität in Kindheit und Jugend begünstigt eine solche spätere psychische Stabilität (Spangler & Zimmermann, 1999; vgl. Kap. 4) und kann Sicherheit geben, die Welt der Medien kompetent zu erkunden. Die besondere Bedeutung des Jugendalters beim Erwerb eines funktionalen oder dysfunktionalen PC-/Internet-Gebrauchs ergibt sich aus den in dieser Phase einsetzenden intensiven Prozessen der Selbstreflexion. Auch die Entstehung eines reifen Selbstbewusstseins auf dem Hintergrund einschneidender Entwicklungsveränderungen des Gehirns, insbesondere des für die Regulierung von Kognitionen, Emotionen und Handlungen zuständigen Frontalhirns (Bergmann, 2007; Oerter, 2006), spielt in dieser Phase eine wichtige Rolle.

Schließlich entscheidet die Art und Weise, in der Kinder und Jugendliche den *Umgang mit den Neuen Medien* erlernen, darüber, ob sie einen bereichernden oder eskapistischen Zugang zu den vielfältigen, für die heutige Generation umfassend präsenten, virtuellen Welten finden. Die starke Anziehungskraft und das intensive Immersionserleben bieten eine Fülle leicht erreichbarer und intensiv erlebbarer Möglichkeiten der Gefühlsregulation, der sozialen Identitätsbildung und der Integration in soziale Bezugsgruppen. Voraussetzung für einen reflektiv-kompetenten Umgang mit dem Medium PC/Internet bildet deshalb eine Mediensozialisation, die den Schutz vor einer quantitativen und qualitativen Überforderung zum Ziel hat. Dazu gehören gesellschaftliche Rahmenbedingungen, die es sowohl den Eltern und Schulen als Erziehungsinstanzen als auch der heranwachsenden Generation erlauben, über Medienangebote zu verfügen, die sich an ihren Bedürfnissen orientieren und sie in die Lage versetzen, die emanzipatorischen Möglichkeit der Neuen Medien zu nutzen.

5.3.2 Qualitative Nutzungsformen des PC/Internets

Auf dem Hintergrund des biopsychosozialen Störungsmodells lassen sich qualitativ differenzierbare Formen des Umgangs mit dem PC/Internet abgrenzen: Der funktionale Umgang, der dysfunktionale Gebrauch und das pathologische PC-/Internet-Spielen. Für jede Nutzungsform liegt jeweils eine unterschiedliche Art und Gewichtung organischer, psychischer und sozialer Bedingungsfaktoren vor. Zudem wird davon ausgegangen, dass die Übergänge zwischen diesen Erscheinungsformen fließend sind.

Funktionaler PC-/Internet-Gebrauch. Hinsichtlich des funktionalen PC-/Internet-Gebrauchs ist empirisch belegt, dass die Mehrheit der PC-/Internet-Nutzer im Rahmen der heute verfügbaren medialen Umgebungsbedingungen, ihrer Medienwahl und ihres konkreten medialen Verhaltens flexibel und funktional mit den Neuen Medien umgeht. Dies gilt vor allem für Personen, die das Medium PC/Internet regelmäßig nutzen. Die Neuen Medien führen bei solch einem Alltagsverhalten zu vielfältigen positiven Effekten. Die Nutzer können ihr Wissen und ihre Kompetenzen steigern, ihre sozialen Kontakte ausbauen und den PC-/Internet-Gebrauch kompensatorisch zur Bewältigung alltäglicher Frustrationen und Belastungen einsetzen. Ein genereller Eskapismus-Vorwurf lässt sich somit nicht aufrechterhalten. Dieser geht von einer einseitigen „Verarmungshypothese" aus, die unberücksichtigt lässt, dass ein aktiver Mediennutzer seine soziale Lebenswirklichkeit mit den neuen technischen Kommunikationsmöglichkeiten ergänzt.

Dysfunktionaler PC-/Internet-Gebrauch. Die Nutzung des PC/Internets ist in Abhängigkeit von den individuell vorhandenen Ressourcen zu betrachten. Diese Ressourcen ermöglichen es vor allem Heranwachsenden, ihre eigene Identitätsentwicklung unter den aktuellen gesellschaftlichen Bedingungen konstruktiv zu gestalten. Nach Eckoldt (2007) lassen sich die gesellschaftlichen Rahmenbedingungen durch eine zunehmende Entfremdung des Individuums bei gleichzeitiger Konfrontation mit massenmedialen Machtstrukturen charakterisieren. Eine Anbindung an soziale Strukturen wird zunehmend erschwert, wodurch Heranwachsende zunehmend der Herausforderung gegenüberstehen, ihre Persönlichkeitsentwicklung selbst zu organisieren. Eine positive Nutzung des PC/Internets kann in diesem Zusammenhang nur gelingen, wenn der Einzelne über ausreichende personale und soziale Ressourcen verfügt und geeigneten Sozialisationseinflüssen unterliegt (Mikos et al., 2007; Tillmann & Vollbrecht, 2006). Im Umkehrschluss bedeutet dies, dass die Entstehung eines dysfunktionalen PC-/Internet-Gebrauchs vor allem dann zu erwarten ist, wenn eine Person in einer konkreten Lebenssituation über zu geringe persönliche und soziale Ressourcen verfügt. Die Attraktivität der Medienangebote und das Fehlen von befriedigenden Alternativen im Alltagsleben bzw. die mangelhafte Nutzung vorhandener Ressourcen bedingen einen exzessiv-dysfunktionalen Umgang mit den Neuen Medien (vgl. dazu Kap. 6.3). Neuere Schülerbefragungen sprechen allerdings dafür, dass dieses Übergangsphänomen im frühen Erwachsenenalter mehrheitlich überwunden wird (Meixner, 2008).

Pathologisches PC-/Internet-Spielen. Das pathologische PC-/Internet-Spielen muss im Gegensatz dazu als eine dauerhafte psychische Störung im Sinne des Vulnerabilitätskonzeptes angesehen werden. Eine vulnerable Persönlichkeit und deprivierende Lebensbedingungen bilden das komplexe Bedingungsgefüge für die Entstehung, Auslösung und Aufrechterhaltung dieses klinischen Störungsbildes (vgl. dazu Kap. 7).

Das Medium PC/Internet mit seinen besonderen Eigenschaften kann deshalb nicht isoliert als Verursacher eines problematischen oder pathologischen Prozesses angesehen werden. Es bleibt in diesem Sinne lediglich eine von mehreren Bedingungsgrößen, die sowohl positive als auch negative Folgen haben kann.

Für die Annahme, dass sich funktionale, dysfunktionale und pathologische Nutzungsmuster des Mediums PC/Internet und damit verbundene Störungen unterscheiden lassen, sprechen erste differenziell-psychologische Befunde zur Beziehung zwischen Persönlichkeit und der Nutzung von PC und Internet. So finden sich Hinweise darauf, dass der funktionale PC-/Internet-Umgang nicht zu einer Erhöhung dissoziativer Erfahrungen führt (Köhler, 2005) und gleichzeitig ein höherer Selbstwert mit einem gezielteren PC-/Internet-Gebrauch korreliert (Günther et al., 2005). Für Häufignutzer finden sich dagegen erste Belege für einen niedrigen Selbstwert und psychische Auffälligkeiten der Gefühlsregulation (Hahn & Jerusalem, 2001) sowie eine Häufung sozial ungünstiger Lebensbedingungen (Pfeiffer et al., 2007). Pathologisches PC-/Internet-Spielen scheint nach ersten klinischen Untersuchungen darüber hinaus mit einer hohen Komorbidität von psychischen Störungen und Suchterkrankungen einherzugehen (Kratzer, 2006; Six, 2007; vgl. Kap. 8.5).

Um den qualitativen Unterschied zwischen dem dysfunktionalen PC-/Internet-Gebrauch und dem pathologischen PC-/Internet-Spielen als Störungsbild zu verdeutlichen, werden diese in Tabelle 4 einander idealtypisch gegenübergestellt.

Tabelle 4: Idealtypische Gegenüberstellung des dysfunktionalen und pathologischen PC-/Internet-Gebrauchs/-Spielens

Merkmale	dysfunktionaler Gebrauch	pathologisches Störungsbild
Zeitpunkt des Auftretens	vor allem im Jugendalter	ab dem frühen Erwachsenenalter
Persistenz	Übergangsphänomen für die Mehrheit der Betroffenen	chronifizierte Störung bei einer Minderheit
Risiko-/Vulnerabilitätsfaktoren: • personaler Bereich	Selbstwertproblematik, Störungen der Gefühlregulation, inadäquate Copingstrategien,	unsichere Bindungsorganisation, traumatische Erfahrungen, schwere Selbstwertstörung, komorbide psychische Störungen und Suchterkrankungen
• sozialer Bereich	soziale Benachteiligung, fehlende personale und soziale Ressourcen	deprivierende Lebensbedingungen
Erscheinungsform	eingeschränkte Medienkompetenz, häufige „Versunkenheit“ im virtuellen Erlebnismodus	regressiver Rückzug in kindliches Spielverhalten, dauerhafte „Verlorenheit“ in virtuellen Welten
indizierte Intervention	pädagogisch-therapeutische Maßnahmen	umfassende psychotherapeutische-rehabilitative Behandlung

Die Gegenüberstellung in Tabelle 4 sollte als heuristischer Vorschlag zur Einordnung empirischer Befunde und Orientierung in Bezug auf Interventionsmaßnahmen verstanden werden. Die Merkmale bzw. Bestandteile der beiden Konzepte *dysfunktionaler PC-/Internet-*Gebrauch und *pathologisches PC-/Internet-Spielen* mit den jeweils indizierten Interventionsmaßnahmen werden in den beiden folgenden Kapiteln genauer herausgearbeitet.

6 Dysfunktionaler PC-/Internet-Gebrauch im Jugendalter

Zusammenfassung:

Die Neuen Medien stellen für Kinder und Jugendliche eine allseits verfügbare Möglichkeit dar, alleine oder in der Gruppe der Gleichaltrigen neue Rollen auszuprobieren. PC und Internet können so eine wichtige Funktion bei der Identitätsentwicklung besitzen. Die Nutzung dieses Mediums stellt jedoch hohe Anforderungen daran, die erlebten Erfahrungen kritisch zu reflektieren, was als Medienkompetenz bezeichnet wird. Die Nutzungsformen des Chattens und Gamens tragen für Jugendliche zur Sozialisation bei. Insbesondere von Mädchen können im Chat aus einer Distanz heraus Beziehungen und Kommunikationsformen ausgetestet werden, männliche Nutzer erleben beim Gamen soziale Anerkennung und Emotionsregulation. Mangelnde Selbstkontrolle und eine zu starke Fokussierung auf die virtuellen Inhalte können allerdings zu einem exzessiven Nutzungsverhalten führen, insbesondere wenn keine ausreichenden alternativen Erlebnisräume bestehen. Dieser dysfunktionale Umgang mit dem PC und Internet kann bei Jugendlichen im Laufe der Entwicklung von selbst überwunden werden, in extremen Fällen sind therapeutische Interventionen notwendig.

Die Kombination PC/Internet kann als Leitmedium der jetzt heranwachsenden Kinder- und Jugendgeneration angesehen werden. So sind Mädchen und Jungen im Alter von neun bis zwölf Jahren die derzeit am schnellsten wachsende Nutzergruppe des Internets. Es ist deshalb anzunehmen, dass die Neuen Medien eine einflussreiche Rolle in der Entwicklung von Kindern und Jugendlichen spielen. Diese Tatsache ist besonders schwerwiegend, da die Identitätsentwicklung von Jugendlichen als krisenhafte Phase einzuschätzen ist, in der die Gefahr negativer Folgen besonders groß ist. Es stellt sich also die Frage nach den Zusammenhängen zwischen Nutzung der Neuen Medien, der sozialen Integration und dem psychosozialen Wohlbefinden der heranwachsenden Generation. Eine besondere Gefährdung für diese Gruppe ist dabei in der tief greifenden gesellschaftlichen Umbruchsituation zu sehen, die die sogenannte „Übergangsgesellschaft" vom 20. zum 21. Jahrhundert betrifft. Jugendliche sind heutzutage mit einer Fülle von Wertorientierungen konfrontiert und stehen gleichzeitig einer Unsicherheit in Bezug auf ihre familiäre und berufliche Zukunft gegenüber. Dies trifft insbesondere auf untere soziale Schichten jedoch zunehmend auch auf Teile der Mittelschicht zu.

6.1 Globalisierte Medienkultur und Identitätsentwicklung

6.1.1 Übergangsgesellschaft

Zinnecker (2005) diskutiert den Zusammenhang zwischen der „globalen Umbruchsituation" und den Anforderungen an die unter dem Einfluss multimedialer Kommunikationsangeboten heranwachsenden „Mediengeneration". Seiner Auffassung nach entstand die „Übergangsgesellschaft" des 21. Jahrhunderts auf der Grundlage eines „entfesselten Kapitalismus" (Bischoff, 2007). Damit zusammenhängende, tief greifende ökonomische Veränderungen gingen mit einer kundenzentrierten, flexiblen Massenproduktion und einer entsprechenden Arbeitsorganisation einher. Durch diese Prozesse wurden die während der Industrialisierung des 19. Jahrhunderts erkämpften Rahmenbedingungen der Lohnarbeit und sozialen Sicherheitssysteme in wachsendem Umfang beschädigt.

Diese Entwicklung lässt sich mit soziologischen Analysen wie dem Konzept von Beck (1986) zur „Risikogesellschaft" nicht ausreichend erklären. Seiner These zufolge ist in der fortgeschrittenen Moderne nicht mehr die Produktion und Verteilung von Reichtum das entscheidende gesellschaftliche Kriterium, sondern die für alle in gleichem Maße bestehenden Risiken ökologischer und sozialer Art. Als Folge dessen postuliert er eine Auflösung von Klassen, Generationen und der Familie, wodurch die soziale Schichtzugehörigkeit an Bedeutung verlieren soll. Doch Becks These greift zu kurz. Er übersieht, dass sich diese Auflösung von Strukturen eher in einem gegenteiligen Effekt äußert, nämlich einer Verschärfung sozialer Unterschiede und der Entstehung prekärer Arbeits- und Lebensbedingungen für große Teile der Bevölkerung (Dörrer, 1987). Die Gesellschaft ist durch Segmentierung, ungleiche Partizipationsmöglichkeiten, eine Polarisierung zwischen Arm und Reich und damit durch eine sehr ungleiche Risikoverteilung gekennzeichnet (Böhnisch, 2006).

Bolz (2004) wählte für die aktuellen gesellschaftlichen Verhältnisse die Metapher eines „Blindfluges". Diese Bezeichnung verweist auf die vorherrschenden Zustände der Ungewissheit und Unsicherheit über die allgemeinen Lebensverhältnisse. Weiterhin lassen sich damit die Deregulierung des Alltagslebens, die Unvorhersehbarkeit der wirtschaftlichen Entwicklung, die Unsicherheit von Arbeitsplätzen sowie eine kurzfristige und hilflose Politik umschreiben. Die gesellschaftliche Gesamtsituation ist nach Bolz mit einem Blindflug vergleichbar, bei dem sich die Reisenden auf die Instrumente und das Personal verlassen, aber niemand das Ziel kennt.

Von Sander und Meister (1997) wird in diesem Zusammenhang auf den widersprüchlichen Einfluss der Neuen Medien hingewiesen. Auf der einen Seite heben Medien Nichtwissen auf, was strukturell verunsichernd wirken kann. Auf der anderen Seite integrieren Medien, indem sie neue Werte, Rollenmuster und Nutzungsgewohnheiten etablieren. Die Autoren kommen zu dem Schluss, dass die Vielfalt der Mediensysteme, die Unterschiedlichkeit der Vernetzung mit gesellschaftlich anderen Teilsystemen, die individuell variierende Rezeptionssituation und die vorhandenen psychosozialen Dispositionen keine generelle Aussage über die Wirkungen des Mediensystems zulassen.

Zinnecker (2005) analysierte die Werte- und Sinnorientierungen der heranwachsenden Jugend. Die Wertvorstellungen dieser Gruppe sind auf Ordnung und Sicherheit gerichtet. Im zwischenmenschlichen Bereich bestehen Wünsche nach nahen und verbindlichen Beziehungen. Diese Hoffnungen stehen jedoch im Widerspruch zu den vorgefundenen Bedingungen. Wie weiter oben beschrieben wurde, bestehen die gesellschaftlichen Rahmenbedingungen, in die diese Gruppe „hineinwachsen" will, sozusagen nicht mehr. Dennoch sei diese Generation dazu bereit, sich durch eigene Initiativen kleinere Strukturen im privaten und beruflichen Bereich aufzubauen. Es komme für sie darauf an, situative Chancen zu ergreifen und sich auf die damit verbundenen Möglichkeiten einzustellen. Zinneker fasst dies mit der Aussage „Alles ist möglich und nichts ist gewiss" zusammen.

6.1.2 Identitätsentwicklung

Der Entwicklungspsychologe Oerter (2006) benennt die verschiedenen Aspekte der Identitätsentwicklung. Er betont vor allem die Frage „Wer bin ich?", auf die eine Antwort gesucht wird. Als Herausforderungen für diese Entwicklungsaufgabe benennt er eine Integration von Vergangenheit und Zukunft, subjektives Erleben von Kontinuität und Selbstsein, eine realistische Einschätzung der eigenen Person sowie bestehende gesellschaftlichen Erwartungen an die Heranwachsenden und deren kritische Hinterfragung. Als weitere Anforderungen während der Identitätsentwicklung gelten Problemlösungen in den Bereichen Beruf und Partnerschaft und die Klärung religiöser oder weltanschaulicher Einstellungen, denen man sich verpflichtet fühlt. Man strebt danach, sich in die Gesellschaft zu integrieren und Gefühle von Wohlbefinden, Selbstachtung und Zielstrebigkeit zu erleben. Diese „Palette" an Herausforderungen tritt in der relativ sensiblen Phase der personalen und sozialen Identitätsbildung während der Adoleszenz auf.

Oerter weist darauf hin, dass die in der Adoleszenz einsetzende intensive Selbstreflexion und das aufkommende Selbstbewusstsein mit erheblichen, vor allem emotionalen, Störungen verbunden sein können. Der Autor stellt auf dem Hintergrund empirischer Untersuchungen fest, dass die bewusste und gesteigerte Beschäftigung mit sich selbst ein Risiko für solche Störungen darstellt. Heranwachsende müssen innere Diskrepanzen verarbeiten und Widersprüche tolerieren, was zu starken Gefühlsschwankungen und depressiven Phasen in diesem krisenhaften Lebensabschnitt führt. Darüber hinaus müssen Jugendliche lernen, ihre Gefühle nach außen zu kommunizieren, was im positiven Sinne zur Steigerung ihrer Empathiefähigkeit beiträgt. Besonders bei Mädchen tritt die emotionale Instabilität deutlich hervor. Mittlerweile gibt es Hinweise auf den zahlenmäßigen Anstieg einer als „diffus" bezeichneten Identität, die als Folge kritischer oder traumatischer Lebensereignisse anzusehen ist. Die Betroffenen weisen einen Mangel an inneren und äußeren Ressourcen auf, was dazu führt, dass sie sich häufig isolieren und in unrealistische „Größenphantasien" flüchten.

Als wesentlichen Punkt betont Oerter, dass sich Identität durch den Bezug zur Umwelt definiert. Die Umwelt erfüllt bei der Identitätsentwicklung zwei Funktionen: Zum einen stellt sie die Bedingungen her, die die Identität des Einzelnen unterstützen oder schädigen, zum andern eröffnet sie Handlungsräume, die es ermöglichen, die eigene Identität zu definieren, wodurch die Umwelt unmittelbarer Bestandteil der Identität wird.

Charakteristisch für die Adoleszenz sind eine zunehmende Ablösung vom Elternhaus und die Aufnahme sozialer Beziehungen zu Gleichaltrigen. In Bezug auf ersteres ist die Qualität der Eltern-Jugendlichen-Interaktion von Bedeutung. Die Gruppe der Gleichaltrigen besitzt für den Heranwachsenden vielfältige positive Funktionen. Sie verwirklicht Toleranz und stellt Souveränität als Möglichkeit der Selbstdarstellung und Verwirklichung gemeinsamer Ziele her. Die Orientierung an der Gruppe hilft, Gefühle der Einsamkeit zu überwinden, ergibt Möglichkeiten kompetentes Sozialverhalten einzuüben, erleichtert die Ablösung von den Eltern und bietet Identifikationsmöglichkeiten mit den Lebensstilen spezifischer jugendlicher Subkulturen. Die Bildung von Freundschaften spielt eine große Rolle, insbesondere weil diese zur Erhaltung eines positiven Selbstwertgefühls beitragen. Außenseiter laufen hier jedoch Gefahr, sich sozial zu isolieren und sich möglicherweise in verstärkten Medienkonsum zurückzuziehen. Von zentraler Bedeutung für die Identität ist das Gelingen oder Misslingen des Einstiegs in einen Beruf. Arbeitslosigkeit geht deshalb mit einer starken Identitätsverletzung einher. Abschließend verweist Oerter darauf, dass die Entwicklungsaufgaben der Adoleszenz im Erwachsenenalter fortbestehen. In der modernen Gesellschaft können die fehlende soziale Geborgenheit und nicht vorhersehbare Perspektiven zu einer erheblichen Bedrohung der Identitätsentwicklung führen. Dadurch werden auch psychopathologische Entwicklungen begünstigt.

6.1.3 Virtuelle Identitätsräume

Die Wechselbeziehung zwischen Identitätsentwicklung und Nutzung der Neuen Medien wurde zuerst von Turkle (1998) in ihrem Buch „Leben im Netz: Identität in Zeiten des Internet“ thematisiert. Befragungen von Kindern und Jungendlichen über ihre Erfahrungen mit Chats und Mehrpersonen-Online-Rollenspielen schlossen sich an. Inzwischen liegen vielfältige theoretische und empirische Zugänge zu diesem Thema vor (Mikos et al., 2007). Bei diesen neueren Ansätzen werden gleichzeitig medienpädagogische Konzepte vorgelegt, die den jugendlichen Entwicklungsprozess durch Medienprojekte positiv unterstützen sollen. Ein Beispiel hierfür ist der pädagogisch angeleitete Identitätsraum „LizzyNet“, der sich an Mädchen im Alter von 12 bis 18 Jahren wendet (Tillmann, 2006).

Tillmann (2006) geht von der Annahme aus, dass die Neuen Medien für Kinder und Jugendliche eine kontinuierlich verfügbare Ressource zur Identitätsentwicklung darstellen und insbesondere das Medium PC/Internet dafür vielfältige Möglichkeiten eröffnet. Jugendliche können sich in solchen Medienräumen relativ zeit- und ortsunabhängig auf symbolische Art mit ihren Alltagserfahrungen auseinandersetzen. Sie können alleine oder in der Gruppe von Gleichaltrigen neue Rollen ausprobieren und sich selbstständig orientieren und positionieren. Tillmann versteht dieses als Prozess der „Selbstsozialisation“ im Sinne Zinneckers (2000). Unter Bezug auf Keupp und Mitarbeiter (2002) definiert die Autorin die *Kohärenz der Identität* als Prozess des ständigen Ausbalancierens von alltagsbezogenen Erfahrungen mit der eigenen Handlungswirksamkeit. Individuelle Erlebnisse würden auf narrative Weise zur Identitätskonstruktionen verdichtet, deren Umsetzung allerdings von den vorhandenen Ressourcen abhängt. Unter den aktuellen gesellschaftlichen Bedingungen ist ihrer Ansicht nach keine kohärente Identitätsbildung im Sinne einer dauerhaften Herstellung eines ausgeglichenen und harmonischen Ich-Zustandes möglich.

Tillmann nimmt an, dass der Einzelne in der modernen Gesellschaft vor der Aufgabe steht, sich zwischen verschiedenen Kulturen einzuordnen. Dabei existiert als neue Ressource die Möglichkeit, sich im „Dritten Raum“ der virtuellen Welten platzieren zu können. Eigenen Erfahrungen kann so weiterhin ein kohärenter und erzählbarer Sinn gegeben werden. Ebenfalls können virtuelle Welten als Fluchtpunkt dienen. In Bezug auf die Beziehung zwischen Jugendlichen und dem Medium PC/Internet führt die Autorin aus:

> „Hier schaffen sich die Jugendlichen im Austausch mit anderen eigene Interaktionswelten (z. B. MUDs [Abk. für „Multi User Domain/Dungeon"]) und neue Zugehörigkeiten (z. B. virtuelle Gemeinschaften, Fansites), basteln sich ein virtuelles Zuhause (z. B. persönliche Homepage), pflegen einen regen Tauschhandel und testen dabei Grenzen aus (z. B. Musik-Download), kommunizieren mit virtuellen StellvertreterInnen (z. B. Avataren), probieren sich in vielfältigen Rollen aus (z. B. Gender-Age-Switching) und experimentieren mit neuen Verhaltensweisen (z. B. Flirten, Tiny-Sex)." (Tillmann, 2006, S. 36)

Virtuelle Welten stellen Tillmanns Ansicht nach somit *Identitätsräume* dar, die verschiedene Möglichkeiten zur Identitätsbildung und zur Erfahrung von sozialer Zugehörigkeit ermöglichen, gleichzeitig jedoch auch „Zwischenräume" für eigene Interpretationen und Fantasien lassen.

6.2 Aufwachsen in der digitalen Medienkultur

6.2.1 Erwerb von Medienkompetenz

Der in Kapitel 1.1 beschriebene Umbruch von der Literalität zur Virtualität wird von verschiedenen Generationen sehr unterschiedlich erlebt und verarbeitet. Zinnecker und Barsch (2007) stellen zur Veranschaulichung die „68er Generation" der „89er Generation" in etwas typisierter Form gegenüber: Der „klassische 68er" verfügte über ein festes intellektuelles und affektives Bezugssystem, das noch fest in der „Gutenberg-Galaxis" (nach McLuhans 1962 erschienenem Buch „The Gutenberg Galaxy") verankert war. Er wusste, was er zu lesen hatte, nämlich Marx und Freud, die Frankfurter Schule, den Spiegel und Konkret. Man erkennt ihn heute noch an den blauen Marx-Engels-Bänden in seinem Bücherregal. Die Welt seiner technischen Medien war mit dem Film des kommunalen Kinos, dem Plattenspieler mit großen Boxen, dem Radio und dem öffentlich-rechtlichen Fernsehen recht überschaubar. Die „89er Generation" wuchs dagegen schon mit einer breiten Palette technischer und zunehmend digitalisierter Medien auf, wozu der Umgang mit E-Mail, Chat und WWW, einer Fülle von Fernsehprogrammen und dem Handy gehörte. Der Blockbuster im Kino, die Technodisko und der Kurztrip nach Mallorca bestimmen das Lebensgefühl. Für die jetzt heranwachsende Jugend sind alle diese neuen Unterhaltungs- und Kommunikationsmedien von Kindesbeinen an alltäglich und vor allem der Umgang mit allen Möglichkeiten des Mediums PC/Internet fester Bestandteil ihres Heranwachsens. Auf dem Hintergrund dieser Generationsunterschiede lassen sich einige kulturpessimistische Tendenzen und Defizite in der Medienkompetenz der älteren Generation verstehen, die zur Hilflosigkeit führen können, wenn sich eigene Kinder unkontrolliert in die neuen virtuellen Welten entfernt haben.

Die Neuen Medien müssen als zentraler Bestandteil der Mediensozialisation von Jugendlichen angesehen werden. Dabei besteht eine Verschränkung zwischen der massenmedialen audiovisuellen Popkultur und der Nutzung des PC/Internets. Die digitalen Medien bieten Jugendlichen ein breites Spektrum von Ressourcen, um ihre Kreativität zu entwickeln und ihre Entwicklungsaufgaben symbolisch zu bearbeiten. Die Begeisterung Jugendlicher für spezielle Games und das alltägliche Chatten führen allerdings auch immer wieder zu Konflikten im Erziehungsalltag. Fromme (2006a) verweist auf das moderne Verständnis von *Sozialisation*, d. h. den darin thematisierten Zusammenhang von Persönlichkeitsentwicklung und gesellschaftlichen Lebensbedingungen durch aktive Verarbeitung der inneren und äußeren Realität. Dies wird noch expliziter mit dem Konzept der „Selbstsozialisation“ (Zinnecker, 2000) formuliert. Demzufolge handelt es sich nicht um einen einseitigen Anpassungsprozess des Heranwachsenden, sondern um einen Prozess der Persönlichkeitsbildung durch Aneignung und Konstruktion der eigenen Wirklichkeit.

Fromme (2006a) diskutiert in diesem Zusammenhang den Begriff der *Medienkompetenz*. Es besteht inzwischen Einigkeit darüber, dass es sich dabei nicht um die rein technische Kompetenz im Umgang mit den Neuen Medien handelt, sondern um einen reflektiert-kritischen Umgang mit den Optionen und Restriktionen der Neuen Medien und eine konstruktiv-gestalterische Entwicklung persönlicher Kompetenzen durch den Mediengebrauch. Fromme verweist darauf, dass Forschungsarbeiten die Hypothese stützen, derzufolge digitale Medien zu einer Steigerung von Reflektivität und Medialitätsbewusstsein führen. So berichtet Vogelgesang (2003), dass Gamen eine Vielzahl von Entscheidungsprozessen erfordert und Marotzki (1997) betont, dass bei der symbolischen Gestaltung einer virtuellen Identität deren Konstruktcharakter stärker bewusst werde als dies in der realen Selbstdarstellung der Fall sei.

Aspekte der Medienkompetenz

- reflektierter Umgang mit den Möglichkeiten und Grenzen des Mediums
- kreativ-konstruktive Nutzung der medialen Optionen
- Entwicklung sozialer und persönlicher Kompetenzen durch den Mediengebrauch

In der hier angeführten medienpädagogischen Literatur werden die einschränkenden Einflussfaktoren der Medienkompetenz und mögliche Gefährdungen der Mediennutzung kaum diskutiert. Eine diametrale Position, die sich auf die Kritik an der massenmedialen Kulturindustrie bezieht, wird von Prokop (2004) vertreten. Er klassifiziert Medienkompetenz als einen „Alibi-Begriff“, mit dem im politischen Raum eine bestehende Vernachlässigung der Informations- und Meinungsfreiheit und Übertragung der Meinungsmacht an die Medienkonzerne vertuscht würden. Die mit dem Begriff Medienkompetenz gemeinte Mündigkeit des Bürgers setze gesellschaftliche Infrastrukturen voraus, die „echte“ Wahlmöglichkeiten zwischen qualitativ unterschiedlichen Angeboten bieten. Prokop formuliert überspitzt: „Wenn Medienkonzerne nur noch über die Reichen und Schönen berichten, kann Medienkompetenz nur noch darin bestehen, dass jeder weiß, mit wem es die Reichen und Schönen gerade treiben“ (S. 306).

Auf jeden Fall wird in der medienpädagogischen Diskussion zu wenig deutlich gemacht, welche hohen Anforderungen an die materiellen, persönlichen und sozialen Ressourcen gestellt werden, um einen reflektierten und kreativen Umgang mit den Neuen Medien realisieren zu können. Es wird nicht ausreichend berücksichtigt, dass sich auf dem Hintergrund der verschärfenden sozioökonomischen Ausgrenzung größerer Bevölkerungsschichten spezifische Risikogruppen bilden, die einen selbstschädigenden Umgang mit dem Medium PC/Internet aufweisen (Pfeiffer et al., 2007).

In Bezug auf das alltägliche Nutzungsverhalten des Mediums PC/Internet wird von Ittel und Rosendahl (2007) auf einige Besonderheiten aufmerksam gemacht. Während von Kindern das Fernsehen und Handy häufig genutzt werden und bei ihrer Online-Aktivität die Informationssuche für die Schule und das E-Mailen im Vordergrund stehen, zeigen Jugendliche andere Nutzungsmuster, die zudem geschlechtsspezifische Unterschiede aufweisen. Nach den aktuellen Daten der JIM-Studie (Medienpädagogischer Forschungsverbund Südwest, 2008) sind Jungen und Mädchen inzwischen gleich häufig und in großem Ausmaß PC-/Internet-Nutzer:

> „Inzwischen zählen mit 97 Prozent fast alle 12- bis 19jährigen zum Kreis derer, die zumindest selten das Internet nutzen (2007: 93 %). Der Anteil ist bei Jungen (96 %) und Mädchen (98 %) nahezu gleich hoch und auch zwischen den Altersgruppen gibt es kaum noch Unterschiede (12 – 13 Jahre: 93 %; 18 – 19 Jahre: 99 %).“ (a. a. O., S. 46)

Mädchen bevorzugen die persönliche Kommunikation und Kontaktaufnahme im Chat und in Online-Communitys, während Jungen eher das Herunterladen von Musik zur Unterhaltung und das Gamen bevorzugen:

> „In den Nutzungsprofilen tauchen deutliche geschlechtspezifische Unterschiede auf. So nutzen Mädchen und junge Frauen häufiger als Jungen und junge Männer das Internet für Schule und Beruf, im Bereich der kommunikativen Tätigkeiten liegen sie bei Emails und Online-Communities vorne .... Besonders eklatant fallen die Unterschiede aber im Bereich der Spiele aus. So gibt ein Drittel der männlichen Internetnutzer an, mindestens mehrmals pro Woche zusammen mit anderen Onlinenutzern zu spielen, bei den Mädchen tun dies gerade einmal fünf Prozent.“ (a. a. O., S. 48)

Chatten und Gamen als dominierende Nutzungsformen besitzen besondere Attraktivität für Jugendliche. Das damit verbundene Gefährdungspotenzial für einen Teil der Nutzer ist natürlich gerade bei Heranwachsenden besonders ausgeprägt, da die in dieser Phase ablaufende Identitätsentwicklung nur gelingen kann, wenn sie primär in realen Erfahrungen und emotional bedeutsamen Erlebnissen wurzelt. Beim Vorherrschen einer virtuellen Erlebnisweise in dieser Entwicklungsperiode kann es zu einer Bindung an das Medium PC/Internet kommen, die reale Beziehungen ersetzt. Dieser Prozess lässt sich im Sinne der handlungstheoretischen Spieltheorie von Oerter (2008; vgl. Kap. 3.1) als Vorherrschen einer subjektiven Valenz des Mediums PC/Internet, das auf egozentrische Weise ausschließlich auf die persönliche Bedürfnisbefriedigung bezogen wird, interpretieren (vgl. Kap. 3.4). Dies gilt vor allem für die intime Distanzkommunikation im Chat und die intensive Handlungseinbindung beim Gamen.

6.2.2 Weibliches Chatten

Die Bevorzugung des Chats unter Mädchen und Frauen hat vielerlei Gründe, die sich aus den besonderen Eigenschaften dieses medialen Angebotes ergeben. In Internet-Communitys können sie sich mithilfe eines selbst erstellten Profils darstellen, Gleichaltrige, auch des anderen Geschlechts, kennen lernen und sich täglich untereinander austauschen. Deshalb sind unter heranwachsenden Mädchen solche Communitys wie z. B. „Jappy“ besonders beliebt. Nach der Schule wird erst einmal nachgeschaut, wer alles online ist, es wird am eigenen Profil gearbeitet, Gästebucheinträge werden ausgetauscht und eigene Vorlieben und Bedürfnisse diskutiert. Von Brüggermann und Welling (2006) wird die Attraktivität des Chattens für weiblich Jugendliche darin gesehen, dass sie dabei Beziehungen eingehen können, ohne Konsequenzen für die eigene Person fürchten zu müssen und damit der Vorteil einer stärkeren Kontrolle von Nähe und Distanz besteht. So können Mädchen per E-Mail oder Chat Grenzen und Reaktionen kennen lernen, bevor sie sich auf entsprechende Situationen in der realen Welt einlassen. Sie können in der Gruppe der Gleichaltrigen alltägliche Erlebnisse und Erfahrungen austauschen und Geschehnisse des Alltags reflektieren und bearbeiten.

Döring (2003b) führt die besondere Affinität von Mädchen und Frauen zu Online-Beziehungen auf verschiedene Faktoren zurück. Durch virtuelle Beziehungen kann die für Mädchen und Frauen stärker gegebene soziale Kontrolle umgangen werden. Eine Festlegung auf die körperliche Erscheinung spielt hier eine untergeordnete Rolle und es kommt zu einem Austausch über Erlebnisse, Gedanken und Gefühle, was für Mädchen und Frauen traditionell wichtig und befriedigend ist. Darüber hinaus können Selbstaspekte ausgelebt werden, die ihnen nach traditionellen Rollenvorstellungen nicht zugebilligt werden. Dies gilt insbesondere für den Flirt bei Mädchen und die Suche nach sexuellen Kontakten bei Frauen. Die Anonymität, zeitliche Kontrolle und der nicht verbale und unkörperliche Kontakt stellen aufgrund der damit hergestellten Distanz einen besonderen Anreiz dar und können zu intimer erlebten Beziehungen (hyperpersonalen Beziehungen) führen als dies in der Alltagskommunikation der Fall ist. Deshalb ist das Medium PC/Internet ein hoch erotisches Medium, das befriedigende, romantische Erlebnisse ermöglicht; man denke z. B. an die Hollywood-Romanze „E-Mail für Dich“.

Diese Anreize beinhalten jedoch auch die Gefahr, sich in den leicht verfügbaren und als besonders intensiv und intim erlebten virtuellen Beziehungen zu verlieren. Dies ist der Fall, wenn keine ausreichende Selbstdisziplin vorhanden ist, um sich von virtuellen Beziehungen zwischenzeitlich zu distanzieren und diese Erlebnisse nicht in das Alltagsleben integriert werden. Für heranwachsende Mädchen, die im Vergleich zu Jungen in dieser Lebensphase intensivere Selbstwertprobleme und häufiger depressive Gefühle entwickeln können (Oerter, 2006), besteht in kommerziellen Kontaktbörsen die Gefahr, dass die standardisierten Profilseiten mit der Betonung von Schlankheit, Gesundheit und Attraktivität bestehende Selbstzweifel an ihrem Äußeren verstärken können (Hartung & Brüggen, 2007). Hier ist sicherlich eine kaum thematisierte Verbindung zu den häufigeren Essstörungen unter Mädchen und jungen Frauen zu sehen. Darüber hinaus können öffentliche Bloßstellungen und sexuelle Belästigungen zu Beeinträchtigungen oder Traumatisierungen führen (Leven & Borg-Laufs, 2006).

6.2.3 Männliches Gamen

Für heranwachsende Jungen sind Games – insbesondere die Mehrpersonen-Online-Rollenspiele – die bevorzugte Online-Aktivität. Die Attraktivität dieser virtuellen Welten wurde inzwischen vielfach beschrieben (Fritz & Misek-Schneider, 2007; Fromme, 2007;

Vorderer, 2007). Sie dienen der Emotionsregulierung, dem spielerischen Aktivsein und der Bearbeitung von Entwicklungsthematiken heranwachsender Jungen, die sich auf Kampf und Wettbewerb, Eingliederung in die Gruppe der Gleichaltrigen und die Übernahme von leistungsbezogenen Rollen beziehen.

Nach Fromme (2006a) erfüllen diese Spiele verschiedene Funktionen. Sie dienen der Sozialisation des Jugendlichen, indem sie Eigenständigkeit fördern, zur Entwicklung von Normen und Werten (z. B. Leistung und Zuverlässigkeit) führen und Abgrenzung durch jugendkulturelle Stile ermöglichen. Beim Gamen lassen sich Emotionalität erleben, Einsamkeit vertreiben und real erlebte Frustrationen kompensieren. Darüber hinaus entwickeln sich vielfältige Kompetenzen im kognitiven, personalen und sozialen Bereich, die über die eigentliche Medienkompetenz hinausgehen. Gleichzeitig bieten Computerspiele eine selbstreferenzielle Lernumgebung, da sie Handlungen um ihrer selbst Willen darstellen, d. h., deren Fertigkeiten nicht auf den Alltag übertragen werden müssen, sondern ausschließlich der eigenen Befriedigung dienen. Ein weiterer Anreiz besteht darin, sich in das System einer Gemeinschaft durch Übernahme einer eigenen, bedeutsamen Rolle einzufügen.

Das neue Medium PC/Internet eröffnet Fromme zufolge die Möglichkeit zu einer aktiven Aneignung innerer und äußerer Erlebniswelten. Aufgrund seiner Interaktivität und Vernetztheit bietet dieses Medium dem Nutzer ein passgenaues Angebot in Form von „Spielhandlungen". Dies trifft vor allem für Computerspiele zu, die sehr komplexe Handlungsräume mit unterschiedlichen Möglichkeiten des Eingreifens medial inszenieren. Dabei wirkt ein Kreislauf von Input-Output-Interaktionen als vorantreibende Kraft, vor allem, wenn dieser bei vernetzten Computerspielen in komplexe soziale Beziehungsstrukturen eingebunden ist.

In Abgrenzung zu dieser Rezeptionstheorie entwirft Neitzel (2005) eine darüber hinausgehende *handlungstheoretische Interpretation* des Computerspielens. Für ihn bedeutet ein Spiel zu spielen, dass Handlungen im Spiel symbolisch mithilfe virtueller Repräsentationen ausgeführt werden. Diese Repräsentationen haben, vom Cursor über Icons hin zu anderen Formen wie Händen oder Waffen, einen Höhepunkt mit dem Avatar als einer vom Spieler gesteuerten virtuellen Figur erreicht. Neitzel sieht das Vergnügen am Computerspielen darin begründet, dass der Handlungsraum eines Benutzers über den realen in den virtuellen Raum ausgeweitet wird. Ein Vollzug der virtuellen Handlung wird so zur Realität. Der Spieler und der Avatar funktionieren zusammen: Wird eine Handlung ausgeführt, besteht ein ständiger Rückkopplungsprozess zwischen diesen beiden Elementen. Aus einem Befehl, etwas auszuführen, wird eine Geste, d. h. der Befehl wird in der Ausführung durch den Avatar sichtbar gemacht und somit eine entsprechende Handlung vollbracht. Eine Tastenkombination fungiert so als symbolische Handlung, auf die die Repräsentanten bzw. Avatare der Mitspieler in einem sozialen Kontext (ebenfalls mit einer Tastenkombination) reagieren. Ein Avatar besitzt eine eigenständige Handlungsfähigkeit, sein Aussehen, Name, seine geschlossene Form und bestimmte Fähigkeiten bilden einen eigenständigen Charakter. Er kann als Rollenvorbild fungieren, und es kann zu einer Selbstidentifikation des Nutzers mit seinem Avatar kommen. Diese Stellvertreter sind ein Teil der jeweiligen Erzählung eines Spiels, und realisieren darin auf symbolische Art zielgerichtetes Handeln. Sie dienen damit dem in Kapitel 3 beschriebenen übergeordneten Ziel des Spielens, d. h. der symbolischen Auseinandersetzung mit der Realität zur Vorbereitung auf die Bewältigung existenzieller Lebensanforderungen.

Aufgrund der immersionsfördernden Struktur insbesondere der Mehrpersonen-Online-Rollenspiele können diese zu „Zeitfressern" werden. Es besteht die Gefahr, dass die exzessive Aufmerksamkeitsfokussierung auf die narrativen Spielinhalte, der Sog des schnellen Aktionskreises, die Bindung an die erworbenen Kräfte des virtuellen Stellvertreters und die Verpflichtung gegenüber der virtuellen Gemeinschaft dazu führen, reale Erlebnisse dauerhaft in den Hintergrund zu drängen.

6.3 Risiko-/Schutz faktoren, Merkmale und Folgen dysfunktionalen PC-/Internet-Gebrauchs im Jugendalter

Der *funktionale Umgang* mit den Neuen Medien besteht darin, dass reale Aufgaben im beruflichen und privaten Bereich mittels dieser Technologie gelöst werden. Typischerweise stehen dabei der kommunikative Austausch mittels E-Mails, Mailinglisten und Newsgroups oder die Suche von sachdienlichen Informationen im WWW oder Fachforen im Mittelpunkt. Auch das Gamen und Chatten zur kurzfristigen Stressbewältigung oder unterhaltsamen Entspannung gehören dazu. Eine virtuelle Selbstexploration von nicht ausgelebten Aspekten der eigenen Identität oder der Anschluss an virtuelle Gemeinschaften, die eigenen Einstellungen und Wertvorstellungen entsprechen, sind ebenfalls in diesen Bereich einzuordnen (Turkle, 1998). Auf dem Hintergrund einer steigenden Verbreitung der Neuen Medien erfolgt, je nach individuellen beruflichen und privaten Lebensumständen, eine häufigere und längere Nutzung.

Der *dysfunktionale PC-/Internet-Gebrauch* lässt sich zunächst deskriptiv als ein nicht nur vorübergehendes, sondern als sich wiederholendes und exzessives Verhaltensmuster beschreiben. In der aktuellen Literatur wird von „exzessivem Gebrauch" gesprochen, wenn eine mehr als 30-stündige schul- oder berufsfremde PC-/Internet-Aktivität pro Woche vorliegt. Die Quantität stellt zwar ein notwendiges, jedoch kein hinreichendes Kriterium für einen dysfunktionalen Umgang mit dem PC/Internet dar. Six und Mitarbeiter (Six, 2007; Six et al., 2005) sprechen von einem „dysfunktionalen Internetgebrauch", wenn Personen angeregt durch Massenmedien, die Peergroup oder direkten Anreize des Mediums „online gehen", jedoch nicht über ausreichende Medienkompetenz (vgl. Kap. 6.2.1) verfügen. Gemäß den Autoren verfügen diese Nutzer über geringe Selbstkontrollmechanismen und Reflexionsbereitschaften. In diesem Modell werden als weitere ungünstige Bedingungen eine geringe medienbezogene Selbstwirksamkeitsüberzeugung, externe Kontrollüberzeugungen und inadäquate Copingstrategien genannt. Dieses Bedingungsgefüge führe zu einer dysfunktionalen Fokussierung auf das Medium PC/Internet als Handlungsoption und somit zu einem unangepassten, exzessiven Mediengebrauch mit negativen Folgen (vgl. dazu Kap. 5.3.2).

Betrachtet man die, bezüglich des Unterschieds zwischen dysfunktionalem und pathologischem PC-/Internet-Gebrauch nicht sehr trennscharfe, Literatur (Kratzer, 2006; Six, 2007), liegt es nahe, ein *Risiko-Schutz-Modell* (Bastine, 1990) als Erklärungsrahmen zugrunde zu legen. Diesem Modell zufolge resultiert die Wahrscheinlichkeit eines problematischen Verhaltensmusters aus dem Verhältnis von individuellen und sozialen Risikofaktoren auf der einen Seite und schützenden Faktoren in Form von persönlichen Kompetenzen und bestehenden sozialen Ressourcen auf der anderen Seite (Bastine, 1992). Nach einer Untersuchung von Hahn und Jerusalem (2001) zeigen die von den Autoren als „Internetsüchtige" bezeichneten exzessiven Nutzer empirisch häufiger eine Selbstwertproblematik, eine verstärkte Depressivität und Ängstlichkeit, eine geringere Impulskontrolle sowie Probleme im Umgang mit stofflichen Suchtmitteln und Glücksspielen. Die Übersicht von Kratzer (2006) deutet darauf hin, dass bei Jugendlichen und Heranwachsenden mit exzessiven Nutzungsmustern empirische Hinweise auf einen verminderten Selbstwert, Probleme der Schüchternheit und Einsamkeit, depressive Störungen und Angstsymptome, verringerte Stressbewältigungsfähigkeiten und eine verminderte Impulskontrolle bestehen. Kontrastiert man diese Befunde mit medientheoretischen Untersuchungen, die von gesteigertem Wohlbefinden und einer besseren sozialen Integration bei häufigerem Medienkonsum berichten (Döring, 2003b; vgl. Kap. 1.2), liegt die Schlussfolgerung nahe, dass schon beim dysfunktionalen PC-/ Internet-Gebrauch ein individuell ungünstiges Profil von Risiko- und Schutzfaktoren als notwendige Bedingungen vorliegt. Einflüsse, die diesem Modell gemäß in Risko- und Schutzfaktoren unterteilt werden können, sind in Tabelle 5 zusammengefasst.

Tabelle 5: Risiko- und Schutzfaktoren bei dysfunktionalem PC-/Internet-Gebrauch

Risikofaktoren	**Schutzfaktoren**
fehlende personale Ressourcen: • externe Kontrollüberzeugungen • inadäquate Copingstrategien • geringer Selbstwert • Depressiviät • Schüchternheit/Ängstlichkeit • bestehende Suchtproblematik	*ausgeprägte personale Ressourcen:* • stabiler Selbstwert • hohe Selbstwirksamkeitserwartungen • Stresstoleranz • emotionale Stabilität
fehlende soziale Ressourcen: • Einsamkeit • fehlende schulische und berufliche Perspektiven • fehlende gesellschaftliche Integration • materielle und soziale Deprivation	*ausgeprägte soziale Ressourcen:* • familiäre Unterstützung • soziale Integration und unterstützendes soziales Netz • schulische und berufliche Qualifikationen • gesellschaftliche Teilhabe

Die Dysfunktionalität im Umgang mit PC und Internet wurzelt dieser Grundannahme zufolge in Störungen des Entwicklungsprozesses, bedingt durch eine mögliche erhöhte persönliche Instabilität bei gleichzeitig ungünstigen Lebensumständen mit fehlenden alternativen Befriedigungsmöglichkeiten. Dies führt in der adoleszenten Entwicklungskrise zu exzessiven Nutzungsmustern des PCs und Internets. Verminderte Selbstsicherheit, Gefühle der Einsamkeit, der Langeweile und Frustration durch einen gestörten Umweltbezug bilden die Grundlage für eine verstärkte Attraktivität des Mediums PC/ Internet. Dieses Modell wird in der Literatur vor allem auf das Gamen und dort speziell auf Jungen bezogen (Bergmann & Hüther, 2006; Grüsser & Thalemann, 2006), seltener auf das Chatten bei Mädchen (Singer, 2002). Die männlichen Heranwachsenden erleben durch die Handlungsanforderung von Games vielfältige Herausforderungen und erhalten in der virtuellen Gemeinschaft soziale Anerkennung, die sie in ihrem Alltagsleben so nicht erfahren können, während die weiblichen Heranwachsenden ihr Beziehungsverhalten im geschützten Rahmen virtueller Räume im Chat erproben und intime Beziehungen erleben können, die sie in dieser Geschütztheit und Intimität ansonsten vermissen.

Durch diesen verfestigten Verhaltenexzesses treten dauerhafte negative Folgen in Erscheinung. Zu diesen gehören körperliche Erkrankungen wie Rückenbeschwerden oder Übergewicht und die Vernachlässigung des äußeren Erscheinungsbildes oder der Lebensumgebung in Form einer unwirtlichen Wohnsituation. Gestörtes Essverhalten kann auftreten, ebenso wie Konflikte mit Eltern, Lehrern und Ausbildern und vor allem der Rückzug aus der sozialen Realität und zwischenmenschlichen Einbindung.

Mögliche Auswirkungen des dysfunktionalen PC-/Internet-Gebrauchs auf die intellektuelle Leistungsfähigkeit sind umstritten. Bezogen auf kurzfristige Wirkungen hinsichtlich der Merkfähigkeits- und Konzentrationsleistung bestehen widersprüchliche Befunde. Während Pfeiffer et al. (2007) von spezifischen kognitiven Einschränkungen berichten, werden von Reinecke und Trepte (2008) positive Effekte bei Leistungsanforderungen nach Computerspielen aufgrund einer verbesserten Erregungsregulation festgestellt. Früheren Hypothesen zufolge führt eine häufige Nutzung der Neuen Medien entweder zu einer generellen Beeinträchtigung (Spitzer, 2005) oder Förderung intellektueller Fähigkeiten (Johnson, 2006). Im Gegensatz zu diesen extremen Positionen wird inzwischen angenommen, dass Computerspiele die sensomotorische Koordination, das räumliche Vorstellungsvermögen und exekutive Problemlösungskompetenzen fördern, während Fähigkeiten, welche die Ermüdungsresistenz und Ausdauer bezüglich der Aufmerksamkeitsleistung betreffen, gestört werden können (Pfeiffer et al., 2007).

Von Pfeiffer und Mitarbeitern (2007) wird nachdrücklich darauf hingewiesen, dass es sich bei den sogenannten „PISA-Verlierern" um genau die Risikogruppe handelt, die für einen dysfunktionalen Medienkonsum anfällig ist. Die Beeinträchtigung der Schulleistung kann u. a. daraus resultieren, dass die Konsolidierung des in der Schule vermittelten Wissens aufgrund der unmittelbar nachfolgenden exzessiven Nutzung stark emotionalisierender Computerspiele nachhaltig gestört wird. Demnach sei exzessiver Medienkonsum als ein Bedingungsfaktor schlechter Schulleistungen anzusehen, wobei jedoch empirisch ein komplexer Zusammenhang mit dem Geschlecht, der Schichtzugehörigkeit und der sozialen Integration besteht.

Bei der Definition eines dysfunktionalen PC-/Internet-Gebrauchs ist es notwendig – insbesondere wenn Heranwachsende betroffen sind – einen prognostischen Gesichtspunkt einzubeziehen. Es gehört zum entwicklungspsychologischen und pädagogischen Grundwissen, dass die Adoleszenz als krisenhafte Entwicklungsstufe mit einer Fülle und Breite abweichenden exzessiven Verhaltens verbunden ist. Dies bezieht sich auf den erhöhten Konsum von Suchtmitteln, eine stark erhöhte Delinquenz und andere Indikatoren für riskante Verhaltenweisen, wie z. B. häufige Verkehrsunfälle. Weiterhin ist empirisch belegt, dass sich diese Verhaltensweisen in der Regel im Erwachsenenalter nicht fortsetzen (Hurrelmann, 1994; Pinquart & Silbereisen, 2004). In Abgrenzung vom pathologischen PC-/Internet-Spielen als dauerhafte Störung ist deshalb davon auszugehen, dass es sich beim dysfunktionalen PC-/Internet-Gebrauch – insbesondere bei Jugendlichen – um ein vorübergehendes Problem handelt. Dieses exzessive Verhalten wird dann durch einen entwicklungsbedingten Selbstausstieg oder geeignete pädagogische Maßnahmen bzw. psychotherapeutische Interventionen überwunden. Eine Befragung von Schülern unterschiedlicher Altersstufen bestätigt diese Annahme im Querschnitt (Meixner, 2008).

6.4 Medienerziehung, Beratungs- und Behandlungsstrategien bei dysfunktionalem Gebrauch des PC und Internet

Das Medium PC/Internet kann im Sinne der kritischen Theorie von Horkheimer und Adorno (1992) als Leitmedium der „massenmedial-manipulativen Kulturindustrie" angesehen werden (vgl. auch Baudrillard, 1978; Haug, 2009). Gleichzeitig eröffnet es dem Rezipienten jedoch im Gegensatz zu den früheren Massenmedien (Zeitung, Radio, Film, Fernsehen) durch seine Interaktivität erhebliche individuelle Handlungsoptionen und durch seine Vernetztheit neue soziale Kommunikationsweisen. Es besteht also ein dialektischer Widerspruch zwischen der „medialen Produktivkraft" PC/Internet (Medientechnologie einschließlich der Medienkompetenz von Produzenten und Nutzern) und den „medialen Produktionsverhältnissen" der Kulturindustrie (Besitz- und Machtverhältnissen mit ökonomisch-institutionell standardisierten Medienformaten), so dass die zukünftige Entwicklung dieses Mediums prinzipiell offen ist (Venus, 2006).

Auf diesem Hintergrund sind die von der Frankfurter Schule begründete Medienanalyse und Gesellschaftskritik wieder als aktuell anzusehen (Winter & Zima, 2007). Es stellt sich also die Frage, ob der einzelne Rezipient dem Anpassungsdruck der neuen Machtstrukturen im Sinne einer „medialen Disziplinargesellschaft" (Eckoldt, 2007) hilflos unterliegt, oder sich den massenmedialen Tendenzen zum Konformismus, zur Trivialisierung und Standardisierung entziehen kann (Müller-Doohm, 2000). Es bedarf in dieser Situation hoher Fähigkeiten, um kompetent, reflektiert und bedürfnisgerecht mit den Neuen Medien umgehen zu können. Deshalb sind präventive Maßnahmen erforderlich, die zur Verbesserung der Medienkompetenz bei allen Altersgruppen und in verschiedenen Handlungsfeldern (Kindergarten, Schule, Hochschule, Jugendarbeit) führen (Schell et al., 1999).

6.4.1 Pädagogische Leitlinien

Einen besonderen Bereich der Medienpädagogik (Hoffmann, 2003) bilden Ratschläge zum Umgang mit den verschiedenen Anwendungsformen des Mediums PC/Internet, die sich direkt an die jeweilige Altersgruppe (Kinder, Jugendliche) oder an Eltern und Pädagogen richten. Dazu gibt es eine Fülle von Hinweisen auf einschlägigen Internetseiten, die wiederum auf Broschüren und spezielle Ratgeber verweisen. Eine umfassende, durch die Europäische Kommission geförderte Plattform findet sich unter www.klicksafe.de. Hier wird technisches Grundwissen vermittelt und es wird auf die Gefahren neuer Medienangebote hingewiesen. Darüber hinaus werden sogenannte „goldene Umgangsregeln" formuliert und die Rezipienten und ihre Erziehungspersonen zum aktiven gemeinsamen Umgang mit den Neuen Medien ermuntert. Diese Strategie wird auch innerhalb der Kinder- und Jugendpsychotherapie eingeschlagen, um z. B. die Folgen von öffentlichen Bloßstellungen (Bullying), sexueller Belästigungen und Traumatisierungen im Internet (Leven & Borg-Laufs, 2006) aufzugreifen oder der Verstärkung von Suizidtendenzen durch entsprechende Chatrooms (Knecht, 2005) bei psychisch auffälligen PC-/Internet-Nutzern vorzubeugen.

Bei der Betrachtung des bereits eingetretenen dysfunktionalen PC-/Internet-Gebrauchs wurde von Six (2007) auf die Bedeutung von Defiziten der Medienkompetenz hingewiesen. Zur Verhinderung und Überwindung eines dysfunktionalen PC-/Internet-Gebrauchs durch Aufbau von Medienkompetenz können gewisse Leitlinien formuliert werden. Eine Kooperation zwischen Jugendlichen und ihren erwachsenen Bezugspersonen ist hierfür erforderlich.

Leitlinien zum Aufbau von Medienkompetenz

1. Die Gefahren des Sich-Verlierens in den speziellen Medienangeboten des Gamens (Sogwirkung durch Flow im Handlungsfluss) und Chattens (hyperpersonales Beziehungserleben) erkennen und Gegenstrategien entwickeln.
2. Verbindliche Regeln zwischen Jugendlichen und familiären bzw. pädagogischen Bezugspersonen vereinbaren.
3. Sich gemeinsam mit den Chancen und Risiken der Neuen Medien und ihren speziellen Angeboten beschäftigen.
4. Aufbau von Alternativen durch gemeinsame Aktivitäten, die herausfordern, dichte emotionale Erfahrungen auslösen und soziale Bindung herstellen.

Die Umsetzung dieser Leitlinien ist sicherlich leichter gesagt als getan. Häufig ist die Beziehung zu den erwachsenen Bezugspersonen durch die exzessive Mediennutzung bereits von Konflikten geprägt. Eine Auseinandersetzung mit dieser Thematik kann deshalb für Jugendliche stark emotional aufgeladen sein. Da in der Regel ein problematischer PC-/Internet-Gebrauch lange Zeit vor den Erwachsenen unentdeckt bleibt, wird von ihnen unterschätzt, welche Konfrontation es bedeutet, wenn sie das exzessive Nutzungsverhalten ihrer Kinder bzw. Schüler verändern wollen. Für die Heranwachsenden bedeutet es, dass sie (teilweise) auf eine ihrer wichtigsten Befriedigungsquellen verzichten sollen ohne adäquate Alternativen dafür zu kennen. Gleichzeitig treffen Generationen aufeinander, die eine völlig unterschiedliche Mediensozialisation aufweisen und ein großes Gefälle in der technischen Medienkompetenz besitzen (vgl. Kap. 6.2.1). Es ist auch zu berücksichtigen, dass Alleinerziehenden und Eltern aus sozial benachteiligten Schichten nicht über ausreichende zeitliche, materielle und personale Ressourcen verfügen, um gemeinsame, alternative Erlebnisquellen zu erschließen. Derzeit existiert darüber hinaus kein spezifisches beratendes Hilfssystem, so dass die erlebte Hilflosigkeit der betroffenen Erziehungspersonen durch frustrierende Abweisungen verstärkt wird.

Die hohen Anforderungen an die Erziehungspersonen ergeben sich aus den von Fend (1998) angeführten Indikatoren für eine gelungene Anpassung der Eltern-Kind-Interaktion. Demnach kann bei einer angestrebten Veränderung eines bereits bestehenden dysfunktionalen PC-/Internet-Nutzungsmusters eine Lösung von auftretenden Konflikten nur unter bestimmten Bedingungen erfolgen. Diese beinhalten die Aufrechterhaltung konfliktfreier Zonen in der Familienbeziehung, die Aushandlung von Regeln nach den Prinzipien von Fairness und Gerechtigkeit sowie die Praktizierung eines nicht strafenden und argumentationsorientierten Erziehungsstils. Darüber hinaus fordert Fend gemeinsame bildungsintensive Freizeitaktivitäten, emotionale Unterstützung der Kinder bzw. Jugendlichen ohne, dass eine Überbehütung stattfindet und dass dem Heranwachsenden unabhängige und eigenständige Bereiche zugestanden werden. Das Bild, das sowohl der Jugendliche von sich selbst hat als auch die Eltern von ihm haben, sollte möglichst gemeinsam und übereinstimmend konstruiert werden.

Beispiel:

Horx (2007), der sich als Vater in das Computerspiel World of Warcraft seiner Söhne hineinbegeben hat, konkretisiert einen solchen gemeinsamen Erziehungsprozess. Zunächst reflektiert der Autor seine eigene Mediensozialisation, die von Skepsis gegenüber den Neuen Medien getragen war. Er beschreibt seinen Einstieg durch Anmeldung eines eigenen Accounts folgendermaßen: „ ... und machte mich auf in die Welt, in der meine Söhne, damals im Alter von 8 und 12 Jahren, auf geheimnisvolle Weise verschollen waren“ (a. a. O., S. 47). Er schildert die Faszinationskraft der „Landschaften der Sehnsucht“, der „Archetypen des Schreckens“ (S. 47) und der Konfrontation mit Aufgaben und Rätseln. Auch die Anforderungen an die Konzentrationsfähigkeit und Problemlösekompetenz beim Erarbeiten von Kampfstrategien, die Kontaktaufnahme mittels Chats und die Integration in die Gruppe der Mitkämpfer faszinieren den Autor. Horx schreibt: „So gewinnt die Spielfigur Punkte, Fähigkeiten, Stärke, Erfahrungen. Sie verwandelt sich langsam und allmählich von einem schwachen, nackten Wesen, das an jeder zweiten Wegegabelung Unholden zum Opfer fällt, in einen veritablen Helden“ (S. 47). Der Autor beschreibt die Hochgefühle, welche die Aktion begleiten und die intime Verbundenheit in seiner virtuellen Gemeinschaft. Im Hinblick auf die Beziehung zu seinen heranwachsenden Söhnen zieht er eine überwiegend positive Bilanz, trotz zwischenzeitlicher Exzesse. Er hebt hervor, dass er seine Kinder in dieser virtuellen Welt nicht allein gelassen habe und dass er wie diese, neben dem Erwerb einschlägiger intellektueller Kompetenzen, auch die „gnadenlose Sogwirkung“ (a. a. O., S. 49) des Spiels zunehmend beherrschen konnte.

Dieses Beispiel illustriert die aktive Beschäftigung eines Vaters mit den neuen Medienangeboten, die für seine Kinder bedeutsam sind. Es sei jedoch kritisch angemerkt, dass Horx eine im evolutionspsychologischen Sinne sehr positive Bewertung vorlegt. Nach seiner Interpretation werden durch die narrativen Strukturen dieses Games „evolutionäre Grundmechanismen“ des menschlichen Überlebenskampfes aktiviert, die „unsere existentielle Sehnsucht nach sinnhafter Verknüpfung und Erlösung“ erfüllen (Horx, 2007, S. 49). Von einer evolutionspsychologischen Perspektive wird von Eibl (2007) ausgeführt, dass audiovisuelle Medien durch ihre Unmittelbarkeit auf die Sinne wirken. Der Mensch sei zwar evolutionär auf Lügen und Unzuverlässigkeiten in Erzählungen vorbereitet, es sei für ihn jedoch eine neue, ungewohnte kulturelle Erfahrung, dass er Dingen, die er mit eigenen Augen sehen kann, nicht immer trauen kann. Abgesehen von der grundsätzlichen Problematik solcher evolutionspsychologischen Deutung der gesellschaftlich vermittelten Natur des Menschen (Holzkamp, 1983) bleibt also zu bedenken, dass die virtuelle Welt der Games nur bei einer gelungen Integration in das reale Alltagsleben positive Funktionen erfüllen kann. Im o. g. Beispiel ist diese Integration laut Aussage des Vaters geglückt.

An dieser Stelle wird erneut deutlich, welch hohe Anforderungen solche Medienangebote an die Distanzierungsfähigkeit, emotionale Stabilität und Reflexionsfähigkeit des Rezipienten stellen. Es handelt sich um Voraussetzungen, die in einer gut situierten Mittelschichtfamilie möglicherweise gegeben sind, innerhalb der beschriebenen Risikogruppe von Jungen, die in bildungsfernen oder sozial wenig integrierten Schichten aufwachsen, jedoch kaum vorausgesetzt werden können.

6.4.2 Therapeutische Interventionen

Bei einem bereits verfestigten dysfunktionalen PC-/Internet-Gebrauch kann es notwendig sein, eine intensive psychotherapeutische Behandlung des Heranwachsenden und/oder seiner Eltern durchzuführen. Dazu werden Grundprinzipien mit einem verhaltenstherapeutischen (Grüsser & Thalemann, 2006) oder psychodynamischen Hintergrund (Bergmann & Hüther, 2006) vorgeschlagen. Beide Ansätze beziehen sich auf das Suchtkonzept (vgl. Kap. 5.1) unter Betonung emotionaler Konditionierungsprozesse und mit Hinweis auf die hirnpsychologischen Reifungsprozesse während der Pubertät. Ihre konkreten Vorgehensweisen unterscheiden sich jedoch aufgrund der therapeutischen Grundorientierungen.

Grüsser und Thalemann, R. (2006) empfehlen den Eltern einen Kommunikationsstil des aktiven Zuhörens in Verbindung mit einer Analyse der Motivationen und Sichtweisen ihres Kindes. Im Sinne des klassischen Selbstkontroll-Ansatzes schlagen sie eine gemeinsam durchzuführende Kosten-Nutzen-Analyse vor. Durch die Anwendung systematischer Verstärkung ist eine Reduzierung der dysfunktionalen Nutzungsmuster anzustreben, parallel dazu sollten alternative Freizeitaktivitäten ermittelt und gefördert werden. Die Autoren empfehlen den Eltern, regelbezogene Verhaltensverträge mit ihren Kindern abzuschließen und ein verbessertes Zeitmanagement anzustreben.

Bergmann und Hüther (2006) verweisen eindringlich auf einen Verlust an „Lebendigkeit" in der heutigen Jugendgeneration, die ihre Bedürfnisse aufgrund der gegebenen gesellschaftlichen Rahmenbedingungen nicht ausleben können. Die Autoren schreiben: „In dem ständigen Bemühen, unsere Kinder so gut wie möglich auf das spätere Leben vorzubereiten, haben wir die Einrichtungen, in denen wir sie aufziehen, zu perfekt organisierten und reibungslos funktionierenden Friedhöfen gemacht. Dort können sie nun noch früher als wir selbst lernen, wie man seine ursprüngliche Lebendigkeit begräbt" (S. 130).

Der Rückzug in virtuelle Welten korrespondiert nach Ansicht der letztgenannten Autoren mit Frustrationen über die Nichterfüllung grundlegender Bedürfnisse. Der Hauptansatzpunkt einer Intervention besteht deshalb nicht in der Veränderung dysfunktional-symptomatischer Nutzungsmuster, sondern in einem entsprechenden Angebot alternativer

Befriedigungsmöglichkeiten, die diese Grundbedürfnisse erfüllen können. Heranwachsende müssen Erfahrungen machen, die genau ihren Erlebnissen in den Computerspielen entsprechen. Ein wichtiger Aspekt hierbei sind klare und verlässliche Strukturen und Regeln. Eigene, selbstständige Entscheidungen zu treffen sollte genauso berücksichtigt werden wie die Möglichkeiten, „aufregende Entdeckungen" zu machen und mit überwindbaren Gefahren, Ängsten und Bedrohungen konfrontiert zu werden. Geeignete Alternativen zum PC-/Internet-Gebrauch sollten Aufgaben mit erreichbaren Zielen beinhalten und den Erwerb von neuen Kenntnissen, Fähigkeiten und Fertigkeiten durch neue Anforderungen unterstützen. Nach Bergmann und Hüther ist es für Jugendliche ausschlaggebend, bei Aktivitäten „kleine Dinge am Rande" wahrzunehmen, Vorbildern nachzueifern, aus Fehlern zu lernen und letztendlich Leistungen zu erbringen, auf die sie stolz sein können.

An beiden Ansätzen kann kritisiert werden, dass sie zu wenig medien- und entwicklungspsychologische Grundlagen berücksichtigen. Grüsser und Thalemann, R. (2006) verschreiben sich zu stark dem traditionellen verhaltenstherapeutischen Vorgehen. Neuere Ansätze der handlungsorientierten Verhaltenstherapie (Kogler & Kogler, 2005; Parfy et al., 2003; Schuster, 2000), die stärker kognitiv-emotionale Prozesse integrieren und von einem zielorientierten Problemlösungskonzept ausgehen, fließen nicht ausreichend ein. Die Einseitigkeit des Ansatzes von Bergmann und Hüther (2006) besteht in der Konzentration auf problematische, intrapsychische Verarbeitungsprozesse ungünstiger gesellschaftlicher Rahmenbedingungen, wobei jedoch der konkreten Veränderung auf der Verhaltensebene zu wenig Beachtung geschenkt wird. Das prinzipielle Vorgehen sollte deshalb in einer Synthese beider Ansätze bestehen. Sowohl der selbstkontrollierte Ausstieg aus den virtuellen Welten sollte konkret geplant und umgesetzt werden als auch der Aufbau von Selbstvertrauen durch emotional bedeutsame Erlebnisse gezielt gefördert werden. Auf diese Weise kann die Grundlage für neue befriedigende Erfahrungen in der durch Widerständigkeit und Konflikthaftigkeit geprägten sozialen Realität geschaffen werden.

7 Pathologisches PC-/Internet-Spielen als Störungsbild

Zusammenfassung:

Das hier vorgestellte Störungsmodell betrachtet das pathologische PC/Internet-Spielen als ein eigenständiges psychisches Störungsbild, bei dem es sich um eine psychische Erkrankung handelt, die durch ein mit dem neuen Medium PC/Internet verbundenes überwertiges Immersionserleben und einen regressiven Rückzug in die kindliche Welt des Spielens charakterisiert ist. Dabei besteht eine dauerhafte Präferenz für die virtuelle Befriedigung der eigenen Bedürfnisse, da die realen Lebensbedingungen aus der Sicht des Betroffenen keine ausreichenden Möglichkeiten dafür bieten. Die zentralen Ursachen für die Entstehung dieses Störungsbildes sind in einer unsicheren Bindungsorganisation sowie den damit einhergehenden seelischen Auswirkungen zu sehen. Auch traumatische Erlebnisse in Kombination mit deprivierenden Lebensbedingungen stellen eine zentrale Ursache dar. Der Begriff „Spielen" umfasst im Sinne der fantasiebetonten kindlichen Spielhandlung alle Online-Aktivitäten wie Gamen, Chatten und Surfen.

Das *klinisch-heuristische Modell des pathologischen PC-/Internet-Spielens*, das in diesem Kapitel vorgestellt wird, baut auf dem allgemein akzeptierten biopsychosozialen Ansatz (Bastine, 1990; Paar et al., 1999; vgl. Kap. 5.3) auf. Wie in Kapitel 5.3 bereits erläutert wurde, wird darin angenommen, dass sich organische, psychische und soziale Bedingungsfaktoren gegenseitig wechselseitig beeinflussen und sich durch fortlaufende Rückkopplungsprozesse beständig weiterentwickeln (Bastine, 1990). Bei dem hier vorgestellten Modell handelt es sich mit diesem Hintergrund somit um ein genetisch-funktionales Modell. Das veränderte Erleben und Verhalten beim pathologischen PC-/Internet-Spielen werden in den Kontext von unterschiedlichen Bedingungsfaktoren gestellt, zu denen neben deprivierenden gesellschaftlichen Lebensumständen prozessual veränderte Dispositionen zu zählen sind. Die Entstehung des Störungsbildes hängt weiterhin von stabilisierenden und chronifizierenden Faktoren ab, die im Sinne des Modells von Six et al. (2005) zu einer teufelskreisartigen Verschärfung und Aufrechterhaltung der Störung durch eine Verminderung der Handlungskontrolle führen.

Die Annahme eines Kontinuums vom funktionalen über den dysfunktionalen PC-/Internet-Gebrauch bis zum pathologischen PC-/Internet-Spielen (Six et al., 2005; vgl. Kap. 5.2) erlaubt es, allgemeinpsychologische Theorien zur Erklärung der Entstehung und Aufrechterhaltung dieser Varianten der PC-/Internet-Nutzung hinzuzuziehen. Dies gilt vor allem für die Theorie der Handlungsregulation (Brandtstedter, 2001). Im klinisch-heuristischen Störungsmodell wird im Gegensatz dazu allerdings betont, dass es sich um qualitativ unterscheidbare Verhaltensmuster handelt, bei denen unterschiedliche Bedingungsgefüge anzunehmen sind.

Aufgrund der noch relativ begrenzten klinischen Fallzahlen (etwa 100 Patienten) basiert das vorgelegte Modell auf vorläufigen Erfahrungen. Es bedarf weiterer Forschung zur vergleichenden Einordnung des neuen Störungsbildes und entwicklungspsychopathologischer Längsschnittstudien zur Klärung der komplexen Entstehungsbedingungen. Die angeführten klinisch relevant erscheinenden Bedingungsfaktoren der Entstehung und Aufrechterhaltung müssen in ihrer Gesamtheit nicht auf alle klinischen Fälle zutreffen und können im Einzelfall unterschiedliche Gewichte besitzen. Das vorgestellte Störungsmodell besitzt deshalb vor allem heuristischen Charakter. Eine erste klinische Pilotstudie (vgl. Kap. 8.5) bestätigt einige Kernannahmen des Modells auf der klinisch-deskriptiven Ebene.

7.1 Psychopathologie und Komorbidität

Zunächst wird das Störungsbild des pathologischen PC-/Internet-Spielens normativ beschrieben.

Die *Exzessivität* des Verhaltens ist das erste notwendige, jedoch nicht hinreichende Merkmal. Klinisch auffällig ist neben der extrem hohen wöchentlichen PC-/Internet-Aktivität, die außerschulisch oder außerberuflich erfolgt (im Extremfall bis zu 100 Stunden pro Woche), die Höchstdauer der ununterbrochenen PC-/Internet-Aktivität bedeutsam. Es finden sich dazu Angaben von bis zu 30 oder gar bis 50 Stunden „am Stück“, so dass auch der Konsum von aufputschenden Alltagsdrogen wie Kaffee und Tabak, verschiedene stimulierenden Medikamenten oder Rauschdrogen (vgl. Kap. 8.5) zum Störungsmuster gehören kann.

Das subjektive Erleben während der PC-/Internet-Aktivität ist ein weiterer Aspekt der Psychopathologie dieses Störungsbildes. Bei der zu beobachtenden Bewusstseinsveränderung steht besonders das *Immersionserleben*, d. h. die intensive Aufmerksamkeitsfokussierung auf die virtuelle Aktivität bei der die Wahrnehmung der Realität zurücktritt, im Zentrum. Beim pathologischen PC-/Internet-Spielen handelt es sich nicht mehr nur um eine „Zeitversunkenheit“, die allen Nutzern vertraut sein dürfte, sondern um eine „vollständige Versunkenheit“. Dabei besteht eine anhaltende Bindung an die Gratifikationen der Online-Aktivität, nämlich die erlebten Kontroll- und Machtgefühle, die erfahrene Selbstwertsteigerung, das Erleben von Flow im Handlungsfluss, das Eingehen besonders intimer (hyperpersonaler) Beziehungen und die soziale Anerkennung durch virtuelle Partner und Gruppen. Auch durch die starke Identifikation des Nutzers mit seinen virtuellen Darstellungen (z. B. einer beschönigenden Selbstrepräsentation), Repräsentanten (wie „coole Nicknames“), Stellvertretern (Avataren) etc. wird die Bindung an dieses Medium verstärkt. Die erlebte Online-Aktivität kann mit Glücksgefühlen (Flow) und Allmachtsphantasien verbunden sein und so als überwertig beurteilt werden. Die Vermitteltheit (vgl. Kap. 2.3) der medialen Aktivität wird dennoch wahrgenommen, da die Unterscheidungsmöglichkeit zwischen Realität und Virtualität prinzipiell erhalten bleibt. Der virtuelle Erlebnismodus besitzt deshalb weder den dissoziationsähnlichen Charakter eines suchttypischen „alternativen Identitätszustandes“ im Sinne Jacobs (1989; vgl. Kap. 8.5) noch zeigen sich die Merkmale eines drogeninduzierten Rausches mit Störungen des Bewusstsein, der Wahrnehmung, des Denkens und der Gefühle (Korte, 2007) und stellt keine psychotische Verkennung der Realität dar.

Weiterhin besteht beim pathologischen PC-/Internet-Spielen eine ausgeprägte „Inkongruenz“ zwischen den Grundbedürfnissen nach Kontrolle, Selbstwerterhöhung, Bindung und Lust-/Unlustregulation auf der einen Seite und der Wahrnehmung von Möglichkeiten zur Befriedigung dieser Bedürfnisse in der realen Welt auf der anderen Seite. Es ist anzunehmen, dass die daraus resultierende Störung der seelischen Funktionsfähigkeit als *Inkonsistenz* entsprechend dem neuropsychologischen Modell von Grawe (2004) aufzufassen ist. Auf diesem Hintergrund entwickeln sich eine depressive Selbstwertstörung, sozial-phobische Tendenzen und eine mögliche Verminderung des Kohärenzgefühls im Sinne Antonovskys (1987) (vgl. Kap. 5.2). Für die Dauer der Online-Aktivität besteht jedoch das trügerische Gefühl, dass die frustrierten Grundbedürfnisse in der virtuellen Welt befriedigt werden und dadurch ein sinnhafter Weltbezug hergestellt wird.

Als gravierendstes und auffälligstes Merkmal erscheint bei pathologischen PC-/Internet-Spielern die *soziale Isolierung* des Betroffenen von seiner Umwelt. Dieser gestörte Bezug zur unmittelbaren Umgebung ist durch einen Rückzug in die häusliche, ganz auf die Online-Aktivität ausgerichtete, unwirtliche Wohnsituation gekennzeichnet. Soziale Beziehungen werden abgebrochen oder extrem eingeschränkt, auch die zu nahen Bezugspersonen. Der Betroffene „flüchtet“ sich in eine virtuelle Erlebnis- und Beziehungswelt. Diese sozial-ängstliche Vermeidungstendenz kann durch frustrierende bis traumatisierende Erfahrungen begründet worden sein. Aus der „Versunkenheit“ wird eine als „Verlorenheit“ zu bezeichnende Abkehr von der Realität, in der der Betroffene für Bezugspersonen nur noch schwer erreichbar erscheint. Es resultiert somit eine dauerhafte Präferenz des Betroffenen für den virtuellen Erlebnismodus unter Vernachlässigung realer Bindungen, Erfahrungen und Bezüge.

Eine klinische Besonderheit des Störungsbildes besteht in der bereits von Six und Mitarbeitern (2005) für den dysfunktionalen PC-/Internet-Gebrauch beschriebenen *Reduzierung der Selbstkontroll- und Selbstregulationsfähigkeit*. Die Online-Aktivität läuft als unbewusste, automatisierte Handlungsroutine ab. Durch die besonderen Gratifikationen der Online-Aktivität mit einem überwertigen Immersionserleben etabliert sich eine Gewohnheit, die zur Verminderung alternativer Erfahrungen und Erlebnismöglichkeiten in der Realität führt. Die ohnehin eingeschränkte psychische Funktionsfähigkeit wird weiter geschwächt, die Handlungsweise weniger kontrolliert und unreflektierter. So entstehen Teufelskreise der reduzierten Selbstkontroll- und Selbstregulationsfähigkeit.

Als Folge des exzessiven Verhaltensmusters zeigen sich gravierende negative *Beeinträchtigungen körperlicher Art*, wie die Störung des Schlaf-Wach-Rhythmus und eine Vernachlässigung des äußeren Erscheinungsbildes. *Psychische Folgen* können hinzukommen, wie depressive Verstimmungen, soziale Ängste, gesundheitsschädigendes Essverhalten und süchtige Verhaltensmuster. Der Betroffene kann *soziale Nachteile* erfahren, wie den Abbruch von schulischen und beruflichen Ausbildungen oder einen Verlust der Arbeitsstelle. Mögliche Auswirkungen auf die intellektuelle Leistungsfähigkeit sind hingegen differenzierter zu beurteilen: Inzwischen wird angenommen, dass insbesondere Computerspiele zu einer Verbesserung der sensomotorischen Koordination, des räumlichen Vorstellungsvermögens und der exekutiven Problemlösungskompetenzen führen, während konzentrative Fähigkeiten (Ermüdungsresistenz, Ausdauer der Aufmerksamkeit) durch einen exzessiven PC-/Internet-Gebrauch nachteilig gestört werden (Pfeiffer et al., 2007).

Die mit dem Störungsbild verbundenen Beeinträchtigungen der seelischen Gesundheit spiegeln sich in hohen *Komorbiditätsraten* wieder. Es finden sich vorwiegend depressive Störungen, ängstlich-vermeidende Persönlichkeitsstörungen, (soziale) Angststörungen Aufmerksamkeits-/Hyperaktivitätsstörungen sowie Essstörungen mit Adipositas. Daneben sind Suchterkrankungen, insbesondere die Tabak-, Alkohol- und Cannabisabhängigkeit sowie das pathologische Glücksspielen, vorherrschend. Durch die mit der exzessiven Online-Aktivität verbundenen einseitig aktivierten neuronalen Bahnungsmuster, die zu Einschränkungen der Erlebnisfähigkeit führen (Bergmann & Hüther, 2006; Spitzer, 2005), können die depressiven Verstimmungen, sozialen Ängste und das Ausweichen in süchtige Entlastungsreaktionen noch verstärkt werden. Zur Klärung der komplexen Wechselwirkung von ursächlich bestehenden und aus der exzessiven Online-Aktivität als Folge resultierenden psychischen Auffälligkeiten bedarf es jedoch umfangreicher entwicklungspsychopathologischer Untersuchungen.

Die hier vorgeschlagenen Kriterien zur Diagnose des pathologischen PC-/Internet-Spielens werden im Folgenden noch einmal zur besseren Übersicht zusammengefasst.

Kriterien des pathologischen PC-/Internet-Spielens

- exzessive Online-Aktivität (Gamen, Chatten, Surfen) die im Erwachsenenalter persistiert
- überwertiges Immersionserleben mit überstarkem Wunsch nach sozialer Anerkennung durch virtuelle Partner
- erhöhte „Inkonsistenz" mit ausgeprägter Selbstwertstörung
- sozialer Rückzug und Abbruch naher Beziehungen mit sozial-phobischen Vermeidungstendenzen
- reduzierte Handlungskontrolle mit eingeschränkter Medienkompetenz
- typische Konstellation negativer körperlicher, psychischer und sozialer Folgen
- hohe Komorbiditätsrate, insbesondere depressive Störungen, Angststörungen und Suchtverhalten

Merke:

In der Praxis sollte eine Verschlüsselung des Störungsbildes unter F68.8 (sonstige näher bezeichnete Persönlichkeits- und Verhaltensstörung) nach ICD-10 erfolgen (vgl. Kap. 7.4).

7.2 Ätiologie

Zur Begründung der nosologischen Selbstständigkeit des pathologischen PC-/Internet-Spielens als neues Störungsbild müssen die spezifischen ursächlichen Bedingungsfaktoren benannt werden. Dabei ergibt sich die grundsätzliche Schwierigkeit, dass im Rahmen eines komplexen Prozessmodells keine direkten Kausalbeziehungen bestehen. Die für das Störungsbild beschriebenen Bedingungsfaktoren können auch zu anderen psychischen Auffälligkeiten führen oder durch Schutzfaktoren kompensiert werden, so dass gar keine Auffälligkeiten auftreten können. Im Folgenden werden typische Bedingungskonstellationen des Störungsbildes beschrieben. Daraus abgeleitete Annahmen zur Verursachung besitzen daher hypothetischen Charakter.

Umweltbezogene Bedingungen. Im Hinblick auf den stark gestörten Umweltbezug von pathologischen PC-/Internet-Spielern lassen sich verschiedene *Systemebenen* nach Bronfenbrenner (1977) betrachten. Das *Makrosystem* betrifft die ökonomischen, sozialen, rechtlichen, politischen und erziehungsbezogenen Rahmenbedingungen. In diesem Zusammenhang wurde bereits ausgeführt, dass die Übergangsgesellschaft durch eine zunehmende individuelle Entfremdung gekennzeichnet ist, die darüber hinaus keine verlässliche und dauerhafte Entwicklungsperspektive bietet (vgl. Kap. 6.1). Auf der *Mesoebene* finden wir eine zunehmende Polarisierung (Heitmeyer, 1997) in Arme und Reiche, bildungsnahe und bildungsferne Schichten und integrierte und nicht integrierte Migranten, was zur Folge hat, dass viele Kinder und Jugendliche unter prekären Lebensbedingungen aufwachsen. Auf der *Mikroebene* sind Kinder und Jugendliche mit einem Bildungssystem konfrontiert, das viele Heranwachsende zu Leistungsversagern werden lässt (Waldrich, 2007). Häufig sind sie familiären Lebensumständen ausgesetzt, die traumatisieren können. Auf der Grundlage dieser Ausgangsbedingungen entsteht eine *Risikogruppe*, für die das Medium PC/Internet angesichts der täglich erlebten Frustrationen sehr attraktive Erlebnisangebote bietet, die eine eskapistische Ersatzfunktion erfüllen können.

Entwicklungspsychopathologische Bedingungen. Auf dem Hintergrund der Bindungstheorie von Bowlby (1993) kann angenommen werden, dass eine unsichere Bindungsrepräsentation als Grundlage des pathologischen PC-/Internet-Spielens anzusehen ist (vgl. Kap. 4.1). Diese führt zu Einschränkungen des Selbstwerts und der Beziehungsfähigkeit sowie einer verminderten Neugier auf reale Gegebenheiten (Spangler & Zimmermann, 1999). So wird eine entwicklungspsychopathologische Grundlage für das pathologische PC-/Internet-Spielen und komorbide psychische Störungen (vgl. Kap. 7.1) gebildet. In welchem Umfang und mit welchem Gewicht die komorbiden Störungen (Mit-)Ursache, Begleiterkrankungen oder Folge des pathologischen PC-/Internet-Spielens sind, lässt sich im Rahmen des komplexen Bedingungsgefüges derzeit schwer beantworten, da bisherige Studien lediglich kleine klinische Stichproben im Querschnitt erfasst haben.

Für die Untergruppe der männlichen Mehrpersonen-Online-Rollenspieler (vgl. Kap. 8.1) lässt sich annehmen, dass sich aufgrund der unsicheren Bindungsorganisation in der Adoleszenz eine personale und soziale Identitätsstörung entwickelt hat. Das pathologische PC-/Internet-Spielen wurzelt hier in einem dynamischen Rückkopplungssystem von dispositionellen (Bindungsstörung), altersbedingten (adoleszente Identitätsentwicklung) und umweltbezogenen (fehlende Lebensperspektiven, Angebot der Neuen Medien) Einflussfaktoren. Bei den Chatterinnen, die bisher in stationäre Behandlung gekommen sind, besteht häufig eine depressive Störung, wobei die Ursachen-Folge-Beziehung klinisch nicht eindeutig klar erkennbar ist (vgl. Kap. 8.2). Für andere Formen (wie das Surfen) liegen zur Beurteilung zu geringe Fallzahlen (vgl. Kap. 8.3) vor.

(Neuro-)biologische Bedingungen. Es finden sich derzeit keine Hinweise darauf, dass dem Störungsbild primäre Defizite des organischen Systems im Sinne erblicher oder prä- bzw. postnataler Schädigungen zugrunde liegen. Unter neuropsychologischem Gesichtspunkt (Grawe, 2004) kann vermutet werden, dass bei einer Kombination sozial stark frustrierender Lebensbedingungen und gleichzeitig fehlender personaler und sozialer Ressourcen eine mangelhafte oder einseitige Befriedigung der Grundbedürfnisse (Bindung, Kontrolle, Selbstwerterhöhung, Lust-/Unlustregulation) erfolgt. Eine solche Inkongruenz zwischen motivationalen Zielen und der Wahrnehmung realer Befriedigungsmöglichkeiten verweist nach Grawe auf eine Störung der Konsistenzregulation, die zu Beeinträchtigungen der psychischen Gesundheit führt. Diese dauerhafte *Inkonsistenz* kann als allgemeine neuropsychologische Grundlage des pathologischen PC-/Internet-Spielens angesehen werden. Welche spezifischen neurobiologischen Besonderheiten bei pathologischen PC-/Internet-Spielern im Vergleich zu anderen psychischen Störungen bestehen, bedarf weiterer Forschung.

7.3 Pathogenese und Chronifizierung

Soll die *Aktualgenese*, d. h. der Entwicklungsprozess im aktuellen Lebensbezug, eines betroffenen pathologischen PC-/Internet-Spielers analysiert werden, muss das Störungsbild mit allen seinen Erscheinungsformen (Gamen, Chatten, Surfen) als Spielhandlung begriffen werden. Dabei lässt sich feststellen, dass das pathologische PC-/Internet-Spielen alle Merkmale des kindlichen Spiels zeigt (Oerter, 2008; vgl. Kap. 3.2). Neben den strukturellen Merkmalen (Selbstzweck, Wechsel des Realitätsbezuges, Wiederholung und symbolisch transformierter Gegenstandbezug) zeichnet sich die virtuelle Aktivität durch ein Überwiegen der Fantasie gegenüber dem Realitätsbezug im Sinne der „eingebildeten Situation" nach Wygotski (1980; vgl. Kap. 3.2) aus. Wie beim kindlichen Spiel kann die PC- und Internet-Aktivität die Funktion erfüllen, eine erlebte Unterlegenheit und Minderwertigkeit durch illusionäre Wunscherfüllungen zu kompensieren.

Von einer psychogenetischen Betrachtungsweise aus gesehen handelt es sich bei diesem Störungsbild um eine Regression, d. h. eine Zurückentwicklung von einem bereits erreichten Entwicklungspunkt auf ein früheres Entwicklungsstadium (La Plance & Pontalis, 1975). Mit diesem Begriff sind allerdings nicht die libidinösen Stufen oder Entwicklungen von Objektbeziehungen und selbstwertstabilisierenden Abwehrmechanismen im „klassischen" psychoanalytischen Sinn gemeint.

Nach der Individualpsychologie von Adler führt ein Minderwertigkeitskomplex zu überkompensierenden Ausgleichsmechanismen (Adler, 1974; Böhringer, 1987). Das bedeutet, dass frustrierte Grundbedürfnisse zu einer überstarken Ausbildung von Motiven nach Leistung, Kontrolle und sozialer Anerkennung führen. Gemäß der Lewinschen Verhaltensgleichung, nach der innere Bedürftigkeiten und äußere Anreize in wechselseitiger Beziehung stehen (Lewin, 1982; vgl. Kap. 2.4), bildet eine solche innere Bedürfnisstruktur in Verbindung mit den Anreizen des Mediums PC/Internet eine „passgenaue" Verhaltensoption. Bei allen Erscheinungsformen des pathologischen PC-/Internet-Spielens (Gamen, Chatten, Surfen) bestehen Möglichkeiten, die Bedürfnisse der Selbstwerterhöhung, Kontrollausübung und sozialen Bindung rasch und jederzeit mittels der medialen Angebote zu befriedigen.

Im weiteren Entwicklungsprozess des pathologischen Spielverhaltens erhält das Medium PC/Internet nach Oerter (2008) eine zunehmende subjektive Valenz bzw. verliert seine objektive Valenz als Arbeitsmittel (vgl. Kap. 3.4). Es erfolgt also eine sehr enge Bindung an den Spielgegenstand, der nur unter dem Aspekt der Befriedigung eigener Bedürfnisse wahrgenommen wird. Oerter verweist in diesem Zusammenhang auf das Konzept des „Übergangsobjektes" von Winnicott (1978), bei dem ein Objekt, z. B. eine Kuscheltier, in Phasen der Trennung die Bezugsperson ersetzt, um Angst abzuwehren. Das Medium PC/Internet wird in ähnlicher Weise zum begehrten universellen Lieblingsspielzeug und bedingt so eine dauerhafte Präferenz für die virtuelle Bedürfnisbefriedigung. Die eigentliche, übergeordnete Funktion des Spiels, sich symbolisch mit existenziellen Lebensanforderungen auseinanderzusetzen und lebensnotwendige Kompetenzen zu erwerben, wird so auf virtuelle, für die Realität nebensächliche, Herausforderungen bezogen und verabsolutiert. Dies geschieht zunehmend auf Kosten der Bewältigung realer Lebensanforderungen. Diese Passung zwischen defizitärer innerer Bedürfnisstruktur und dem umfassenden Befriedigungsangebot der Kombination aus PC und Internet bildet ein Kernelement der psychischen Ursachen des Störungsbildes.

Hinsichtlich der *chronifizierenden Bedingungen* ist es sinnvoll, ein handlungstheoretisches Kontrollmodell zu betrachten (Brandtstedter, 2001). Dieses nimmt an, dass während einer Handlung eine intentionale, sinngebende Handlungsabfolge der Schritte Planung, Vollzug und Bewertung stattfindet. Diesen liegt ein komplexes System bewusster und unbewusster Prozesse zugrunde, das unterschiedliche Funktionsebenen unseres Gehirns betrifft (Roth, 2007), wobei sich die Handlungstheorie primär auf die kognitive Ebene des planerischen Verhaltens bezieht (Thagard, 1999). Die Chronifizierung des pathologischen PC-/Internet-Spielens lässt sich auf diesem Hintergrund als eine zunehmende Einschränkung von Handlungsoptionen zugunsten der Online-Aktivitäten (Six et al., 2005; vgl. Kap. 5.2) verstehen.

7.4 Nosologie

Das neue, eigenständige Störungsbild des pathologischen PC-/Internet-Spielens kann innerhalb des psychiatrischen Klassifikationssystems ICD-10 (Dilling et al., 1991) in den Bereich der Persönlichkeits- und Verhaltensstörungen eingeordnet werden. Dieser Bereich (F60 bis F69) wird wie folgt definiert:

> Dieser Abschnitt enthält eine Reihe von klinisch wichtigen, meist lang anhaltenden Zustandsbildern und Verhaltensmustern. Sie sind Ausdruck des charakteristischen Lebensstils, des Verhältnisses zur eigenen Person und zu anderen Menschen. Einige dieser Zustandsbilder und Verhaltensmuster entstehen früh im Verlauf der individuellen Entwicklung als Folge konstitutioneller Faktoren wie auch sozialer Erfahrungen, während andere später im Leben erworben werden. (S. 210)

Das Verhaltensmuster des pathologischen PC-/Internet-Spielens kann in diesem allgemeinen Sinne als Persönlichkeits- und Verhaltensstörung aufgefasst werden. Dabei handelt es sich nicht um eine der spezifische Persönlichkeitsstörung im engeren Sinne (Fiedler, 2000), sondern um eine Bindungsstörung, die in der Kindheit und Adoleszenz verwurzelt ist, wobei das stark ausgeprägte soziale Rückzugsverhalten als dominierendes Verhaltensmuster hervortritt. Es liegt demnach eine *entwicklungspsychopathologische Störung der zwischenmenschlichen Beziehungen* vor. Nach dieser Auffassung ist das Störungsbild der Kategorie „andere näher bezeichnete Persönlichkeits- und Verhaltensstörung" (F68.8) zuzuordnen. Differentialdiagnostisch ergibt sich eine Abgrenzung vom pathologischen Internet-Glücksspielen (unter F63.0 zu kategorisieren) und vom „Cybersexzess" als Form der Hypersexualität (unter F52.7 zu klassifizieren). Bei diesen beiden Suchtformen, die in Kapitel 7.6 ausführlicher erläutert werden, ist die Nutzung des PC/Internet lediglich als Mittel zum Zweck anzusehen.

7.5 Typologie und Pathoplastik

Empirische Untersuchungen zur Typologie des pathologischen PC-/Internet-Spielens liegen angesichts der kleinen Fallzahlen noch nicht vor. Derzeit bietet sich deshalb eine Charakterisierung unter Berücksichtigung der jeweils *dominierenden Online-Aktivität* an.

Am häufigsten in Behandlung sind derzeit *Gamer*, die vor allem Mehrpersonen-Online-Rollenspiele, seltener Ego-Shooter-Spiele, bevorzugen. Es handelt sich bei dieser Klientel vorwiegend um junge Männer, die in der Adoleszenz mit der exzessiven Online-Aktivität begonnen haben. Die Funktionalität des pathologischen Spielverhaltens bezieht sich auf die leistungsorientierte Meisterung von Kampfwettbewerben und die soziale Anerkennung durch die virtuelle Gruppe von Gefährten. Bei der zweiten, jedoch kleineren Untergruppe der *Chatter*, dominieren zu Zeit Frauen mittleren Alters. Bei diesen Betroffenen liegt häufig eine depressive Störung vor. Es werden vor allem erotische Chatrooms bevorzugt, in denen der Austausch persönlicher Schmeicheleien sowie der Aufbau von intimen und erotischen Beziehungen angestrebt wird. Eine seltene Patientengruppe bilden *Surfer*, die bezogen auf berufliche Interessen oder ein Hobby exzessiv nach Informationen im WWW suchen und sich in speziellen Foren austauschen. Hierbei handelt es sich meist um Männer mittleren oder höheren Alters. Die Funktionalität ergibt sich hier aus der Anerkennung als Spezialist in einem qualifiziertem Fachkreis und dem Aufbau einer kleinen, überschaubaren Welt, die gut zu beherrschen ist. Neben diesen drei Hauptformen gibt es Sonderformen wie das leistungsbezogene Offline-Gamen und das auf soziale Anerkennung ausgerichtete eBay-Verhalten. Falldarstellungen zu den verschiedenen Erscheinungsformen des pathologischen PC-/Internet-Spielens finden sich in Kapitel 8.

Aufgrund der ständig fortschreitenden Entwicklung und Verbreitung der Neuen Medien ist mit einem historischen Wandel des Störungsbildes im Sinne *pathoplastischer Veränderungen* zu rechnen. Die in Kapitel 8 dargestellten Fallbeschreibungen – insbesondere zum Gamen – verweisen auf solche altersbedingten Kohorteneffekte. Dies betrifft zunächst die Art der problematischen Online-Aktivität, bei der bereits eine Verschiebung von den Strategiespielen zu den Mehrpersonen-Online-Rollenspielen stattgefunden hat.

Bei den älteren Chatterinnen ist unklar, inwieweit sich bei dem Erscheinungsbild ein Kohorteneffekt abbildet. Aufgrund der aktuellen Nutzungsgewohnheiten des Mediums

PC/Internet (Medienpädagogischer Forschungsverbund Südwest, 2008) liegt es jedoch nahe, dass dieser Problembereich auch in Zukunft mehrheitlich durch weibliche Nutzer mit dem Ziel der (erotischen) Kontaktaufnahme (Döring, 2003a) bestimmt werden dürfte. Es ist jedoch mit einer Verschiebung hin zu jüngeren Patientinnen zu rechnen, die sehr früh Kontakte – insbesondere auch zum anderen Geschlecht – in einschlägigen Online-Communitys suchen.

Tatsächlich kann beobachtet werden, dass ältere Patienten, die noch nicht mit dem Medium PC/Internet groß geworden sind, das Störungsbild erst im Erwachsenenalter entwickelt haben, während die jüngeren Patientinnen von Kindesbeinen an mit den Neuen Medien Umgang hatten und bereits während der Pubertät und Adoleszenz ein exzessives PC-/Internet-Nutzungsmuster ausgebildet haben. Bei dieser neuen Patientengeneration ist die Identitätsentwicklung und soziale Beziehungsbildung viel deutlicher von der virtuellen Erlebnisweise geprägt und weniger in realen Erfahrungen verwurzelt als dies bei den älteren Patienten der Fall ist.

7.6 Differenzialdiagnostik

Differenzialdiagnostisch ist die Abgrenzung des pathologischen PC-/Internet-Spielens vom pathologischen Internet-Glücksspielen und pathologischem „Cybersexzess" (der Begriff „Sexzess" ist von „sexuellem Exzess" abgeleitet) erforderlich. Es kann bei diesen beiden Süchten eine zeitlich exzessive PC-/Internet-Nutzung auftreten, die allerdings kein hinreichendes Kriterium zur Diagnose eines pathologischen PC-/Internet-Spielens darstellt. Die PC-/Internet-Aktivität ist lediglich Mittel zum Zweck, d. h. es findet keine dauerhafte Bindung an den virtuellen Erlebnismodus statt. Es geht lediglich darum, die zugrunde liegende Glücksspielsucht oder sexuelle Abhängigkeit mithilfe entsprechender Angebote, die heutzutage ebenfalls Online verfügbar sind, zu befriedigen. Entsprechend treffen die beschriebenen Symptome des pathologischen PC-/Internet-Spielens nicht zu (vgl. Kap. 7.1).

7.6.1 Internet-Glücksspielen

Die Glücksspielsucht kann als Paradigma einer nichtstoffgebundenen Sucht angesehen werden, bei der demnach keine psychotrope Substanz beteiligt ist, die aber alle Kriterien einer Sucht (Rauschzustände, Devianz, Schuld- und Schamgefühle, Einengung der Handlungskontrolle, teilweise tödlich verlaufende Dynamik) erfüllt (Petry, 1991, 2003a). Aufgrund der ausgeprägten Selbst- und Fremdschädigung (Hazardieren) sowie einer Infragestellung bzw. Indifferenz gegenüber ökonomischen Gesellschaftsgrundlagen, die auf einem arbeitsteiligen Warentausch basieren, unterliegt das Glücksspielen schon seit Jahrtausenden einem strafrechtlichen Verbot, das jedoch Ausnahmen in Form staatlich kontrollierter Glücksspielangebote zulässt.

Es gibt vielfältige Erscheinungsformen des pathologischen Glücksspielens: Geldautomatenspieler, Kasinospieler, legale und illegale Karten- und Würfelspieler, Lotto- und Toto-Systemspieler, Sportwetter und Börsenspieler. Eine neuere Variante ist das Internet-Glücksspielen, das jedoch inzwischen in einigen Ländern und seit dem 01.01.2008 auch in Deutschland gesetzlich verboten ist. Den verschiedenen Varianten des pathologischen Glücksspielens liegen vergleichbare Bedingungsgefüge zugrunde, so dass bei den Betroffenen typische psychosoziale Auffälligkeiten bestehen. Zu beobachten ist bei ihnen ein Vulnerabilitätsprofil mit schwerer Selbstwertproblematik und Minderwertigkeitsgefühlen, einer Gefühlsdysregulation, durch die unangenehme Gefühle und zwischenmenschliche Konflikte vermieden werden, sowie einer distanzierten Beziehungsbildung aus Angst vor naher Bindung.

Die symptomatische Behandlung der Glücksspielsucht ist abstinenzorientiert. Zentral ist dabei die Bearbeitung glücksspielspezifischer Annahmen von Gesetzmäßigkeiten in Zufallssituationen (Kontrollillusionen). Aufgrund der hohen psychopathologischen Auffälligkeiten, insbesondere Persönlichkeitsstörungen, ist eine intensive Therapie der zugrunde liegenden Selbstwert-, Gefühlsregulations- und Beziehungsstörung erforderlich. Zusätzliche Bedeutung besitzen der Abbau von Problemlösungsdefiziten und die Verbesserung des Geld- und Schuldenmanagements (Petry, 2003a).

Mit der zunehmenden Nutzung des Internets haben sich verschiedenste Internet-Glücksspiele ausgebreitet. Inzwischen sind diese Angebote technisch leicht zu handhaben. Der Nutzer muss eine entsprechende Website aufrufen und sich durch Eröffnung eines Benutzerkontos identifizieren. Wenn die Einzahlung eines Geldbetrags über eine Kreditkarte oder andere Zahlungssysteme, wie z. B. Pay-Safe-Cards, auf dieses erfolgt ist, lässt sich bequem von zu Hause aus an diesen Glücksspielen teilnehmen. Das Angebot umfasst Kasinospiele (Roulette und Geldspielautomaten), Sportwetten nach festen Quoten oder Live-Sportwetten unterschiedlichster Art, Lotterien sowie das in den letzten Jahren zunächst in den USA und mittlerweile auch in Deutschland boomende Internet-Pokern. Börsenspielen via Internet erfolgt als eher seltene Form des Internet-Glücksspielens mittels spezieller Programme und erlaubt über eine Bankverbindung weltweite Spekulationen in Ist-Zeit.

Inzwischen gibt es in Bezug auf die vorherrschenden Formen des Internet-Pokerns und der Internet-Sportwetten empirische Untersuchungen. Eine Generalisierung solcher Befunde ist allerdings schwierig, da in der Regel nur einzelne Websites analysiert werden. Es ist jedoch anzunehmen, dass problematische und pathologische Glücksspieler mehrere Seiten besuchen. So wurden anhand einer Stichprobe von 40.000 Live-Wettern und Sportwettern, die mit festen Quoten spielten, Häufigkeit und Höhe der Einsätze und Verluste analysiert. Aus den Ergebnissen lässt sich erkennen, dass die Häufigkeit des Wettverhaltens eine extrem schiefe Verteilung aufweist, d. h., dass nur eine kleine Gruppe als „Häufigwetter" einzustufen ist (La Brie et al., 2007). Die Analyse einer Stichprobe ($N = 389$) von Patienten eines universitären Gesundheitszentrums konnte belegen, dass das Internet-Glücksspielen zwar nicht zu den am meisten verbreiteten Glücksspielen gehört, jedoch mit 8.1 % eine nicht unwesentliche Gruppe darstellt (Laad & Petry, 2002). Beide Studien verweisen einheitlich darauf, dass es sich eher um junge Männer handelt, die an Internet-Glücksspielen teilnehmen.

In Deutschland wurden bisher noch keine größeren Stichproben untersucht, sondern nur Kasuistiken vorgestellt. Dabei wird auf das besondere Gefährdungspotenzial von Internet-Glücksspielen hingewiesen, da sie sehr leicht verfügbar sind und persönliche und soziale Kontrollmöglichen reduziert oder völlig ausgeschlossen sind (Hayer et al., 2005). Erste Bevölkerungsbefragungen, die hierzulande das Glücksspielverhalten bezüglich verschiedener Angebote analysieren, erlauben keinen zuverlässigen Rückschluss auf die Größe der Problematik (Bühringer et al., 2007; Buth & Stöver, 2008). Es zeichnet sich jedoch eine zunehmende Behandlungsnachfrage von Internet-Glücksspielern ab, die eine Beratung aufsuchen (Becker, 2009). Zur genaueren Charakterisierung des Internet-Glücksspielens sollen zwei klinische Fälle dargestellt werden.

Das Internet-Glücksspielen ist vom pathologischen PC-/Internet-Spielen differentialdiagnostisch abzugrenzen, da es sich um eine spezielle Variante der Glücksspielsucht handelt. Aufgrund der zunehmenden Geldverluste und der damit verbundenen „Aufholjagd" entsteht eine destruktive Suchtdynamik. Dafür spricht der selbstzerstörerische Entwicklungsprozess mit einer hohen Suizid- und Delinquenzrate. Die gesellschaftliche Devianz ist mit ausgeprägten Schuld- und Schamgefühlen verbunden. Wie aus den beiden unten dargestellten Fallgeschichten zum Internet-Pokern und Börsenspielen ersichtlich wird, streben Internet-Glücksspieler nicht das für PC-/Internet-Spieler typische Immersionserleben an und binden sich nicht an das Medium PC/Internet als kompensatorisches Ersatzobjekt zur Befriedigung frustrierter Grundbedürfnisse. Sie suchen vielmehr den glücksspielerspezifischen Rauschzustand durch den Einsatz von Geldbeträgen auf zufällige Ereignisse. Findet dies im Rahmen einschlägiger Online-Angebote statt, so ist das der Internetaktivitäten lediglich Mittel zum Zweck und stellt keine zweckfreie Form regressiven Spielverhaltens dar.

Falldarstellung eines Internet-Pokerspielers

Herr A. ist 47 Jahre alt, in zweiter Ehe getrennt lebend mit zwei erwachsenen Kindern. Er ist arbeitsloser Maschinenschlosser und derzeit wohnungslos. Der Patient kommt zum ersten Mal in stationäre Behandlung, nachdem er im Rahmen einer depressiven Dekompensation nach erstmaliger Glücksspielabstinenz für mehrere Wochen in einer psychiatrischen Klinik behandelt wurde.

Zur Vorgeschichte berichtet Herr A., dass er aus schwierigen familiären Verhältnissen stamme, da er einen alkoholabhängigen Vater gehabt habe, der sehr gewalttätig gewesen sei.

Mit 16 Jahren habe er begonnen, in Spielhallen an Automaten zu spielen. Dies über viele Jahre hinweg, so dass er sein erstes Haus völlig verspielt habe, seine erste Ehe geschieden wurde und er vorübergehend arbeitslos gewesen sei.

Bezogen auf sein Internet-Pokern berichtet der Patient, dass er als 18-Jähriger im Freundeskreis ohne Geld neben anderen Kartenspielen auch Pokern gelernt habe. Mit dem Pokern im Internet habe er erst mit 45 Jahren, d. h. zwei Jahre vor Beginn der Behandlung, begonnen. Er sei durch die Fernsehwerbung bei DSF darauf aufmerksam geworden, in der es damals den Hinweis gegeben habe, dass man kostenlos Pokerprofi werden könne. Er habe zunächst auf der Seite „PacificPoker.de" gespielt, in der Regel zweimal wöchentlich um Punkte für zwei bis drei Stunden. Dabei habe er das Pokern sehr schnell gelernt und den Eindruck gehabt, dass er sehr gut bzw. sogar der Beste sei. Es sei möglich gewesen, an verschiedenen Tischen zu spielen, wobei die Punkte summiert wurden und die Möglichkeit bestand, an kleineren und zum Schluss auch größeren Turnieren teilzunehmen. International konnten sich die Teilnehmer per E-Mail und innerhalb von Deutschland auch mit Headset verständigen. Dabei sei es immer um das Thema Glücksspielen gegangen, vor allem indem sich die Mitspieler gegenseitig angeheizt hätten, entweder durch negative Sticheleien, oder seltener durch Anerkennung.

Nach drei Monaten habe er angefangen, bei PacificPoker.de um Geld zu spielen. Er habe zunächst Pay-Safe-Cards von der Tankstelle bis zu 50 Euro wöchentlich verspielt. Nach wenigen Wochen seien daraus 500 Euro pro Woche geworden. Er habe damals zu „Pokerstar.de" gewechselt und eine Kreditkarte der Sparkasse mit einem Limit von 5000 Euro benutzt. Bei Pokerstar.de gab es ein monatliches Limit von 2000 Dollar, wenn jedoch, was er getan habe, in Absprache mit Kollegen Geld von anderen Personen auf das Spielkonto überwiesen wurde, gab es kein Limit, so dass er monatlich bis zu 10.000 Dollar verspielen konnte. Dazu habe er einen Account über das Internet mit einem speziellen Konto gehabt. Daneben habe er weiterhin Pay-Safe-Cards benutzt. Es seien Einsätze von 5 Cent bis zu 75 Dollar an den Tischen als Mindesteinsatz möglich gewesen. Das Limit sei bei den Tischen mit hohem Mindesteinsatz nach oben offen gewesen. Er habe sich immer Tische mit 5 Euro als Grundeinsatz gewählt, teilweise habe er auch mit zwei Kollegen zusammen einen Tisch besetzt, so dass Absprachen möglich gewesen seien.

Auf dem Höhepunkt seiner Pokerproblematik in den letzten Monaten vor der Behandlung habe er ca. dreimal pro Woche bis zu 23 Stunden gespielt. Er habe auf seinem Monitor vier Fenster gleichzeitig bedient, sich von der Familie abgeschottet, in einen Raum zurückgezogen, über den Pizzadienst oder per Taxi Essen bestellt. Zuletzt habe er sogar eine „Pinkelflasche" benutzt, um den Monitor nicht verlassen zu müssen. Den höchsten Tagesverlust gibt er mit 40.000 Euro an. Er habe in dieser Zeit sein zweites Haus verspielt (ca. 170.000 Euro) und zu Beginn der Behandlung noch 31.000 Euro Schulden.

Der Patient gibt an, dass er keinerlei Vorbehandlungen absolviert habe und keine Abstinenzversuche vorlägen, so dass er erst drei Wochen vor seinem Psychiatrieaufenthalt mit dem Glücksspielen aufgehört habe. Damals und noch während dieser Zeit sei er körperlich sehr unruhig gewesen, habe depressive Verstimmungen gehabt und ausgeprägte Schlafstörungen. Er habe sich starke Selbstvorwürfe gemacht und Selbstmordgedanken gehabt, jedoch nie einen Suizidversuch unternommen.

Zur Motivation befragt gibt Herr A. an, dass ihn das Internetangebot mit dem ganzen Drumherum sehr gereizt habe, es habe Bonuspreise gegeben und man habe die Aussicht gehabt, mit ganz geringen Einsätzen hohe Gewinne zu erzielen. Er konnte sich die Umgebung des Tisches selbst einrichten, habe sich seinen Lieblingstisch als Wohnzimmer eingerichtet und ein Foto von sich eingestellt. Er habe sich „wie unter Drogen gefühlt", ein Spiel mit seinen ganzen Durchläufen habe ca. zwei bis drei Minuten in Anspruch genommen, er sei deshalb während der gesamten Zeit hoch konzentriert gewesen und habe einen starken „Kick" empfunden, der darin bestanden habe, dass er das Gefühl hatte „der Beste zu sein". Auch die gelegentliche Anerkennung durch Mitspieler hätte ihn positiv bestärkt.

Herr A. ist abstinenzmotiviert. Er ist dabei, sich seine neue Lebenssituation zu gestalten. Er bezeichnet sich als einen „exzessiven Typ", der zwar die Absicht habe, dauerhaft glücksspielfrei zu sein, aber nicht wisse, ob er das auch durchhalten könne. Zu angedeuteten traumatischen Erlebnissen in seinem Elternhaus kann er sich während der Behandlung noch nicht offen äußern. Darauf angesprochen, ob er sich inzwischen bei Pokerstar.de abgemeldet habe, berichtet er, dass er seinen Account noch habe. Er wolle ihn im Moment auch nicht abmelden und auch nicht auf das Internet verzichten, allerdings wolle er nicht mehr auf Pokerseiten gehen. Das mit der Abmeldung des Accounts sei für ihn auch nicht das Wesentliche, da er jederzeit wieder einen neuen Account anmelden könne. Der Patient beendet die Behandlung regulär und begibt sich in ambulante Nachsorge.

Falldarstellung eines Internet-Börsenspielers

Herr B. ist 35 Jahre alt, verheiratet und hat ein dreijähriges Kind. Er hat sich nach achtjähriger Beziehung von seiner Frau getrennt. Der Patient ist von Beruf Ingenieur und arbeitet in einer kleinen Firma als Leiter einer Forschungsabteilung. Seine wöchentliche Arbeitszeit beträgt 70 bis 90 Stunden. Es besteht eine Alkoholabhängigkeit, eine Tabakabhängigkeit und eine narzisstische Persönlichkeitsstörung. Herr B. führt eine 16-wöchige Entwöhnungsbehandlung durch.

Bei dem Patienten besteht ein pathologisches Glücksspielverhalten vom Typ „Börsenspieler". Er berichtet, dass er im Alter von 28 Jahren, beginnend mit dem damaligen öffentlichen Börsenboom, sechs Jahre lang ganz normal an der Börse spekuliert habe. Er habe Transaktionen innerhalb seines Depots zwischen 30.000 bis 40.000 Euro vorgenommen. Er habe zunächst versuchsweise ohne jede Geldeinsätze in größerem Umfang sein Können erweitert (Paper-Trading). Zu Beginn habe er häufiger in speziellen Foren im Internet den Austausch von Ergebnistipps über riskante Geschäfte verfolgt. Von Mitte 2005 bis Mitte 2006 habe er mit Day-Trading begonnen und zum Schluss vor allem hochriskante Optionsscheine im Minutentakt gehandelt. Seine Einzelgeschäfte seien bis zu 100.000 Euro gegangen. Er sei in der Regel montags bis freitags abends drei bis vier Stunden online gewesen, zuletzt jedoch teilweise auch 24 Stunden am Stück. Den höchsten Tagesverlust gibt Herr B. mit 40.000 Euro an. Seine Verschuldung betrage zu Behandlungsbeginn 60.000 Euro. Seine zunehmenden Verluste, insbesondere auch sehr hohe Einzelverluste, hätten dazu geführt, dass er sich zunächst Freunden und dann seinem Vorgesetzten und seiner Familie offenbart habe und von seiner Umgebung zur Behandlung motiviert worden sei.

Der Patient hält sich für glücksspielsüchtig. Er beschreibt Größenphantasien, d. h. die Hoffnung mit geringen Mitteln extreme Erfolge zu erzielen, um dann für Dauer ausgesorgt zu haben. Im Laufe der Entwicklung habe er versucht, auftretende Verluste immer wieder durch riskantere Spekulationen aufzuholen (Chasing). Die Fluktuationen während des Handelns seien mit einem extremen Adrenalinkick verbunden gewesen. Er habe ganz allein ohne Wissen seiner Umgebung gehandelt. In dem klinischen Gespräch zeigen sich typische Thematiken und Beziehungsmuster einer narzisstischen Persönlichkeit.

Der PC sei für ihn ein reines Hilfsmittel gewesen. Er habe beruflich rund um die Uhr mit dem PC zu tun, so dass er in seiner Freizeit keinerlei PC-Aktivität wie Videospiele, Chatten oder zielloses Surfen ausgeübt habe. Der PC interessiere ihn eigentlich gar nicht. Die zunehmende private Nutzung habe allein damit zu tun gehabt, dass er online sein musste, um seine Börsentransaktionen durchzuführen.

7.6.2 Cybersexzess

Die *sexuelle Abhängigkeit* wird ebenfalls in den Bereich der Süchte eingeordnet, da sie wie der Alkoholismus, die Drogenabhängigkeiten, die Glücksspielsucht und exzessives Essverhalten („Fresssucht") ebenfalls durch eine suchttypische Dynamik mit intensivem Rauscherlebnis, Schuld- und Schamgefühlen und zunehmender Selbstzerstörung charakterisiert ist (Orford, 2001; Petry, 1991). Das Kunstwort „Sexzess" verweist darauf, dass es sich nicht um eine qualitative Bewertung sexuell abweichenden Verhaltens im Sinne von Störungen der Sexualpräferenz (Paraphilie) handelt, sondern um exzessives Sexualverhalten in Form einer Hypersexualität (ICD-10: F52.7). In der psychiatrischen Literatur wurden die beiden Erscheinungsformen der weiblichen Hypersexualität (Nymphomanie) und der männlichen Erscheinungsform (Satyriasis) zuerst genauer von Krafft-Ebing (1993) beschrieben. Die medizinisch-psychiatrische Literatur bezieht sich in der Folge vor allem auf die Nymphomanin und ist dabei von Beginn an durch extrem negative Bewertungen und frauenfeindliche Ressentiments geprägt (Groneman, 2001). Eine romanhafte Beschreibung der auch als Don-Juanismus bezeichneten männlichen Variante wurde von Selby (1984) vorgelegt. Die aktuelle psychiatrisch-psychotherapeutische Literatur im angloamerikanischen Bereich orientiert sich an dem von den Anonymen Alkoholikern geprägten Suchtverständnis (Carnes, 1991). Eine gute Übersicht des aktuellen Forschungsstandes und der Behandlungsstrategie findet sich bei Roth (2004).

Das Krankheitsbild ist dadurch charakterisiert, dass auf dem Boden traumatisierender Erlebnisse mit starken Selbstwertproblemen die Sexualität dazu dient, Machtgefühle auszuleben und sich in eine Scheinwelt sexueller Phantasien und exzessiver sexueller Handlungen zurückzuziehen. Im Zentrum steht die Phantasietätigkeit mit individuellen Formen der selbstbezogenen Befriedigung sexueller Bedürfnisse, die als „Lüsternheit" bezeichnet wird. Entsprechend ist die häufigste Erscheinungsform die exzessive Selbstbefriedigung oder der häufige Wechsel von Sexualpartnern. Die Sexualisierung aller Lebensbereiche führt zu einem Teufelskreis der Selbstabkapselung, die mit starken Schuld- und Schamgefühlen verbunden ist. In der Folge kommt es zu schwerwiegenden psychischen (extreme Schuldgefühle und hohe Suizidrate), gesundheitlichen (Geschlechtskrankheiten, Hepatitis, AIDS), sozialen (Ächtung mit Selbsthass) und finanziellen Folgen. Das Therapieziel besteht nach einer individuell festzulegenden Abstinenzphase zur Unterbrechung des Teufelskreises in der Etablierung einer gesunden, begrenzten und beziehungsorientierten Sexualität. Darüber hinaus ist es erforderlich, einen alternativen Lebensstil zu entwickeln, die gestörte geschlechtliche Identität zu bearbeiten und zu lernen, befriedigende Beziehungen eingehen zu können.

Ein besonderes Phänomen stellen sexuelle Aktivitäten mittels PC/Internet (Cybersex) dar. Es ist empirisch belegt, dass das WWW durch erotische und pornografische Angebote kommerzieller oder nicht kommerzieller Art quantitativ dominiert wird (Schetsche, 1997). Es entstehen neue Erscheinungsformen sexueller Abhängigkeit aufgrund der unbegrenzten Möglichkeiten von pornografischen Websites, erotischen Chatrooms, der gegenseitigen Beobachtung mittels Webcams und dem Austausch taktiler Manipulationen mittels Ganzkörperanzügen (data suit). Die Neuen Medien bieten so vielfältigste Möglichkeiten, sich sexuell darzustellen und entsprechende Inhalte zu nutzen. Die dabei auftretenden Phänomene reichen von normalen erotischen Kontakten über pornografische und exzessive sexuelle Konsummuster (Cybersexzess) bis hin zu perversen und strafrechtlich relevanten Tatbeständen (Kinderpornografie). Eine Übersicht gibt der Sammelband von Seikowski (2005). Das Verhaltensspektrum reicht von der „Cyber-Liebe“ über die „Cyber-Untreue“ bis hin zur „Cyber-Sucht“ (Döring, 2003a). Entsprechend bestehen Online-Angebote zur Selbsthilfe, niederschwelligen Beratung und Behandlung für diese Problemgebiete (Döring, 2003a; Wolz, 2005).

Der Cybersexzess lässt sich ähnlich wie das Internet-Glücksspielen vom pathologischen PC-/Internet-Spielen abgrenzen. Die Rauschhaftigkeit und extrem destruktive Suchtdynamik bildet den Kern des Störungsbildes. Das Internet dient lediglich dazu, erotische und pornografische Anreize zur Selbstbefriedigung zu liefern oder rasche Kontakte mit häufig wechselnden Geschlechtspartnern herzustellen. Zur Erläuterung soll ein Grenzfall dargestellt werden, der auf die differenzialdiagnostische Problematik hinweist. Der Patient wurde zunächst wegen „Internetsucht“ stationär eingewiesen, es stellte sich dann jedoch heraus, dass weder ein pathologisches PC-/Internet-Spielen vorlag, noch eine sexuelle Abhängigkeit, sondern ein einfacher Fall von sexueller Untreue via Internet.

Falldarstellung: Sexuelle Untreue als Internetsucht?

Herr C. wird von seinem Hausarzt wegen Alkoholabhängigkeit und einer „behandlungsbedürftigen Internetsucht“ angemeldet. Die zuständige Suchtberatungsstelle vermutet einen pathologischen PC-/Internet-Gebrauch vom Chatting-Typ.

Die Vorfahren des Patienten waren „Donauschwaben“ aus dem Gebiet des heutigen Kroatien. Seine gesamte Familie sei, als er 21 Jahre gewesen sei, nach Deutschland übergesiedelt. Er selbst sei nach wechselnden Tätigkeiten als Beamter beschäftigt. Herr C. absolviert eine sechswöchige Entwöhnungsbehandlung wegen seiner Alkoholabhängigkeit, die deshalb so kurz ist, da seine private Krankenversicherung Suchterkrankungen nicht anerkennt und er 50 % der Behandlungskosten selbst tragen muss. Herr C. ist 62 Jahre alt und will in vorzeitige Rente gehen. Er ist seit 39 Jahren verheiratet und hat zwei Kinder.

Mit 52 Jahren habe er durch Anregung des Sohnes, der im selben Haus wohne, angefangen, seine nebenberufliche Übersetzertätigkeit mit dem Computer zu bewältigen. In dieser Zeit habe er maximal 30 Minuten pro Tag mit Offline-Spielen (Schach, Würfel- und Quizspiele) verbracht. Vor fünf Jahren sei er „online gegangen“, zunächst um zur Übersetzung ein Wörterbuch zur Verfügung zu haben, danach habe er gegoogelt, je nach aktuellen Interessen, und gelegentlich auch über eBay etwas gekauft. Dies habe täglich durchschnittlich eine Stunde umfasst, bei Übersetzungstätigkeiten bis zu fünf Stunden. Er sei in Chatrooms aktiv, in denen man Leute kennen lernen kann, wie z. B. „Friends Scout 24“ oder „Forum für Senioren“. Diese Chatrooms habe er durchschnittlich eine Stunde pro Tag besucht, maximal bis zwei Stunden pro Tag an Wochenenden. Er habe einen Nickname gehabt und Alltag-Chat betrieben, dann jedoch auch intensivere Kontakte, insbesondere zu Frauen aufgenommen. Es habe sich nicht um erotische Chatrooms gehandelt.

In den letzten Jahren habe er auf diese Art viele Frauen kennen gelernt und sich mit mehr als 15 in der näheren oder weiteren Umgebung (er ist Motorradfahrer) getroffen. Bei fünf Frauen sei es auch zu mehrmaligen sexuellen Kontakten gekommen. Derzeit bestehe noch eine Beziehung zu einer Frau, die seiner Vermutung nach psychisch krank sei. Sie habe ihre Familie verlassen, eine Wohnung an seinem Wohnort angemietet und ihm mit Suizid gedroht, falls er sich von ihr trennen sollte.

Seine Frau habe aufgrund ihrer Eifersucht sein Geheimwort herausgefunden und seine E-Mails, die er mit diesen Frauen ausgetauscht habe, gelesen und ihn damit konfrontiert. Sie habe die Handynummern von zwei Frauen entdeckt und mit diesen telefoniert. Sie leide sehr unter seiner ehelichen Untreue. Seit einem Jahr hätten sie keinen sexuellen Kontakt mehr und seine Frau sei inzwischen in psychotherapeutischer Behandlung. Herr C. gibt an, dass er seine Frau liebe, alle früheren Kontakte eingestellt habe und sich auch von der Frau, zu der jetzt noch Kontakt bestehe, trennen wolle. Er möchte dies jedoch nicht abrupt tun, da er sie als selbstmordgefährdet ansehe.

Diagnostisch lässt sich kein pathologisches PC-/Internet-Spielen feststellen, da Art und Häufigkeit des PC-Gebrauchs weder als exzessiv noch als dysfunktional zu klassifizieren sind. Es handelt sich bei diesem Fall um eine schwere Ehekrise mit „chronischer Partneruntreue". Der Patient hat den Chat lediglich dazu benutzt, Frauen kennen zu lernen, um seine sexuellen Bedürfnisse auszuleben und Anerkennung und Bestätigung zu finden. Er habe bereits als er noch keinen PC gehabt habe Bekanntheitsannoncen gelesen, damals aber keine Kontakte aufgenommen. In einem Chatroom sei dies einfacher gewesen, so dass sich reale Kontakte viel leichter herstellen ließen. Das beschriebene Verhalten erfüllt ebenfalls nicht die beschriebenen Kriterien einer suchttypischen sexuellen Abhängigkeit in Form eines Cybersexzesses.

8 Klinische Beschreibung mit Falldarstellungen

Zusammenfassung:

Aus der klinischen Erfahrung haben sich die drei Hauptformen *Gamen*, *Chatten* und *Surfen* des pathologischen PC-/Internet-Spielens herauskristallisiert. In diesem Kapitel werden die jeweiligen Hauptgruppen der Betroffenen beschrieben und diese drei Störungsformen anhand von Falldarstellungen ausführlich illustriert. Auch Sonderformen wie das „pathologische Ebayen" finden Berücksichtigung. Gleichzeitig bieten die Fallbeispiele Hinweise für das therapeutische Verfahren, da sie über das diagnostische Vorgehen und therapeutische Zielstellungen in den einzelnen Fällen informieren. Die eigene explorativ-deskriptive Untersuchung einer Patientengruppe stärkt die in der Literatur formulierte Annahme einer starken psychischen Beeinträchtigung. Die Befunde können als erste Hinweise auf die Gültigkeit des in Kapitel 7 formulierten klinisch-heuristischen Störungsmodells gewertet werden und sprechen für die Eigenständigkeit dieses neuen Störungsbildes.

Bisher liegen zum pathologischen PC-/Internet-Spielen kaum klinische Studien vor. Eine Übersicht geben Kratzer (2006) und Six (2007). Bei allen bisherigen Untersuchungen handelt es sich um klinische Einzelfälle (von Keyserlingh, 2004; Petry, 2003b; Petry, 2006) oder kleine anfallende Stichproben, die zwar als typisch, jedoch nicht als repräsentativ anzusehen sind (vgl. Kap. 8.5). Bei den in diesem Kapitel dargestellten klinischen Fallbeispielen von stationär behandelten Patienen ist ebenfalls von einer Selektivität auszugehen. Es besteht bereits eine stark ausgeprägte Symptomatik, was sich auf die Beschreibung des Störungsbildes dahingehend auswirkt, dass fortgeschrittene Formen mit einer hohen Komorbidität dominieren. Gleichzeitig tritt bei der hier beschriebenen Stichprobe ein Kohorteneffekt auf, der sich in einem Überwiegen von älteren und männlichen Patienten äußert. Diese Patienten haben häufig noch nicht die Nutzung des Mediums PC/Internet von Kindesbeinen an erlebt, teilweise sogar erst im Erwachsenenalter damit begonnen, so dass sich in diesen Fallbeispielen noch nicht die aktuellen Nutzungsmuster der heranwachsender Generation widerspiegeln (Medienpädagogischer Forschungsverbund Südwest, 2008). Ebenfalls verändert haben sich die Angebote der computervermittelten Kommunikation, so dass sich die Art und Entwicklung des dysfunktionalen PC-/Internet-Gebrauchs verschoben haben, wie es z. B. im Bereich des Gamens der Fall ist. Hier wurden die anfangs dominanten Offline- und vernetzten Strategiespiele mittlerweile weitgehend von den Mehrpersonen-Online-Rollenspielen abgelöst. Weiterhin fällt ins Gewicht, dass bei Patienten der älteren Generation die Verschuldung eine gewisse Rolle gespielt hat, da die Nutzung einer Flatrate noch nicht verbreitet war. Um dies deutlich zu machen, wird eine entsprechende Verschuldung in den entsprechenden Fallbeispielen noch in der damals gültigen DM-Währung angegeben. Bei der Diagnose wurde in den meisten Fällen der Kurzfragebogen zu Problemen beim Computergebrauch (KPC) von Petry (2003b) verwendet, der in Kapitel 8.5 eingehender beschrieben wird und auch im Anhang zu finden ist. Für Patienten, deren Behandlung einen größeren Zeitraum zurückliegt, können zudem über erste katamnestische Informationen berichtet werden.

8.1 Gamen

Beim Gamen scheint es sich zurzeit um die häufigste Form des pathologischen PC-/Internet-Spielens zu handeln, die vorwiegend von Männern ausgeübt wird. Zur Illustration werden drei Fallgeschichten dargestellt, die für den phänotypischen Wandel dieses Störungsbildes stehen, der sich aus dem sich stetig weiterentwickelnden Angebot von Games ergeben hat.

Falldarstellung einer Offline-PC-Gamerin

Frau D. führt bei uns eine Entwöhnungsbehandlung durch. Bei ihr besteht eine Alkoholabhängigkeit, eine Bulimie und ein pathologisches PC-/Internet-Spielen (23 Wertpunkte im KPC). Frau G. ist 48 Jahre alt, geschieden und lebt als Alleinerziehende mit ihrer jetzt 20-jährigen Tochter zusammen. Sie ist von Beruf Sekretärin und seit einem Jahr arbeitslos.

Die Patientin berichtet zur Vorgeschichte, dass sie in einem „chaotischen Elternhaus" groß geworden sei. Ihre Mutter sei sehr selbstbezogen gewesen und habe sich immer nur um ihre wechselnden Partner gekümmert. Anamnestisch besteht bei der Mutter eine Alkoholabhängigkeit in Abstinenz. Die Eltern hätten sich getrennt, als die Patientin sechs Jahre alt gewesen sei. Damals seien zwei Stiefbrüder in die Familie gekommen. Der Stiefvater sei Fernfahrer gewesen und hätte nebenbei mit verschiedensten Waren gehandelt, so dass ständig Besucher gekommen seien.

Zur speziellen Vorgeschichte erwähnt Frau D., dass sie bereits mit fünf Jahren lesen konnte, auch sehr viel gelesen und sich in diese Welt zurückgezogen habe. Sie sei ein Stubenhocker gewesen, habe exzessiv mit Barbie-Puppen und kleinen Perlen und Kettenanhängern, die sie von ihrer Mutter bekommen habe, gespielt. Bis heute habe sie eine Vorliebe für das Filigrane. Weiterhin habe sie lange und häufige Selbstgespräche geführt und sich völlig in Träumereien zurückgezogen, um in ihrer familiären Situation „überleben" zu können. Dabei habe sie es geliebt, andere Rollen einzunehmen um ihre persönliche Identität auszugestalten. Mit der Pubertät im Alter von elf bis zwölf Jahren habe sie ihr exzessives Spielen eingestellt. Im Alter von ca. 30 Jahren habe sie es wieder aufgenommen.

Zum pathologischen PC-Gamen berichtet sie, dass sie vor allem Ballerspiele, wie z. B. Moorhuhn, oder Strategiespiele, bei denen nach logischen Regeln Aufgaben zu lösen sind, sowie Adventure-Spiele bevorzugt habe. Sie habe immer nur Offline gespielt und dabei versucht, logisch zu denken, ihre Konzentration zu trainieren, sich auf Details zu konzentrieren und möglichst schnell möglichst viele Punkte zu sammeln.

Während des PC-Spielens habe sie Phantasien entwickelt, wonach sie durch das Erreichen der Höchstpunktzahl ihre eigene Rente bzw. die von Angehörigen sichern könne und sei entsprechend betroffen gewesen, wenn sie ihr Ziel nicht erreichen konnte.

Begonnen habe alles vor 18 Jahren mit dem Aufkommen des Gameboys und Spielen wie „Tetris", weiteren DOS-Spielen und später den erwähnten Baller-, Strategie- und Adventure-Spielen. Sie habe bereits von Beginn an kein Ende finden können, wenn sie einmal dabei gewesen sei. Im Alter von 42 Jahren habe sich, nach ihrer Scheidung, in ihrem Spielverhalten eine nochmalige Steigerung ergeben. Sie habe dann ihre gesamte Freizeit, den Feierabend, die Wochenenden und Urlaube ausschließlich mit Spielen am PC verbracht.

Zur Dauer des Spielverhaltens gibt sie an, dass sie in der Regel jeden Tag bis zu acht Stunden außerhalb ihrer Arbeitszeit gespielt habe und pro Woche sich so 50 bis 60 Stunden summiert hätten. Zum letzten Mal habe sie am Tag vor Behandlungsbeginn gespielt. Sie habe immer wieder bewusst versucht, das Spielen zu unterbrechen, um sich anderen Dingen zu widmen, habe dies aber nie über längere Zeit durchgehalten. Sie habe ihr Verhalten auch nicht als problematisch wahrgenommen und sich deshalb nicht weiter damit auseinandergesetzt.

Während der Behandlung spricht sie ihre Spielproblematik erst im Verlauf an. An Nachteilen habe sie Konflikte mit ihrer Tochter und Freunden gehabt. Sie habe sich durch deren Kritik gestört gefühlt und oft gereizt reagiert. Ihr Leben sei für sie nervig und langweilig geworden. Vorbehandlungen lägen bisher nicht vor.

Als Motive nennt sie, dass sie Ruhe haben wollte, durch das Spielen beschäftigt gewesen sei, dabei Spaß gehabt habe und abschalten konnte. Sie habe zusätzlich ihre Ausdauer trainieren wollen. Auf Nachfrage berichtet die Patientin von einer ausgeprägten Leistungs- und Kontrollmotivation und kann im Gespräch formulieren, dass sie das Spielen als Ersatz für ihre nicht erfüllten beruflichen Wünsche eingesetzt habe. So habe sie erst Philosophie und dann kurzfristig Psychologie studiert. Heute interessiere sich immer noch sehr für diese Gebiete und lese entsprechende Fachbücher. Leider habe sie diese Berufe nicht realisieren können und sei unzufrieden mit ihrer Tätigkeit als Sekretärin. Auf der Beziehungsebene berichtet Frau D., dass Spiele für sie Verlässlichkeit bedeutet hätten und ihr, im Gegensatz zu der frühen familiären Sozialisationsgeschichte, Berechenbarkeit geboten hätten.

Als Veränderungsziele formuliert die Patientin, dass sie insgesamt ein zufriedenes und sinnvoll gestaltetes Leben führen wolle. Sie wisse jedoch nicht genau, wie sie das schaffen könne, insbesondere einen zufrieden stellenden Beruf zu finden, ihre Freizeit mit kreativen, sportlichen und kulturellen Aktivitäten aktiver zu verbringen und einfach mehr Zeit für ihre Interessen und Neigungen zur Verfügung zu haben.

Wir verabreden nach dem Ampelmodell, dass sie auf jegliche Spiele verzichtet. Frau D. ist jedoch erstaunt, dass ich mit ihr sofort vereinbaren möchte, alle vorhandenen Spiele zu löschen bzw. entsprechende CDs zu entsorgen. Spontan reagiert sie auf den Vorschlag erschreckt, kann sich dann jedoch darauf einlassen und beauftragt ihre Tochter noch am selben Tag telefonisch, alle CDs zu verschenken und auf dem PC alle Spiele zu löschen. Alle übrigen Offline- und Online-Aktivitäten bedürfen in ihrem Fall keiner Einschränkung. Die stationäre Behandlung wird erfolgreich beendet.

Falldarstellung eines vernetzten Strategiespielers *nach Petry (2003b)*

Herr E. absolviert aufgrund seiner stoffgebundenen Suchtproblematik (Cannabisabhängigkeit) bei depressiver Persönlichkeitsstruktur eine dreimonatige Entwöhnungsbehandlung. Herr E. ist zu Behandlungsbeginn 31 Jahre alt. Er berichtet in einem Vorgespräch, dass er mit 14 Jahren zum ersten Mal in einer Kneipe Telespiele kennen gelernt habe. Da dies teuer gewesen sei, habe er seine Mutter bestohlen. Dies habe das Verhältnis zur Mutter sehr verschlechtert. Bis zu seinem 24. Lebensjahr habe er zu Hause gelebt und während dieser Zeit erhebliche Konflikte mit seiner Mutter wegen seines Spielverhaltens und seiner Passivität gehabt. Im Alter von 16 Jahren habe er zum ersten Mal Computerspiele und Spiele an der Playstation in größerem Umfang kennen gelernt, wobei es schon zu regelmäßigem Spielen gekommen sei. Ab dem 20. Lebensjahr sei der Umfang bereits problematisch gewesen. Im 24. Lebensjahr habe seine Spielproblematik den Höhepunkt erreicht. In der damaligen Zeit habe er einmal sogar 50 Stunden am Stück gespielt. Seitdem habe sich die Problematik nur geringfügig verändert. Aktuell verbringe er täglich sechs bis sieben Stunden am Bildschirm. Dies teilt sich in einige Stunden Fernsehen, vier bis fünf Stunden Spielen am PC und/oder mit der Playstation auf. Er spiele nach seiner Arbeit täglich sowie an den Wochenenden und habe dadurch erhebliche Konflikte mit seiner Partnerin, die mit einem Freund von ihm in einer Wohngemeinschaft lebe. Im Zimmer seines Freundes befänden sich die Spielgeräte. Er selbst habe in seinem Wohnbereich keinen PC und keine Playstation, um sich besser zu kontrollieren.

Er bevorzuge Strategiespiele, die er teilweise vernetzt mit Konkurrenten durchführe. Als Motive gibt der Patient Interesse, Spaß und die Herausforderungen der Spielhandlung an. Finanzielle Nachteile durch das PC-Spielverhalten bestünden nicht. Er habe jedoch eine Verschuldung von 8000 DM durch nicht beglichene Rechnungen und einen Konsumkredit. Neben den Konflikten mit der Partnerin sei besonders gravierend, dass er wiederholt Arbeitsstellen verloren habe, da es nach durchspielten Nächten häufig zu Fehlzeiten gekommen sei.

Die anamnestischen Angaben werden diagnostisch durch das Ergebnis des KPC bestätigt. Herr E. erhält darin, bezogen auf den Höhepunkt seiner Problematik, einen Gesamtwert von 42, was auf ein behandlungsbedürftiges pathologisches PC-/Internet-Spielen hinweist.

Bezogen auf stoffgebundene Suchtprobleme berichtet Herr E., dass er nach einem Vollrausch mit 13 Jahren zunächst gar nicht mehr und heute nur sehr selten Alkohol konsumiere. Einschlägige suchterzeugende Medikamente nehme er nicht ein. Es liegt ein Tabakmissbrauch mit den Konsum von etwa 20 Zigaretten täglich vor. Bezogen auf Rauschdrogen berichtet er, dass er ein- bis zweimal Kokain, LSD und Amphetamine probiert habe. Es besteht jedoch eine Cannabisabhängigkeit seit dem 18. Lebensjahr mit einem Konsum von zuletzt 2 bis 3 Gramm, maximal bis 5 Gramm täglich. Seit drei Monaten lebe er abstinent. Mit 21 Jahren sei er zu neun Monaten Haft auf zwei Jahre Bewährung wegen BTM-Verstoßes verurteilt worden. Er habe damals mit 15 Gramm synthetischen Aufputschmitteln gehandelt um sich Geld zu beschaffen, jedoch nicht für den eigenen Drogenkonsum. Nach einer Kontrolle sei sein Cannabiskonsum der Führerscheinstelle gemeldet worden, die ihm nach einer späteren Urinprobe die Fahrerlaubnis entzogen und weitere Nachkontrollen angeordnet habe.

Besondere psychische Auffälligkeiten oder psychosomatische Störungen bestehen nicht. Es zeigen sich jedoch Hinweise auf eine depressive Persönlichkeitsstruktur. Dies bestätigt sich testpsychologisch mit der Symptomcheckliste (SCL-90-R; Franke, 2002), bei der trotz eines globalen Normwertes im Durchschnittsbereich (T-Wert = 53) die Skala Depressivität auffällig ist (T-Wert = 63). Im Beck-Depressions-Inventar (BDI; Hautzinger et al., 1995) und Beck-Angst-Inventar (BAI; Margraf & Ehlers, 2007) liegen Werte im Normalbereich vor.

Zur psychosozialen Lebenssituation berichtet Herr E., dass er einen Hauptschulabschluss habe und gelernter Polsternäher sei. Er lebe derzeit von Arbeitslosenhilfe und einem gering bezahlten Job als Ausstatter. Das Arbeitsamt habe ihm eine Behandlung wegen seiner Cannabisproblematik empfohlen, nachdem er um berufliche Fördermaßnahmen gebeten habe. Sein Wunsch sei, eine Ausbildung als Raumausstatter zu absolvieren, was er früher bereits einmal versucht habe. Herr E. bewohnt eine Zwei-Zimmer-Wohnung und hat seit zwei Jahren eine feste Partnerin.

Im Vorfeld war Herr E. bei einem niedergelassenen Psychotherapeuten in 14-tägiger Behandlung, der ihm zu einer stationären Rehabilitationsmaßnahme geraten habe.

Bezogen auf die Cannabisabhängigkeit besteht eine gefestigte Abstinenzmotivation. Hinsichtlich des problematischen PC-/Internet-Spielens strebt Herr E. zu Behandlungsbeginn nur eine Reduzierung auf maximal eine Stunde täglich an. Einen völligen Verzicht kann er sich nicht vorstellen.

Es wird die Zusatzhausordnung (im Anhang) zum Verzicht auf jegliche Online-Aktivität während der Behandlungsdauer vereinbart. Es erfolgt mit seinem Einverständnis die Integration in das spezielle Behandlungsangebot für pathologische Glücksspieler, da zum damaligen Zeitpunkt das störungsspezifische Gruppenprogramm noch nicht bestand (Schuhler et al., in Vorbereitung). Ein Schwerpunkt besteht dabei in der Entwicklung einer Abstinenzmotivation, bezogen auf das pathologische PC-/Internet-Spielen, und die Erarbeitung rückfallpräventiver Kompetenzen. Herr E. entschließt sich im Rahmen dieser Behandlung, bei der er sich gut mit den pathologischen Glücksspielern identifizieren kann, zur völligen Abstinenz von PC-/Internet-Spielen.

Herr E. berichtet 16 Monate nach der Entlassung auf einem Ehemaligentreffen, dass er, wie bereits bei Behandlungsende klar formuliert, völlig auf den Gebrauch eines PCs verzichtet habe. Er sei immer noch arbeitslos. Inzwischen habe er als neues Hobby das Zaubern entdeckt und sich selbst einige Kunststücke beigebracht.

Falldarstellung eines Mehrpersonen-Online-Rollenspielers *nach Petry (2006)*

Bei Herrn F. liegt ein pathologisches PC-/Internet-Spielen vom Gaming-Typ (Mehrpersonen-Online-Rollenspiele) vor. Mit einem Rohwert von 46 im KPC besteht eine mittelgradig ausgeprägte Problematik. Daneben bestehen diagnostisch eine Aufmerksamkeits-/Hyperaktivitätsstörung (ADHS) bei unreifer Persönlichkeitsstruktur, eine Cannabisabhängigkeit mit mehr als einjähriger Abstinenz und eine Tabakabhängigkeit. Eine vordiagnostizierte atypische Bulimie konnte nicht bestätigt werden. Das unregelmäßige und ungesunde Essverhalten bei fehlendem Appetit und das nicht selbst induzierte Erbrechen sind als Folge des exzessiven PC-/Internet-Gebrauches zu sehen.

Herr F. ist zu Behandlungsbeginn 28 Jahre alt. Er hat die Hauptschule und eine Lehre als Maler und Lackierer abgeschlossen. Nach wechselnden Arbeitsstellen bei einer Zeitarbeitsfirma und einer ABM-Stelle war Herr F. 1 ¾ Jahre vor der Behandlung arbeitslos und ALG-II-/Hartz-IV-Empfänger. Zuletzt wohnte er in einer betreuten Wohnung, um aus einer Hotelunterkunft im Drogenmilieu heraus zu kommen. Seit dem 19. Lebensjahr ist er partnerlos.

Anamnestisch berichtet der Patient, dass er mit 16 Jahren auf dem Atari erste Computerspiele („Desert Falcon“) kennen gelernt und sich für grafische Anwendungen auf dem PC (Amiga 500) interessiert habe. Danach habe er bis zum 18. Lebensjahr Ego-Shooter- und Strategiespiele bevorzugt. Mit Anfang 20 habe er sich vollständig auf Mehrpersonen-Online-Rollenspiele konzentriert. Daneben habe er bei bisexueller Orientierung in „schwulen“ Chatrooms Kontakte gesucht. Anfangs habe er ca. einen halben Tag lang mit Spielen verbracht, später die Nächte durchgespielt und an Wochenenden bis maximal 50 Stunden ohne Pause vor dem PC verbracht; zuletzt sei er nur noch online gewesen.

In der Pubertät seien die Videospiele für ihn wichtig gewesen, weil er damals viel Stress mit seiner auch körperlich aggressiven Mutter gehabt habe, die mit ihm (unter anderem wegen seines nächtlichen Einnässens bis zum elften Lebensjahr) überfordert gewesen sei. Sein Stiefvater (den er seit dem zweiten Lebensjahr habe) sei kaum zu Hause gewesen. Der Patient habe sich durch sein Spielen zurückziehen können. Bei den grafischen Anwendungen habe ihn der Detailreichtum und die Möglichkeiten zum kreativen Gestalten fasziniert. Durch sein bevorzugtes PC-/Internet-Spiel („Diablo 2: Lord of Destruction“) habe er eine eigene Welt perfektionieren und beherrschen können. Er habe dabei auch Kontakte zu Mitspielern bekommen, die beruflich, finanziell und familiär etwas „darstellten“. Realen Einladungen sei er jedoch nicht nachgekommen.

Durch das häufige Spielen habe er sich schon früh sozial zurückgezogen. In der Lehrzeit sei er oft verspätet zur Arbeit gekommen, er sei unkonzentriert gewesen und habe den Abschluss gerade noch geschafft. Zuletzt habe er sich völlig zurückgezogen, sich unregelmäßig und ungesund ernährt, und eigentlich nur noch von Kaffee und Zigaretten gelebt. Er habe Magen- und Darmprobleme mit Durchfällen und Erbrechen sowie Rückenschmerzen bekommen. Psychisch habe er Ängste vor Nähe zu anderen Menschen und in größeren Menschenansammlungen gehabt sowie Selbstmordgedanken (mit Besuch einschlägiger Chatrooms) entwickelt.

Herr F. absolviert eine sechswöchige psychosomatische Behandlung. Die ADHS wird erfolgreich mit Ritalin behandelt und der Patient will eine ADHS-Nachsorgegruppe besuchen. Des Weiteren nimmt er am Therapieangebot für die indikative „Glücksspielergruppe“ teil, da zum Behandlungsbeginn das inzwischen durchgeführte Gruppenprogramm (Schuhler et al., in Vorbereitung) noch fehlte. Der Patient war bis zuletzt jedoch nicht bereit, seine vier Accounts (darin ist der erreichte Status der Spielfiguren, die ein Freund für ihn „am Leben erhält“, gespeichert) abzumelden. Er möchte sein Lieblingsspiel „Diablo“ möglicherweise weiterhin, jedoch nur noch offline spielen, was er selbst als „Hintertür“ ansieht. Durch die Gruppenangebote zur konzentrativen Bewegungstherapie, zu Persönlichkeitsstilen und zur Tanztherapie kann er seinen Umgang mit Gefühlen verbessern. In der Einzeltherapie werden seine Selbstwert einschränkenden Erfahrungen mit der Mutter bearbeitet. Er habe mit ihr abgeschlossen. Durch den Besuch der indikativen Gruppe für Cannabismissbraucher und -abhängige kann er die vorhandene Abstinenzmotivation festigen. Es besteht ein unveränderter Tabakmissbrauch von 30 bis 40 Zigaretten pro Tag.

Nach Behandlungsende will Herr F. vorübergehend in seine therapeutische Wohngemeinschaft zurückkehren, da er ein gutes Vertrauensverhältnis zu dem betreuenden Sozialarbeiter habe. Seine berufliche Perspektive ist realistischer geworden. Er möchte zunächst die Mittlere Reife nachholen und kann die einjährige Schulausbildung unmittelbar nach der Behandlung beginnen.

8.2 Chatten

Das pathologische PC-/Internet-Spielen vom Chatting-Typ stellt aktuell die zweitgrößte klinische Behandlungsproblematik dar. Aufgrund der bevorzugten PC-/Internet-Aktivität des Chattens bei Mädchen und Frauen handelt es sich überwiegend um weibliche Betroffene. Hauptaktionsfeld dieser Patientengruppe sind erotische Chatrooms. Inwieweit die Bevorzugung dieser Art von Chatrooms einen Kohorteneffekt von älteren PC-/Internet-Spielern darstellt, kann derzeit noch nicht beantwortet werden. Aber auch bei jungen Mädchen spielt die Kontaktaufnahme zum anderen Geschlecht und das Flirten im Chatroom eine wichtige Rolle (Medienpädagogischer Forschungsverbund Südwest, 2008). Im Folgenden wird neben einem typischen Fall einer Chatterin auch ein männlicher Chatter dargestellt. In den Fallbeschreibungen geht es um die differenzialdiagnostische Unterscheidung zwischen dem Phänomen der „Cyber-Untreue" (vgl. Kap. 7.6.2), Fällen von „sexueller Abhängigkeit", die das Medium PC/Internet lediglich als Mittel zum Zweck nutzen, und dem pathologischen PC-/Internet-Spielen vom Chatting-Typ, bei dem das Immersionserlebnis und die Bindung an das als Ersatzobjekt fungierende Medium PC/Internet im Vordergrund steht.

Falldarstellung einer Erotik-Chatterin *nach Petry (2003b)*

Frau G. ist zu Behandlungsbeginn 48 Jahre alt. Aufgrund der bestehenden Alkoholabhängigkeit und der komorbiden depressiven Störung wird eine 16-wöchige Entwöhnungsbehandlung durchgeführt. Sie berichtet zum pathologischen PC-/Internet-Spielen, dass sie im Rahmen einer vorübergehenden Arbeitslosigkeit im Alter von 44 Jahren durch das Arbeitsamt eine viermonatige PC-Weiterbildung bekommen habe. Der Umgang mit dem PC habe ihr sofort sehr viel Spaß gemacht. Sie sei von dessen Fähigkeiten und seiner „Macht" fasziniert gewesen und habe sofort völlig unbefangen beim Erlernen einschlägiger PC-Kenntnisse neue Dinge ausprobiert. In der Folge sei sie ganz normal mit dem PC umgegangen. Drei Jahre später sei sie durch AOL-Werbung zum Surfen im Internet gekommen. Damals habe sie sowohl gesurft als auch gechattet und nebenbei Spiele praktiziert, alles ca. zweimal wöchentlich für je eine halbe Stunde.

Im Verlauf sei sie aktiver in das Chatten eingestiegen, dies habe dann die anderen Aktivitäten verdrängt, so dass sie zuletzt nur noch gechattet habe. Zunächst habe sie vier- bis fünfmal wöchentlich für eine halbe Stunde allgemeine Unterhaltungen in verschiedenen Chatrooms geführt. Vier Monate später habe sie nur noch einige spezielle Partner gehabt, wobei zunehmend über sexuelle Inhalte kommuniziert worden sei. Bei ihren Gesprächspartnern habe es sich um Männer gehandelt, die eindeutig sexuelle Kontakte gesucht hätten. Sie habe zu einigen Männern Telefonkontakte aufgenommen und einmal einen Mann zu sich nach Hause zum Kaffee eingeladen. Es sei dabei jedoch zu keinem intimen Kontakt gekommen. Ihr Mann und ihre Tochter hätten nichts von ihrem speziellen Chatverhalten gewusst. Sie habe damals ca. drei Stunden täglich jeweils vormittags, wenn sie allein zu Hause gewesen sei, gechattet. Die Gebührenrechnungen (Telefon plus AOL) hätten bis zu 1000 DM im Monat betragen. Sie habe diese Rechnungen heimlich bezahlt und sich das Geld von ihrem 81-jährigen Vater geliehen, der über den Verwendungszweck des Geldes informiert gewesen sei, dies jedoch nicht hätte richtig einordnen können.

Als unmittelbares Gefühl beim Chatten schildert Frau G. ein sehr intensives Vertrautheitsgefühl mit ihren Gesprächspartnern, wie sie es aus dem Alltag nicht kenne. Die Gesprächspartner seien ihre „Familie" gewesen. Darüber hinaus sei sie bei Gesprächen mit sexuellem Inhalt erregt gewesen. Sie habe ihr Verhalten subjektiv als ansatzweise suchtartig erlebt, als eine schleichende Tendenz der zunehmenden Bindung an dieses Verhalten. Später habe sie dies als nachteilig verspürt, da sie wahrgenommen habe, dass ihr die Partner im Chatroom vertrauter und wichtiger gewesen seien als ihr Lebenspartner. Dabei sei es auch mit einigen Freundinnen zu Streitigkeiten gekommen, da sie sich eher zurückgezogen und Kontaktangebote immer häufiger abgewiesen habe. Als Hintergrund für ihr exzessives Chatten berichtet sie, dass sie langjährige sexuelle Probleme mit ihrem Ehemann habe. Sie könne seit vielen Jahren keine Zärtlichkeit durch ihren Mann ertragen, sei während sexueller Kontakte emotionslos und habe ihren Mann häufig zurückgewiesen. In der Folge sei die gesamte Situation eskaliert. Sie habe immer exzessiver gechattet und täglich bis zum Rausch getrunken, die Scheidung eingereicht, diese dann jedoch wieder kurzfristig zurückgezogen.

Frau G. berichtet, dass sie wegen ihrer Alkoholabhängigkeit im Behandlungsjahr eine erste Entgiftung und im Anschluss wegen ihrer Depressionen eine psychosomatische Behandlung durchgeführt habe. Es handelt sich um ihre erste Entwöhnungsbehandlung. Bei Frau G. besteht seit ca. zehn Jahren eine agitierte Depression mit starker innerer Unruhe und Getriebenheit bei gleichzeitig ausgeprägter Traurigkeit mit Stimmungsschwankungen in den euphorischen Bereich hinein. Im Rahmen der stationären psychiatrischen Vorbehandlung wurde eine Medikation mit Antidepressiva und niederpotenten Neuroleptika durchgeführt, die im Verlauf der Entwöhnungsbehandlung abgesetzt wurde.

Zur Lebenssituation berichtet Frau G., dass ihr Mann Heizungstechniker sei. Sie habe zwei Töchter im Alter von 22 und 17 Jahren. Die 17-jährige Tochter lebe noch im gemeinsamen Haus. Frau G. habe Industriekauffrau gelernt und vorwiegend halbtags wechselnde Arbeitsanstellungen in diesem Bereich ausgeübt. Seit zwei Jahren sei sie arbeitslos.

Bezogen auf mögliche Probleme mit Glücksspielen berichtet Frau G., dass sie lediglich seit vielen Jahren einen wöchentlichen „Sturtipp" mit festgelegten Zahlen im Lotto (mit geringem Einsatz) praktiziere. Ansonsten übe sie keinerlei Glücksspiele aus.

Frau G. erhält auf SCL-90-R trotz eines globalen Normwertes im Durchschnittsbereich erhöhte Werte auf den Skalen Depressivität (T-Wert = 62) und Ängstlichkeit (T-Wert = 62). Weiterhin erhöht sind der Testwert von 17 im BDI (Cut-off-Wert = 11) und der Testwert von 20 im BAI (Cut-off-Wert = 11). Es finden sich klinische Hinweise auf eine dependente Persönlichkeitsstruktur. Im KPC erhält Frau G. einen Gesamtwert von 35, was auf ein behandlungsbedürftiges PC-/Internet-Spielen hinweist.

Frau G. berichtet zu Beginn der Behandlung, dass sie zukünftig den PC als normalen Gebrauchsgegenstand einsetzen wolle. Sie meine auch, dass sie das Internet weiter nutzen könne. Auf das Chatten möchte sie völlig verzichten, da sie die Gefahr sehe, dass sie sich zunehmend wieder davon faszinieren lasse. Wir verabreden für den Behandlungszeitpunkt laut Zusatzhausordnung (im Anhang) den Verzicht auf jegliche Online-Aktivität. Bezüglich der Aufarbeitung ihrer Partnerproblematik steht die Patientin der Einbeziehung des Ehepartners ambivalent gegenüber. Im Behandlungsverlauf geht Frau G. eine Beziehung zu einem Mitpatienten (den sie bereits vorher aus ihrem Chatroom kannte) ein. Dabei werden ihre dependenten Persönlichkeitsanteile deutlich. Nach therapeutischer Intervention gelingt es der Patientin, sich aus dieser Beziehung zunächst zu lösen. Weiterhin beschießt sie im Rahmen der Behandlung, sich von ihrem Ehepartner zu trennen und eine eigenständige berufliche Wiedereingliederung zu beginnen. Gegen Ende der Behandlung besteht eine gute Motivation, völlig auf das Chatten zu verzichten und das Medium PC/Internet zukünftig nur im Rahmen des beruflich Notwendigen zu nutzen.

Frau G. berichtet 16 Monate nach Behandlungsende auf einem Ehemaligentreffen, dass sie ihren früheren Chatroom-Partner geheiratet habe, nachdem sie sich von ihrem Mann getrennt habe. Sie habe seit ihrer Entlassung völlig auf die Benutzung eines PCs und des Internets verzichtet und wolle dies auch weiterhin tun.

Falldarstellung eines Erotik-Chatters

Herr H. ist 54 Jahre alt, verheiratet und hat vier erwachsene Söhne. Er ist von Beruf Techniker. Er ist im Alter von 22 Jahren als Russland-Deutscher nach Deutschland übergesiedelt. Danach hat er seine Frau, die ebenfalls Russland-Deutsche ist, kennengelernt und ist mit ihr mittlerweile mehr als 30 Jahre verheiratet.

Herr H. sucht vorwiegend erotische Chatrooms auf. Er verbringt fast täglich bis zu 35 Wochenstunden im Chatroom, an den Wochenenden bis maximal acht Stunden am Tag. Daneben ist er ehrenamtlich in einer Kirchengemeinde tätig. Dabei hat er intensive E-Mail-, auch Instant-Messenger- und Telefonkontakte zu vielen Menschen im In- und Ausland, die er in lebenspraktischen Angelegenheiten berät und betreut. Diese Tätigkeit ist für ihn glaubhaft unproblematisch, nimmt jedoch zusätzlich bis zu 25 Wochenstunden ein. Daneben ist er beruflich durchgehend mit dem PC/Internet beschäftigt.

Herr H. habe im Alter von 45 Jahren mit dem Chatten begonnen und über einen Zeitraum von fünf Jahren eher seltene damit verbundene Kontakte gehabt. Seitdem sei er drei sehr intensive, ein Dutzend eher mittelintensive und eine größere Anzahl eher flüchtige virtuelle Beziehungen eingegangen. Für ihn ginge es dabei primär um Zärtlichkeit und weniger, allerdings auch um Sexualität. Bezüglich der Sexualität habe es ihn vor allem interessiert, freizügige sexuelle Phantasien mit Frauen auszutauschen, was er in dieser Art mit seiner Ehefrau nicht könne, wie z. B. „Sex auf der Waschmaschine“ oder „Sex in einer Umkleidekabine unter Duldung des Personals“ etc. Er sei dabei auch sexuell erregt gewesen, habe jedoch selten dabei onaniert. Er habe seine sexuelle Erregung in der Regel eher kontrolliert und sich auf Zärtlichkeit, gegenseitiges Verstehen und Einfühlen gegenüber seinen Chatpartnerinnen konzentriert. Er sei so ein richtiger „Frauenversteher“ geworden, was ihm sehr viel Anerkennung eingebracht habe. Bis auf die Anfänge habe er sich immer so dargestellt wie er wirklich sei, habe auch echte Fotos ausgetauscht. Die virtuellen Beziehungen seien für ihn intensiver als die reale Beziehung zu seiner Frau gewesen. Bezogen auf seine Ehefrau berichtet er, dass diese sehr kontrolliert sei und er mit ihr nicht annähernd solche Nähe und Zärtlichkeit habe spüren können.

Als frühkindlichen Hintergrund für sein starkes Zärtlichkeits- und Anerkennungsbedürfnis schildert er das Großwerden in seiner russischen Heimat. Die russisch-deutsche Familie habe im Gegensatz zu anderen Familien isoliert in einer russischen Siedlung gewohnt. Er sei zwischen dem 3. und 18. Lebensjahr dort sehr gehänselt, beschimpft und in der Schulzeit auch oft geschlagen worden. Dies habe erst mit 18, während seiner Armeezeit, aufgehört, als er genauso wie die Anderen negativ behandelt wurde. Dort habe er begonnen, sein geringes Selbstbewusstsein und negatives Selbstbild zu überwinden und sich immer mehr zu behaupten und durchzusetzen. Dies sei für ihn jedoch bis heute sehr anstrengend und mit sehr viel Mühe verbunden. Das Leben sei ein ständiger Kampf für ihn. Neben dieser diskriminierenden Umgebung habe er in einer zweiten, völlig gegensätzlichen Welt gelebt. Er sei von seiner Mutter, dem Großvater und der Großmutter als ältestes Lieblingskind (er hat noch eine jüngere Schwester) mit viel Zärtlichkeit und Zuwendung sehr verwöhnt worden. Gleichzeitig habe in der Familie ein sehr idealisiertes Deutschlandbild bestanden. Alle hätten von Deutschland geschwärmt und es extrem verherrlicht. Er habe nach seiner Übersiedlung lange gebraucht, sich von dieser „Märchenwelt“ zu distanzieren. Herr H. kann biografischen Erfahrungen sehr gut auf sein aktuelles Bedürfnis nach exzessivem Chatten beziehen. Für ihn sei das alltägliche Leben kaum mit Nähe, Wohlgefühlen oder sozialer Anerkennung verbunden. Dies habe er im Chatroom gesucht und gefunden wie z. B. „das Gefühl auf dem Schoss der Mutter zu sitzen“ oder „das Haar gestreichelt zu bekommen“.

Nach einer körperlichen Erkrankung etwa ein Jahr vor Behandlungsbeginn habe er über sein Leben nachgedacht und Schuldgefühle gegenüber seiner Ehefrau gespürt. Diese habe sehr unter seiner inneren Abwesenheit gelitten und bemerkt, dass er sich in eine „bessere“ Welt zurückgezogen habe. Sie habe deshalb oft weinen müssen und er habe den Vorsatz gefasst, sich zu verändern und seiner Ehefrau wieder gerecht zu werden. Dies habe dazu geführt, dass er immer wieder Vorsätze hatte mit dem Chatten aufzuhören, was er jedoch nie richtig habe durchhalten können. Er habe dann erst vor ein paar Monaten einen ersten Schritt unternommen, indem er das Chatten eingestellt und sich mit Chat-Partnerinnen nur noch per „langsamerer“ E-Mail-Kommunikation verständigt habe. Mit der Klinikaufnahme habe er seine PC-/Internet-Aktivität völlig eingestellt. Er habe dies auch sofort als Entlastung und als körperliche Erholung erlebt.

Bezogen auf sein symptomatisches Verhalten ist für ihn klar, dass er völlig auf Chat-Aktivitäten verzichten möchte und er verstehe, dass es nicht leicht sei, dies durchzuhalten.

Als mögliche Kontrollstrategien möchte er seinen privaten PC ins Wohnzimmer stellen, so dass alle sehen könnten, wann er am PC sitze und was er dort tue. Möglicherweise wolle er seine ehrenamtliche Tätigkeit soweit einschränken, dass er privat ganz auf die PC-/Internet-Aktivitäten verzichten könne. Darüber sei er sich jedoch noch nicht ganz sicher. Der Patient strebt vor allem an, die Beziehung zu seiner Ehefrau zu verbessern. Er wolle dazu auch eine gemeinsame Familienberatung aufsuchen. Er gehe aufgrund seiner intensiven Erfahrung mit Frauen davon aus, dass er auch mit seiner Frau eine Beziehung aufbauen könne, die er vorher nur im Chatroom erlebt habe. Darüber hinaus sei eine seiner Schwiegertöchter schwanger und er freue sich auf ein Leben als Großvater.

8.3 Surfen

Bei den Patienten vom Surfing-Typ handelt es sich klinisch um die bisher kleinste Gruppe. Dieser Typ lässt sich auf dem Hintergrund der bereits beschriebenen Psychologie der kindlichen Sammelleidenschaft (Muensterberger, 1995; vgl. Kap. 2.4.1) verstehen. Das WWW bietet einem Sammler unzählige Möglichkeiten, Wissen oder Gegenstände unter einem spezifischen Aspekt zu sammeln, um sich angesichts der widersprüchlichen und schwer berechenbaren Realität einen sicheren, überschaubaren Rahmen zu schaffen. Die wenigen klinischen, zumeist männlichen Einzelfälle können zwei Gruppen zugeordnet werden. Bei der ersten Gruppe handelt es sich um Studenten und Akademiker aus der Informatik- bzw. IT-Branche, die berufsbedingt häufigen Kontakt mit dem Medium PC/Internet haben. Deren Sammelleidenschaft richtet sich auf die zweckfreie Sammlung einschlägigen Wissens oder die Aneignung technischer Fertigkeiten. Die zweite Gruppe besteht aus eher „klassischen" Hobby-Sammlern, die im Internet themenbezogene Informationen sammeln und diese in Fachforen kommunizieren. Motiviert werden diese Personen durch das Bedürfnis nach „ordnungsschaffender Sicherheit" (Muensterberger, 1995) und die Suche nach sozialer Anerkennung durch ein Fachpublikum. Die folgenden Beispiele stellen beide Formen des pathologischen Surfens vor.

Falldarstellung eines naturwissenschaftlichen Surfers *nach Petry (2003b)*

Aufgrund des pathologischen Glücksspielens in Abstinenz, der psychogenen Essstörung bei Adipositas per magna und des beginnenden „pathologischen PC-/Internet-Spielens" führt Herr I. eine zehnwöchige psychosomatische Behandlung durch.

Der Patient ist zu Behandlungsbeginn 37 Jahre alt. Er berichtet zu seiner PC-/Internet-Aktivität, dass er im Alter von 22 Jahren im Rahmen einer Ausbildung zum Industriekaufmann eine EDV-Umschulung absolviert habe. In der Folge habe er PC-bezogene Weiterbildungen und Abendkurse besucht. Ab dem Alter von 31 Jahren sei es zu einem verstärkten privaten PC-Gebrauch gekommen. Dieser habe jedoch auch immer Bezug zur Arbeit gehabt. Er habe vorwiegend programmiert und Texte verfasst. Zwei Jahre vor Behandlungsbeginn habe er einen privaten Internetanschluss angemeldet. Diesen habe er zunächst auch berufsbezogen genutzt. Er habe gesurft, um neue Software zu finden und herunter zu laden. Ein Jahr später sei seine PC-/Internet-Aktivität problematisch geworden. Im Vordergrund habe das Surfen gestanden, daneben Gamen und gelegentliches Chatten. Bezogen auf das Spielen habe er im Vorfeld an realen Fantasy-Rollenspielen (es handelt sich dabei um eine teilweise vereinsmäßig organisierte Form der Freizeitgestaltung, bei der sich größere Gruppen zu themenorientierten Veranstaltungen treffen) jeweils jedes zweite Wochenende in einer festen Gruppe teilgenommen. Später habe er Rollenspiele im Internet entdeckt und sich zusätzlich mit anderen zusammengeschaltet, um Strategiespiele auszuüben. Daneben habe er gesurft, vor allem auf technische Fragen bezogen, und sehr viel mit seiner Freundin gechattet. Spezielle sexuelle Inhalte beim Surfen oder Chatten hätten keine Rolle gespielt.

Bezogen auf den Höhepunkt seines pathologischen PC-/Internet-Spielens berichtet er, dass er in der Woche durchschnittlich vier bis fünf Stunden pro Tag online gewesen sei. Die maximale tägliche Online-Aktivität habe 18 Stunden betragen. In jener Woche sei er bis zu 60 Stunden online gewesen. Kurz vor Behandlungsbeginn habe er seinen privaten Anschluss abgemeldet.

Zur Motivation und Funktionalität gibt Herr I. an, dass er während der Online-Aktivität die Zeit völlig vergessen, in einer anderen Welt gelebt habe und von den technischen Möglichkeiten fasziniert gewesen sei. Vor allem habe er seine Handikaps (Übergewicht und Sehschwäche) vergessen können, da er seine technischen Kompetenzen mit dem PC/Internet ausleben konnte und sich dabei sehr gut gefühlt habe. Als negative Konsequenzen berichtet er von einer Telefon- und Gebührenrechnung von durchschnittlich 150 DM bis maximal 600 DM monatlich bei einem Nettogehalt von 1800 DM. Darüber hinaus habe er aufgrund des langen Sitzens Schwierigkeiten mit seinem Rücken bekommen, große Mengen Kaffee getrunken und sehr viel geraucht. Seine sozialen Kontakte hätten sich vermindert, d. h. er habe sich zunehmend von Freunden und Bekannten isoliert, seine Partnerbeziehung sei jedoch weiter intakt geblieben.

Bei Herrn I. besteht zusätzlich ein pathologisches Glücksspielverhalten. Er habe neun Jahre lang seit dem Alter von 27 glückspielabstinent gelebt. Davor habe eine psychogene Essstörung mit Adipositas per magna bestanden, die ab diesem Zeitpunkt zurückgegangen sei. Seitdem habe er keine Fressattacken mehr gehabt. Der Patient erlebt sein „exzessives Surfen" als eine Form der Suchtverlagerung, da er während seiner intensiven Online-Aktivität kein Problem mit dem Glücksspielen und dem Essen gehabt habe.

Der Patient erhält auf der SCL-90-R einen globalen Normwert im Durchschnittsbereich. Er weist erhöhte Werte (19 bzw. 29) im BDI (Cut-off-Wert = 11) und BAI (Cut-off-Wert = 11) auf. Es ergeben sich im SKID-II-Fragebogen (Strukturiertes Klinisches Interview für DSM-IV; Wittchen et al., 1997) sowie nach klinischem Eindruck Hinweise auf eine narzisstische Persönlichkeitsstörung. Auf dem Kurzfragebogen zum Glücksspielverhalten (KFG; Petry, 2003a) erhält der Patient einen Rohwert von 37 (Prozentrang von 60), was als mittelgradiges pathologisches Glücksspielen mit beginnender Suchdynamik zu bewerten ist. Im KPC erhält er einen Gesamtwert von 20, was auf eine beginnende Problematik in diesem Bereich hinweist.

Herr I. geht davon aus, dass er beruflich einen PC und auch das Internet benötige. Er sei früher als PC-Techniker beschäftigt gewesen und strebe nach der Behandlung einen kaufmännischen Beruf an. Privat wolle er weiterhin einen PC benutzen. Dem Internet stehe er ambivalent gegenüber, da er dort einerseits seine starken Seiten ausleben könne, wenn er z. B. Webseiten gestalte, was andererseits für seine Suchtproblematik gefährlich sei.

Wir verabreden laut Zusatzhausordnung (im Anhang) den Verzicht auf jegliche Online-Aktivität während der Behandlung. Herr I. berichtet ein Jahr nach Entlassung auf seinem Ehemaligentreffen, dass er inzwischen in einem Berufsbildungswerk eine zweijährige Ausbildung zum Fachinformatiker absolviere. Dies sei eine ganztägige Ausbildung, die den regelmäßigen Gebrauch eines PC und des Internets beinhalte. Auf Spiele und Chatten habe er seit der Entlassung völlig verzichtet. Privat nutze er das Medium PC/Internet nur zum Versenden von E-Mails, ansonsten gehe er keinerlei Surfaktivitäten im Internet nach, da er dies ausreichend im Rahmen seines Jobs realisieren könne.

Falldarstellung eines Hobby-Surfers

Herr J. ist 35 und führt eine 16-wöchige Entwöhnungsbehandlung durch. Es besteht eine Alkoholabhängigkeit, die vom Patienten bagatellisiert wird. Darüber hinaus besteht eine Polytoxikomanie mit dem Schwerpunkt auf einer Amphetaminabhängigkeit bei Probiererfahrungen mit Cannabis, Opiaten, Kokain und anderen Drogen. Es liegt eine selbstunsichere Persönlichkeitsstruktur vor.

Im KPC erhält der Patient einen Rohwert von 41, so dass ein mittelgradiges pathologisches PC-/Internet-Spielen vorliegt. Im Zentrum seiner PC-/Internet-Aktivität steht ein bestimmtes Interessengebiet: Herr J. interessiert sich für historische Autorennen. Um dem nachzugehen, habe er sich in einschlägigen fachlichen Websites Informationen geholt und in Fachforen mit Spezialisten auf diesem Gebiet kommuniziert. Darüber hinaus habe er fachbezogene Datenfiles einschließlich Filmmaterial mit seinen „Kollegen“ ausgetauscht. Er besitze eine umfangreiche Fachbibliothek über das Gebiet.

Die Online-Aktivität sei so strukturiert, dass er zu Hause in seinem Wohnzimmer einen speziellen Platz mit einem sehr leistungsstarken PC habe. An diesem „Arbeitsplatz“ könne er nebenbei Fast-Food essen und rauchen.

Er habe fast täglich abends sechs bis acht Stunden vor dem PC gesessen und oft nur drei Stunden geschlafen, was für ihn zu wenig gewesen sei. An den Wochenenden habe er pro Tag ca. 16 Stunden am PC verbracht. Seine Aktivität habe er lediglich kurz (1/2 Stunde) unterbrochen, um mit seinem Hund raus zugehen und sich schnell Lebensmittel (3/4 Stunde) zu besorgen. Wöchentlich sei er ca. 55 bis 75 Stunden online gewesen.

Zur Anamnese berichtet der Patient, dass er mit neun Jahren mit einem C 64 zu spielen begonnen habe (Jump-and-Run-Spiele), mit 13 habe er begonnen mit Basic zu programmieren. Es habe dann eine längere Pause gegeben, in der er sich für andere Dinge interessiert habe (Mofa fahren und den Besuch von Autorennen am Nürburgring). Das Interesse für Autorennen liege in der Familie. Der Vater habe sich schon dafür interessiert und auch seine beiden älteren Brüder. Es sei Tradition gewesen, zu Autorennen zu fahren, ein Bruder würde als Kfz-Mechaniker Autos frisieren. Beide Brüder seien aktive Motorradfahrer. Er selbst habe das nie getan, da er Angst vor Unfällen habe, weil er sehr unkontrolliert sei. Er habe wegen überhöhter Geschwindigkeit bereits neun Kraftfahrzeuge kaputt gefahren.

Im Alter von 24 Jahren sei er wieder in den PC-/Internet-Gebrauch eingestiegen. Er habe an einem PC mit einschlägigen Programmen versucht Musik zu komponieren. Darüber hinaus habe ihn Grafikbearbeitung interessiert. Herr J. ist gelernter Werbedrucker und arbeitet in diesem Beruf sehr intensiv am PC. Mit 26 Jahren habe er das in der Familie angelegte Thema des Autorennsports aufgegriffen und seine spezifische PC-/Internet-Aktivität zu 90 % darauf konzentriert. Zwischen dem 28. und 30. Lebensjahr habe er sehr intensiv Motorsportspiele ausgeübt, wobei es sich um Rennsimulationen gehandelt habe, wozu er eine entsprechende Ausrüstung benötigte (Lenkrand, Pedale, Schaltung, Controlpanel und 3D-Brille). Dies habe er dann aber wieder aufgegeben. Zuletzt habe er zusammen mit Fachleuten, unterstützt von einer bekannten Sportwagenfirma, an einem Projekt mitgearbeitet, bei dem es darum ging, ein historisch wichtiges Rennfahrzeug vollständig virtuell zu rekonstruieren und kostenlos ins Internet zu stellen.

Im letzten Jahr, verstärkt in den letzten vier Monaten vor Behandlungsbeginn, habe er bis zu 40 % seiner Online-Aktivität auf ein neues Interessengebiet (aktuelle Politik) verschoben, wobei ihn Fragen der Globalisierung besonders interessieren würden, da er Mitglied bei „Attac" sei.

Zur Motivation seiner Online-Aktivität berichtet er, dass sein Vater verstorben sei, als er acht Jahre alt war. Er habe sich damals sehr einsam gefühlt und keine Anerkennung in der Familie gefunden. Er habe eine Schwester und zwei ältere Brüder, die viel erfolgreicher als er seien. Die Mutter sei eher wechselhaft, distanziert oder überfürsorglich gewesen und habe ihn materiell verwöhnt. Als Kind habe er vor allem am PC gesessen, um sich abzulenken, seine Einsamkeit zu vergessen und Erfolgserlebnisse zu haben. Dies sei der Fall gewesen, wenn er erfolgreich programmieren konnte bzw. höhere Levels in Spielen erreichen konnte.

Mit dem Wiedereinstieg im Alter von 24 Jahren sei seine Motivation ähnlich gewesen. Er habe Anerkennung in den Fachforen gesucht und versucht, seine Einsamkeit zu überwinden, die durch drei gescheiterte Beziehungen verstärkt worden sei. So habe er zwei längere Beziehungen im Alter von 19 bis 22 Jahren und 26 bis 28 Jahren gehabt, die beide gleich verlaufen seien. In beiden Partnerschaften sei es zu einer Schwangerschaft gekommen, die Partnerinnen hätten ihn jedoch nicht als Vater akzeptiert und abgetrieben. Beide Frauen seien auch fremdgegangen und hätten sich dann von ihm getrennt. Später habe er eine Beziehung zu einer Schulfreundin aufgenommen, dies sei jedoch eine unbefriedigende Dreierbeziehung gewesen, in der er ausgenutzt worden sei. Als zusätzliches Motiv benennt er die Bewältigung von depressiven Phasen und Konzentrationsstörungen auf dem Hintergrund seiner Drogenabhängigkeit.

Als Nachteile seines pathologischen PC-/Internet-Gebrauchs stehe für ihn im Vordergrund, dass er sich sozial immer mehr zurückgezogen habe und nur noch eingeschränkte Kontakte zu Arbeitskollegen möglich gewesen seien. In seiner Freizeit sei er gar nicht mehr aus dem Haus gegangen und habe keinerlei soziale Beziehung mehr gesucht. Gravierende körperliche Probleme, auch aufgrund der einseitigen Ernährung, werden negiert. Eine eher geringe Verschuldung sei nur zu einem Teil auf seine PC-/Internet-Aktivität zurückzuführen. Er habe vor allem für die Beschaffung von Drogen viel Geld ausgegeben.

Der Patient berichtet über keine größeren Probleme, wenn er kurzfristige Reduktionsversuche unternommen habe. Diese seien in der Regel kurz gewesen, wenn er technische Probleme mit dem PC gehabt habe. Er kenne in diesen Situationen kein starkes Verlangen, nur häufiges gedankliches Beschäftigen mit der Online-Aktivität. Insgesamt liegen jedoch keine ernsthaften oder längeren Selbstkontrollversuche vor.

Herr J. hat zwei stationäre Entwöhnungsbehandlungen im Abstand von fünf Jahren wegen seiner Drogenabhängigkeit durchgeführt und ist seit einigen Monaten in ambulanter Psychotherapie. Es habe bisher jedoch keine spezifisch auf die PC-/Internet-Problematik ausgerichtete Behandlung stattgefunden.

Wir vereinbaren nach dem Ampelmodell (im Anhang) für die Zukunft, dass er völlig auf spezifische (historische Autorennen und aktuelle Politik) Fachforen und Websites verzichtet und keinen entsprechenden File-Austausch mehr vornimmt (roter Bereich). Darüber hinaus verabreden wir, dass er seine Fachbibliothek verschenkt oder entsorgt. Dies fällt ihm sehr schwer, er habe das spezielle Thema auf dem Hintergrund seiner familiären Sozialisation als für sich sehr bedeutsam erlebt. Er kann jedoch akzeptieren, dass es bei der Wiederaufnahme seiner spezifischen Online-Aktivität zu einem Rückfall in exzessive Verhaltensmuster seiner PC-/Internet-Aktivität kommen könne. Wir vereinbaren in diesem Zusammenhang auch, dass er die berufsbezogene Arbeit am PC nicht mehr zu Hause absolviert, sondern mit seinem Arbeitgeber vereinbart, nur noch in der Firma zu arbeiten (gelber Bereich). Als unproblematisch bewerten wir die berufliche Nutzung des PC/Internets, seine private E-Mail-Korrespondenz sowie Bestellungen von Waren im Internet (grüner Bereich).

Bezogen auf seine weitere Lebensgestaltung werden gravierende Umorientierungen thematisiert, die Herr J. dadurch angehen wolle, indem er seine berufliche Tätigkeit einschränkt, um seine Tendenz exzessiv zu arbeiten in den Griff zu bekommen, seine Wohnung für private Bedürfnisse umgestaltet, seine früheren Freizeitaktivitäten, vor allem durch Sport, wieder belebt und sich einen sozialen Freundeskreis aufbaut. Bezogen auf das Eingehen einer nahen Partnerschaft will er, auf dem Hintergrund seiner enttäuschenden Erfahrungen, eher vorsichtig sein.

8.4 Sonderformen

Neben Patienten, die mehrere der beschriebenen PC-/Internet-Aktivitäten (Gamen, Chatten, Surfen) gleichzeitig exzessiv ausüben, gibt es weitere Sonderformen, die das Medium PC/Internet anders nutzen. Ein Beispiel sind Patienten, deren Problemverhalten sich auf das eBay-Angebot bezieht.

In solchen Fällen kann sich eine differenzialdiagnostische Problematik in der Abgrenzung vom pathologischen Glücksspielen oder pathologischen Kaufverhalten ergeben. Bei pathologischen Glücksspielern findet sich auch eine Komorbidität mit problematischen Formen des PC-/Internet-Gebrauchs (vgl. Kap. 8.5). Eine Variante stellen Betroffene dar, die primär ein pathologisches Glücksspielverhalten aufweisen – das nicht unbedingt an das Medium PC/Internet gebunden sein muss – und gleichzeitig das eBay-Angebot exzessiv nutzen. Bei solchen Patienten steht als Funktionalität das „Kick“-Erlebnis im Vordergrund, d. h. der mit Erregung verbundene Anreiz, mit seinen Geboten im Sinne einer Wette in den letzten Minuten und Sekunden einen besonderen finanziellen Gewinn zu erzielen. Bei Patienten mit pathologischem Kaufverhalten kann die Nutzung des eBay-Angebots eine Möglichkeit des exzessiven Kaufverhaltens neben dem Shoppen und dem Bestellen bei Versandkaufhäusern sein. Die Funktionalität bei diesen mehrheitlich weiblichen Patienten bezieht sich auf die Erzielung einer Selbstwertsteigerung durch den Kaufakt an sich.

Bei dem hier dargestellten Fallbeispiel eines pathologischen PC-/Internet-Spielers stehen im Gegensatz dazu das überwertige Immersionserleben und die überkompensatorische Suche nach sozialer Anerkennung mit der entsprechenden Bindung an das Medium PC/Internet als Ersatzobjekt im Vordergrund.

Falldarstellung eines pathologischen Ebayers

Herr K. ist 32 Jahre alt, ledig und lebt mit einer Partnerin, deren erwachsene Tochter inzwischen ausgezogen ist, zusammen. Er ist von Beruf Technischer Zeichner.

Herr K. absolviert eine 16-wöchige Entwöhnungsbehandlung, da bei ihm eine Polytoxikomanie vorliegt. Er hat regelmäßig Cannabis konsumiert, im Vordergrund seines Substanzkonsums stehen Amphetamine. Daneben hat er Erfahrungen mit Kokain und verschiedenen Halluzinogenen. Für Alkohol besteht kein problematisches Konsummuster, es liegt jedoch eine Tabakabhängigkeit vor.

Bei Herrn K. liegt kein problematisches Surfen, Chatten oder Gamen vor. Ganz im Mittelpunkt steht jedoch seine eBay-Aktivität. Er habe sich bei eBay, später auch bei Amazon, auf den Erwerb und Verkauf von Filmen aus dem Rockmusikbereich in Form von DVDs und CDs spezialisiert. Er habe in großem Umfang seltene Exemplare als limitierte Ausgaben erworben und verkauft. Dabei habe er bis zu 280 Euro für eine CD ausgegeben. Auch alle anderen Anschaffungen wie Kleidung, Möbel, PC-Zubehör etc. habe er über eBay getätigt.

Im Vorfeld seiner PC-/Internet-Aktivität erwähnte er, dass er als Kind, allerdings in normalem Umfang, Fußballbilder gesammelt habe. Ab dem 20. Lebensjahr habe er auf Flohmärkten gestöbert und gelegentlich dort Dinge gekauft.

Im Alter von 27 habe der Patient einen neuen Internet-Anschluss erhalten und durch Hörensagen Interesse an eBay bekommen. Sein erster Eindruck sei gewesen, dass er dort ein überwältigendes Angebot von Dingen, die er weltweit einkaufen könne, zur Verfügung habe und dass er bei eBay nicht, wie bei einem normalen Kaufkontakt, Partner persönlich ansprechen oder Fragen stellen müsse. Er könne sich alles bei eBay in Ruhe anschauen und später erwerben. Nach einigen Wochen habe er dann begonnen, DVDs und CDs zu kaufen. Dies sei ihm leicht gefallen, da er online keine Hemmungen gehabt habe und leicht Kontakt finden konnte. Er habe sich zwei Jahre später extra ein Arbeitszimmer für seine eBay-Aktivität eingerichtet, in dem er seinen PC stehen hatte und die gekauften DVDs und CDs gesammelt habe. Er habe dort eine Rückzugsmöglichkeit vor seiner Partnerin und vor allem vor der Tochter seiner Partnerin, die immer wieder unerlaubt seine Sachen benutzt habe, gefunden. Er habe dann rasch begonnen, die erworbenen Gegenstände zunächst mit Gewinn zu verkaufen.

Sein „Ebayen“ habe dann jedoch so zugenommen, dass er gar nicht mehr zum Verkaufen gekommen sei. Er habe nur noch das Haus verlassen, um sich Fast Food zu besorgen oder bestellte Waren bei der Post abzuholen. Er habe ca. 40 Stunden in der Woche am PC verbracht, abends nach der Arbeit vier Stunden und an den Wochenenden jeweils zwölf Stunden. Seit etwa zwei Jahren sei er krank geschrieben und nur noch zu Hause gewesen, so dass er quasi rund um die Uhr bis zu 150 Stunden in der Woche online gewesen sei.

Als Nachteile, die sich eingestellt hätten, berichtet Herr K. von Streitigkeiten mit seiner Partnerin und der völligen Einstellung seiner Kontakte zu Freunden. Er habe stark abgenommen, sich körperlich vernachlässigt und nicht mehr gesund gegessen. Es hätten sich Schulden bis zu 20.000 Euro angehäuft (einen Teil des Geldes habe er auch für Drogen verwendet).

Nach ein paar Monaten in diesem Zustand sei er zusammengebrochen und habe seinen PC zerstört. Er sei depressiv geworden, habe erhebliches Übergewicht bekommen und sich sozial völlig isoliert. Seit seinem Zusammenbruch sei er sowohl drogenfrei als auch ohne Online-Aktivität. Er sei langfristig krank geworden und bis zur Aufnahme der Behandlung habe er sich nicht mehr bei seiner Arbeitsstelle gemeldet. Etwa ein Jahr vor Behandlungsbeginn habe er zunächst eine tagesklinische Behandlung absolviert und einige Monate später eine stationäre psychosomatische Behandlung.

Als Motive berichtet der Patient, dass es ihm leicht gefallen sei, einen sozial distanzierten Kontakt aufzunehmen und auf einfache Art, d. h. zeitkontrolliert, mit anderen Menschen kommunizieren zu können. Der Kontakt zu anderen Personen erfolgte ausschließlich im Rahmen der textbasierten eBay-Kommunikation. Er habe ohne Angst Kontakt finden können. Weiterhin habe er Anerkennung bekommen, indem er für Freunde schwer zu bekommende Waren besorgen konnte. Im Zentrum hätten jedoch die bei eBay üblichen Bewertungen gestanden. Es sei befriedigend gewesen, wenn er als zuverlässiger Käufer und Verkäufer bewertet worden sei. Als weiteres Motiv gibt er die Erfolgs- und Glückserlebnisse an, die mit gelungenen Käufen verbunden waren. Er habe Strategien ausgetüftelt, so dass er bei Auktionen gute Chancen hatte und war glücklich, wenn er ein Schnäppchen machen konnte oder im Konkurrenzkampf überlegen gewesen sei. Es habe während des Verlaufs der Auktionen einen Spannungsaufbau gegeben, der dann mit Glücksgefühlen oder einer Enttäuschung endete. Für ihn sei es sehr wichtig gewesen, dass er andere Personen, denen er etwas verkaufen konnte, zufrieden und glücklich machen konnte. Ein finanzieller Anreiz habe für ihn keine Rolle gespielt.

Herr K. ist im Rahmen der Behandlung sehr engagiert und neugierig auf neue Erfahrungen. Er hat immer noch ein erhebliches Drogenverlangen, vor dem PC/Internet habe er Angst bzw. verspüre aggressive Impulse. Er möchte eigentlich nie mehr etwas mit dem PC/Internet zu tun haben. Im Rahmen der Therapie ist es möglich, ihm eine etwas ausgewogenere Perspektive zu verschaffen. So strebe er eine Umschulung in einen Beruf an, bei dem er wenig mit einem PC/Internet arbeiten müsse. Weiterhin möchte er seine Partnerschaft verbessern, seinen Freundeskreis teilweise aktivieren und sich von drogenbezogenen Freunden distanziert halten. Der Patient möchte sich neue Formen der Freitzeitgestaltung suchen. Während der Behandlung hat er bereits begonnen, Sport zu treiben und damit sein Normalgewicht wieder erreicht. Weiterhin denkt er daran, sich handwerklich mit Holzarbeiten zu beschäftigen. Bezogen auf seine umfangreiche Sammlung wolle er mithilfe seiner Schwester oder anderen Bekannten versuchen, die meisten DVDs und CDs los zu werden und nur Einzelstücke in seiner Sammlung zu behalten.

8.5 Eine explorativ-deskriptive Studie

Bisher liegen nur wenige empirische Studien zur psychischen Auffälligkeit von exzessiven und pathologischen PC-/Internet-Nutzern vor (Shapira et al., 2000; Hahn & Jerusalem, 2001; Chou et al., 2005; Yen et al., 2008). Kratzer legte 2006 eine empirische Studie vor, in der ein Vergleich von 30 „pathologischen" mit 31 „nicht pathologischen Internetnutzern" erfolgte. Die Gruppen weisen unterschiedlich hohe wöchentliche Online-Zeiten (31.6 vs. 19.7 Stunden) auf. Die „pathologischen Internetnutzer" zeigen stärkere körperliche Beschwerden (z. B. Rückenschmerzen), eine weniger positive Lebensorientierung sowie eine stärkere subjektive Entfremdung von der Gesellschaft (Anomie). Als Hauptbefund der Studie wird berichtet, dass bei den „pathologischen Internetnutzern" wesentlich häufiger (27 von 30) als bei den „nicht pathologischen Internetnutzern" (7 von 31) eine psychische Störung diagnostiziert wurde. Neben der eigenen Untersuchung von Kratzer legen die Übersichten von Kratzer (2006) und Six (2007) zu bisherigen Studien nahe, dass bei Personen, die einen exzessiv-pathologischen Umgang mit dem Medium PC/Internet aufweisen, in der Regel von einer ausgeprägten psychischen Gestörtheit bzw. häufigen komorbiden Störungen auszugehen ist.

Im Folgenden werden Befunde einer eigenen explorativ-deskriptiven Studie berichtet. Teilnehmer waren 42 pathologische PC-/Internet-Spieler, die in den Jahren 2006 und 2007 konsekutiv in der AHG Klinik Münchwies behandelt wurden. Im Gegensatz zu den vorangehenden Falldarstellungen dominieren in dieser Stichprobe bereits die jüngeren, männlichen Mehrpersonen-Online-Spieler Die Angaben zu den soziodemografischen Merkmalen und zur Komorbidität dieser Stichprobe sind in den Tabellen 6 und 7 deskriptiv dargestellt.

Bei einem Teil (n = 29) dieser Stichprobe (Behandlungsjahrgang 2007) wurden zusätzliche testdiagnostische Verfahren eingesetzt. Diese werden im Folgenden ausführlich beschrieben und zusammengefasst in den Tabellen 8 bis 10 dargestellt.

8.5.1 Ergebnisse

Zur Diagnose des pathologischen PC-/Internet-Spielens wurde neben den benannten Kriterien des Störungsbildes (vgl. Kap. 7.1) der *Kurzfragebogen zu Problemen beim Computergebrauch* (KPC; Petry, 2003b; vgl. S. 168 ff. im Anhang) eingesetzt. Dieser Fragebogen ist ähnlich wie der Kurzfragebogen zum Glücksspielverhalten (KFG) konstruiert (Petry, 2003a), jedoch nicht an einer repräsentativen Stichprobe geeicht. Als Annäherung wird deshalb für den KPC (bei einer Spannbreite der Rohwerte von 0 bis

Tabelle 6: Soziodemografische Merkmale der klinischen Stichprobe (*N* = 42)

Geschlecht	Männer: 86 % Frauen: 14 %
Alter	Mittelwert: 33.6 Jahre Minimum: 17 Jahre Maximum: 56 Jahre
Bildung	Hauptschulabschluss: 21 % Mittlere Reife: 36 % Fachschule: 12 % Abitur: 31 %
Erwerbstätigkeit	Arbeitslosenquote: 45 %
Beziehungsstand	in einer Beziehung: 26 % alleinstehend: 74 %

Tabelle 7: Komorbide Störungen der klinischen Stichprobe (*N* = 42), Mehrfachstörungen möglich; Diagnose nach ICD-10 (Dilling et al., 1991)

Störungsbild	absolute Häufigkeit	Häufigkeit in %
Psychische Störungen:		
Depressive Störung	26	61.9
Persönlichkeitsstörung	14	33.3
Angststörung	6	14.3
Essstörung	6	14.3
Psychotische Störung	2	4.8
Posttraumatische Belastungsstörung	2	4.8
Somatoforme Schmerzstörung	2	4.8
Aufmerksamkeitsdefizit-/ Hyperaktivitätsstörung	2	4.8
Suchtproblematiken:		
Tabakabhängigkeit	17	40.5
Tabakmissbrauch	4	9.5
Alkoholabhängigkeit	9	21.4
Alkoholmissbrauch	3	7.1
Drogenabhängigkeit (am häufigsten Cannabis)	8	19.0
Drogenmissbrauch	3	7.1
Pathologisches Glücksspielen	2	4.8

60) von einer ähnlichen Verteilung wie bei dem geeichten KFG mit einem Mittelwert von 35, einer Standardabweichung von 10 und einem Cut-off-Wert von 16 ausgegangen. Die genauer untersuchte Patiententeilstichprobe wies einen Mittelwert von 37 und eine Standardabweichung von 13 auf. Die Spannbreite reichte von 9 bis 57, wobei 28 der 29 Patienten den Cut-off-Wert überschritten. In dem Fall mit einem geringeren Wert als 16 handelte es sich um einen 17-Jährigen mit einem zweifelhaften Ausmaß des PC-/ Internet-Spielens: Dieser Patient erlebte lediglich sein Gamen als problematisch und berichtete lediglich von beginnenden Problemen in anderen Bereichen (Vernachlässigung schulischer und sportlicher Interessen).

Zur vergleichenden Erfassung des Erlebniszustandes während der Online-Aktivität wurden *„Fragen zum dissoziativen Erleben“* (vgl. S. 177 im Anhang), die auf einer Studie von Jacobs (1989) basieren, verwendet. Jacobs geht in seiner „Generellen Theorie von Abhängigkeiten“ davon aus, dass es sich bei Süchten um einen „alternativen Zustand der Identität“ handelt, der mit dissoziationsähnlichen Erlebniszuständen verbunden ist. Mit den Fragen wird erfasst, ob während des süchtigen Verhaltens einer der folgenden Zustände auftritt: (a) Trancezustand, (b) Wechsel in eine andere Identität, (c) das Gefühl neben sich zu stehen oder (d) teilweise Erinnerunglücken. Jacobs verglich in seiner Studie Alkoholabhängige, pathologische Glücksspieler und Essgestörte (Überesser) mit Normalkonsumenten. Als Ergebnis berichtete er den Prozentsatz von Befragten, mit welchem die vier genannten dissoziativen Erlebniselemente nie, selten, gelegentlich, häufig oder immer beim Glückspielen, Alkoholkonsum bzw. Essen erlebt wurden.

Vergleicht man die von Jacobs erhobenen Befunde mit der hier untersuchten Stichprobe pathologischer PC-/Internet-Spieler, wiesen 55 % (16 von 29) gelegentlich, häufig oder immer einen Trancezustand während ihrer „bevorzugten Aktivität“ (für diese Stichprobe: Online-Aktivität) auf, während es bei Alkoholabhängigen 62 %, bei pathologischen Glücksspielern 79 % und bei Essgestörten 41 % waren. Ein Wechsel der Identität zeigte

Tabelle 8: Diagnostik des pathologischen PC-/Internet-Spielens ($n = 29$).

Verfahren	gemessenes Konstrukt	Ergebnis	Vergleich		
Kurzfragebogen zu Problemen beim Computergebrauch (Petry, 2003b; vgl. S. 168 ff. im Anhang)	Schwere des pathologischen PC-/Internetgebrauchs	M = 37 SD = 13	Alkoholabhängige (A) Pathologische Glücksspieler (G) Essgestörte (E)		
Fragen zum dissoziativen Erleben (vgl. S. 177 im Anhang)	Dissoziationserleben:	„gelegentlich bis immer“ (%):	A	G	E
	• Trancezustand	55	62	79	41
	• Wechsel der Identität	41	73	79	44
	• neben sich stehen	55	34	50	30
	• Erinnerungslücken	24	73	38	14

sich bei 41 % (12 von 29) der pathologischen PC-/Internet-Spieler im Vergleich zu 73 % bei Alkoholabhängigen, 79 % bei pathologischen Glücksspielern und 44 % bei Essgestörten. Ein Gefühl neben sich zu stehen, hatten 55 % (16 von 29) der pathologischen PC-/Internet-Spieler im Vergleich zu 34 % der Alkoholabhängigen, 50 % der pathologischen Glücksspieler und 30 % der Essgestörten. Partielle Erinnerungslücken wiesen 24 % der pathologischen PC-/Internet-Spieler im Vergleich zu 73 % der Alkoholabhängigen, 38 % der pathologischen Glücksspieler und 14 % der Essgestörten auf.

Mit dem *Trierer Persönlichkeitsfragebogen (TPF)* von Becker (1989) wurden die beiden übergeordneten Persönlichkeitsmerkmale der „Verhaltenskontrolle" und „Seelischen Gesundheit" erfasst. Die Skala „Verhaltenskontrolle" misst das Ausmaß der vorhandenen Kontrolliertheit bzw. Impulsivität und die Skala „Seelische Gesundheit" die Ausprägung der psychischen Stabilität bzw. Instabilität. Die pathologischen PC-/Internet-Spieler zeigen mit einem durchschnittlichen T-Wert von 49 auf der Skala „Verhaltenskontrolle" ($M = 50$, $SD = 10$) eine normal ausgeprägte Impulskontrolle. Der Skalenwert für „Seelische Gesundheit" ist mit einem mittleren T-Wert von 27 auf mehr als 2 Standardabweichungen unterhalb des Mittelwertes erniedrigt. Auf der Unterskala „Sinnerfülltheit vs. Depressivität" liegt der geringste mittlere Wert (T = 24) vor.

Tabelle 9: Diagnostik der klinischen Persönlichkeit ($n = 29$)

Verfahren	gemessenes Konstrukt	durchschnittlicher T-Wert	Klassifikation
Trierer Persönlichkeitsfragebogen (Becker, 1989)	*Persönlichkeit:*		
	• Verhaltenskontrolle	49	durchschnittlich
	• seelische Gesundheit	27	unterdurchschnittlich
	• Sinnerfülltheit vs. Depression	24	unterdurchschnittlich
Multidimensionale Selbstwertskala (Schütz & Sellin 2006)	*Selbstwertschätzung:*		auf allen Unterskalen unterdurchschnittlich
	• emotionale	32	
	• soziale	36	
	• Kontakt und Kritik	34	
	• leistungsbezogene	36	
	• physische Attraktivität	34	
	• Sportlichkeit	40	
Multi-Motiv-Gitter (MMG; Schmalt et al., 2000)	• Hoffnung auf Anschluss	47	durchschnittlich
	• Furcht vor Zurückweisung	63	überdurchschnittlich
	• Hoffnung auf Erfolg	43	durchschnittlich
	• Furcht vor Misserfolg	54	durchschnittlich
	• Hoffnung auf Kontrolle	51	durchschnittlich
	• Furcht vor Kontrollverlust	53	durchschnittlich

Die bei pathologischen PC-/Internet-Spielern anzunehmende Selbstwertproblematik wurde mit der Multidimensionalen Selbstwertskala (MSWS) von Schütz und Sellin (2006) gemessen. Es finden sich auf allen Unterskalen deutlich unterdurchschnittliche (mehr als 1 Standardabweichung unterhalb des Mittelwertes liegende) T-Werte. Dies betrifft die „Emotionale Selbstwertschätzung" (T = 32), die „Soziale Selbstwertschätzung" (T = 36), die „Sicherheit im Kontakt und Umgang mit Kritik" (T = 34), die „Leistungsbezogene Selbstwertschätzung" (T = 36), die Selbstwertschätzung „Physische Attraktivität" (T = 34) und die Selbstwertschätzung „Sportlichkeit" (T = 40).

Die Ausprägung der psychischen Grundbedürfnisse nach Anschluss, Leistung und Macht wurde mit dem semi-projektiven *Multi-Motiv-Gitter (MMG)* von Schmalt und Mitarbeitern (2000) erhoben. Unter Hinweis auf die Lewinsche Feldtheorie (Lewin, 1982) werden die drei Grundmotive Anschluss, Erfolg und Macht hinsichtlich ihrer Annäherungstendenz (Hoffnung) und Vermeidungstendenz (Furcht) erfasst. Die pathologischen PC-/Internet-Spieler weisen beim Anschlussmotiv auf den Skalen „Hoffnung auf Anschluss" einen durchschnittlichen Wert (T = 47) und bei der „Furcht vor Zurückweisung" einen überdurchschnittlichen Wert (T = 63) auf. Bezogen auf das Leistungsmotiv besteht hinsichtlich der „Hoffnung auf Erfolg" (T = 43) und bei „Furcht vor Misserfolg" (T = 54) eine durchschnittliche Ausprägung. In Bezug auf das Machtmotiv zeigen sich bei „Hoffnung auf Kontrolle" (T = 51) und bei „Furcht vor Kontrollverlust" (T = 53) ebenfalls durchschnittliche Werte.

Eine mögliche allgemeine Einschränkung der intellektuell-kognitiven Fähigkeiten wurde mittels Vergleich zwischen verfestigter und flüssiger Intelligenz untersucht. Nach dem Intelligenzmodell von Cattell bezieht sich die kristallisierte (verfestigte) Intelligenz auf das allgemeine, soziokulturell erworbene Fertigkeits- und Wissensniveau und die fluide (flüssige) Intelligenz auf die allgemeine, genetisch bestimmte kognitive Informationsverarbeitungsgeschwindigkeit. Die kristalline Intelligenz wurde mit dem *Mehrfachwahl-*

Tabelle 10: Diagnostik der kognitiven Leistungsfähigkeit ($n = 29$)

Verfahren	gemessenes Konstrukt	durchschnittliches Testergebnis	Klassifikation
Mehrfach-Wortschatz-Intelligenztest (MWT-B; Lehrl, 2005)	kristalline Intelligenz	IQ = 106	durchschnittlich
Zahlen-Verbindungs-Test (ZVT; Oswald & Roth, 1987)	fluide Intelligenz	IQ = 104	durchschnittlich
Aufmerksamkeits-belastungs-Test d2 (Brickenkamp, 2002)	Konzentrations-leistung (KL)	Z = 97.5	durchschnittlich

Wortschatz-Intelligenztest (MWT-B) von Lehrl (2005) gemessen, die fluide Intelligenz mit dem *Zahlen-Verbindungs-Test (ZVT)* von Oswald und Roth (1987). MWT-B und ZVT ermöglichen eine Schätzung des Intelligenzniveaus mittels der IQ-Skala ($M = 100$, $SD = 15$). Zur Beurteilung, ob eine Erkrankung zu einer Beeinträchtigung der kognitiven Leistungsfähigkeit führt, können die Testergebnisse beider Verfahren miteinander verglichen werden. Dabei gilt das Ergebnis des MWT-B als Ausdruck der stabileren prämorbiden Intelligenz, und ein niedrigeres (unterdurchschnittliches) Ergebnis im ZVT kann dann als störungsspezifische Minderung der kognitiven Informationsverarbeitungsgeschwindigkeit interpretiert werden. Die pathologischen PC-/Internet-Spieler der untersuchten Teilstichprobe weisen eine ihrem Bildungsniveau entsprechende mittlere kristalline Intelligenz (durchschnittliches Ergebnis im MWT-B: IQ = 106, $SD = 19$) auf. Eine Verminderung der allgemeinen fluiden Intelligenz liegt nicht vor (durchschnittliches Ergebnis im ZVT: IQ = 104, $SD = 13$).

Die Aufmerksamkeits- und Konzentrationsleistung wurde mit dem *Aufmerksamkeits-Belastungs-Test (d2)* von Brickenkamp (2002) gemessen. Als Gesamtleistung wird der Wert für die Konzentrationsleistung (KL = Anzahl richtiger Zeichen – Verwechslungsfehler) berechnet. Die pathologischen PC-/Internet-Spieler erreichen einen mittleren Standardwert von 97.5 bei der Konzentrationsleistung (KL) mit einer Standardabweichung von 8.5 (Standard- oder Z-Skala, $M = 100$, $SD = 10$). Dies entspricht einer durchschnittlichen Konzentrationsleistung der Untersuchungsstichprobe.

8.5.2 Interpretation

Bei der inhaltlichen Interpretation der Ergebnisse wird auf das im Kapitel 7 beschriebene klinisch-heuristische Störungsmodell des pathologischen PC-/Internet-Spielens Bezug genommen. Die Vorläufigkeit der Befunde aufgrund der kleinen, selektiven Stichprobe, des explorativen Charakters der Studie und fehlender Längsschnittdaten muss betont werden. Es fand kein Vergleich mit einer anderen klinischen Gruppe statt, womit auch die Spezifität der Befunde unklar bleibt. Dennoch ergeben sich Hinweise auf die Plausibilität des Modells und Anregungen zur weiteren Forschung (ein klinisch-heuristisches Modell).

Soziodemografisch handelt es sich vorwiegend um Männer jüngeren Alters (vgl. Tab. 6). Dies liegt an der aktuellen Dominanz der Mehrpersonen-Online-Rollenspieler bei den stationär behandelten Patienten. Der Bildungshintergrund bewegt sich im Durchschnittsbereich der Bevölkerung. Die beschriebene Risikogruppe junger Männer aus bildungsfernen Schichten (Pfeiffer et al., 2007) ist nicht überrepräsentiert. Die Spannbreite reicht derzeit von Mitgliedern der weniger gebildeten Unterschicht bis zu Studenten aus der Mittelschicht. Es zeigen sich eine stark erhöhte Arbeits- und eine noch stärker erhöhte Partnerlosigkeit. Dies verweist auf die Bedeutung der individuellen Entfremdung und Vereinzelung in der Übergangsgesellschaft des 21. Jahrhunderts (Bolz, 2004) als Ursachenkomplex für das neue Störungsbild.

Die Ergebnisse zur *Komorbidität* (vgl. Tab. 7) bestätigen die in der Literatur (Kratzer, 2006; Six, 2007) beschriebene stark ausgeprägte Belastung mit psychischen Störungen, insbesondere depressiven Erkrankungen, Persönlichkeitsstörungen, Angststörungen,

Essstörungen und problematischem Suchtverhalten, insbesondere eine Tabak-, Alkohol- und Drogenabhängigkeit (vor allem Cannabisabhängigkeit) bzw. ein entsprechender Missbrauch. Im Vordergrund stehen psychische Erkrankungen, von denen jeder Patient mindestens eine Störung aufweist, wobei die depressiven Störungsbilder dominieren. Abhängigkeitserkrankungen finden sich zwar häufig, jedoch nur bei einem Teil der Patientenstichprobe. Nach der klinischen Urteilsbildung kann davon ausgegangen werden, dass eine schwere psychische Gestörtheit ursächlichen Charakter für das neue Störungsbild besitzt und durch die exzessive Online-Aktivität mit dem korrespondierenden sozialen Rückzug verstärkt wird. Das auftretende Suchtverhalten lässt sich klinisch als begleitende und/oder aus der exzessiven PC-/Internet-Aktivität folgende Form der Stressbewältigung interpretieren. Dabei kann über einen stoffgebundenen Missbrauch hinaus eine eigenständige Abhängigkeitserkrankung vorliegen.

Der *KPC* zeigt bis auf einen Zweifelsfall eine gute Übereinstimmung mit der klinischen Diagnose (vgl. Kap. 7.1), so dass dieses Verfahren praktisch brauchbar erscheint. Aufgrund der kleinen Analysestichprobe können die testkonstruktiven Eigenschaften des Verfahrens jedoch noch nicht bewertet werden.

Das Ausmaß *dissoziationsähnlichen Erlebens* während der Online-Aktivität ist bei den pathologischen PC-/Internet-Spielern insgesamt deutlich niedriger als bei Alkoholabhängen und Glücksspielsüchtigen während ihrer Trink- bzw. Gücksspielaktivität, wobei das Gefühl neben sich zu stehen, eine Ausnahme bildet. Die pathologischen PC-/ Internet-Spieler ähneln im Profil am meisten den essgestörten Überessern. Bei dem virtuellen Erlebnismodus scheint es sich nicht in dem Ausmaß um einen gestörten Bewusstseinszustand im Sinne eines alternativen Identitätszustandes – mit Trancezustand, Wechsel der Identität und Erinnerungslücken – zu handeln, wie dies für stoffgebundene (Alkoholabhängigkeit) und nichtstoffgebundene (pathologisches Glücksspielen) Süchte der Fall ist (Jacobs, 1989).

Im Gegensatz zu den Ergebnissen zweier veröffentlichten Studien von Kratzer (2006) weisen die pathologischen PC-/Internet-Spieler eine normal ausgeprägte *Impulskontrolle* (Skala „Verhaltenskontrolle" des TPF) auf. Die starke Beeinträchtigung der *psychischen Stabilität* (Skala „Seelische Gesundheit" des TPF) mit einer ausgeprägten depressiven Sinnkrise (Skala „Sinnerfülltheit vs. Depression" des TPF) steht in Übereinstimmung mit den bisherigen Befunden zur Komorbidität. In dieses Bild passt die gravierende Beeinträchtigung des *Selbstwerterlebens* (vgl. Tab. 9, Werte aller Unterskalen des MSWS).

Diese Befunde bestätigen die Auffassung des pathologischen PC-/Internet-Spielens als einer *schweren Beeinträchtigung der psychischen Gesundheit.* Zur Überprüfung der Annahme einer unsicheren Bindungsorganisation als zugrunde liegende Kernursache dieser ausgeprägten psychischen Gestörtheit (vgl. Kap. 4) existieren noch keine entwicklungspsychopathologischen Studien. Die nicht beeinträchtigte Impulskontrolle bei den pathologischen PC-/Internet-Spielern in Verbindung mit dem, im Vergleich zu Alkoholabhängigen und pathologischen Glücksspielern, geringer ausgeprägten dissoziativen Erlebniszustandes steht im Widerspruch zu der Annahme des Suchtkonzeptes (vgl. Kap. 5.1), das eine Minderung der Verhaltenskontrolle und stärkere Veränderung des Bewusstseinszustandes im Sinnes eines Rausches beinhaltet.

Die Erfassung der *Grundmotive* Anschluss, Leistung und Macht mittels des MMG (vgl. Tab 9) erbringt bis auf eine leicht überdurchschnittlich ausgeprägte „Furcht vor Zurückweisung“ keine Auffälligkeiten. Die angenommene Frustration des Grundmotivs nach Bindung (Grawe, 2004) äußert sich gemäß diesem Befund als überdurchschnittlich ausgeprägte Vermeidungstendenz (gemäß der Feldtheorie von Lewin, 1982) gegenüber sozial konflikthaften Beziehungsangeboten. Dies ergibt lediglich einen schwachen und eingeschränkten Hinweis auf die angenommene neuropsychologische Grundstörung der Konsistenzregulation im Sinne Grawes (2004; vgl. Kap. 7). Der Befund korrespondiert jedoch mit der übergeordneten Funktionalität des PC-/Internt-Spielens der im Kapitel 8 beschriebenen klinischen Falldarstellungen, in denen Betroffene aller Erscheinungsformen dieses Störungsbildes den Wunsch nach sozialer Anerkennung betonen. Dieser Wunsch entspricht im Sinne Adlers (1974; vgl. auch Kap. 7.3) einem überkompensatorisch ausgebildeten Anschlussmotiv, das aus Frustrationen im realen Leben resultiert. Der Kontaktangst in der realen Welt entspringt die Suche nach sozialer Anerkennung in der virtuellen Realität, um real erlebte Enttäuschungen und damit verbundene Ängste abzuwehren. So bildet sich der zentrale Mechanismus des sozialen Rückzugsprozesses: Gamer suchen die ersatzweise Anerkennung in der virtuellen Kampfgemeinschaft, Chatterinnen bei ihren virtuellen Partnern in den erotischen Chatrooms, Surfer bei den Experten in den spezialisierten Fachforen und auch das pathologische eBay-Verhalten wurzelt in dem Wunsch, als zuverlässiger Partner geschätzt zu werden.

Auf dem Hintergrund eines durchschnittlichen Intelligenzniveaus zeigen sich keine dauerhaften Beeinträchtigungen der kognitiven Leistungsfähigkeit im Sinne einer störungsbedingten Beeinträchtigung (vgl. Tab. 10). Dies bedarf weiterer Untersuchungen, da in dieser Studie eine wenig differenzierte Erfassung der intellektuell-kognitiven Leistungsfähigkeit (Intelligenzschätzung mit dem MWT-B und ZVT und Erfassung der Konzentrationsfähigkeit mit dem d2) erfolgte, und inzwischen angenommen wird, dass eine exzessive PC-/Internet-Aktivität – insbesondere beim Gamen – sowohl fördernde (z. B. Problemlösekompetenz) als auch beeinträchtigende (z. B. Ausdauer und Ermüdbarkeit) Auswirkungen hat (Pfeiffer et al., 2007).

9 Diagnostik, Behandlungsziele und -strategien

Zusammenfassung:

Die steigende Nachfrage nach einer Behandlung des pathologischen PC-/Internet-Spielens hat dazu geführt, dass sich in universitären Ambulanzen, speziellen psychosozialen Beratungsstellen und Rehabilitationskliniken erste störungsspezifische Ansätze entwickelt haben. Darüber hinaus wenden sich Betroffene verstärkt an (Jugend-)Psychotherapeuten bzw. (Jugend-)Psychiater und schulpsychologische oder universitiäre Beratungsdienste. Bei diesem Störungsbild ist primär eine psychosomatische Behandlung indiziert, lediglich beim Vorliegen einer zusätzlichen komorbiden Abhängigkeitserkrankung sollte die Behandlung in eine Entwöhnungsbehandlung integriert werden. Für die Psychodiagnostik empfehlen sich Screeningverfahren und Anamneseleitfäden, die speziell für pathologische PC-/Internet-Spieler entwickelt wurden. Auch eine weitergehende Testdiagnostik ist erforderlich, um die entwicklungspsychopathologisch bedingten Auffälligkeiten der betroffenen Patienten zu erfassen. Bei der symptomatischen Behandlung werden eine Einstellung des dysfunktionalen Nutzungsmusters und ein medienkompetenter Umgang mit dem Computer und Internet im Alltag und Beruf angestrebt, wozu sich das Ampelmodell als geeignete Methode erwiesen hat. Wichtige Aspekte in diesem Zusammenhang sind, eine Änderungsmotivation aufzubauen und Rückfälle in einen exzessiven PC-/Internet-Gebrauch zu vermeiden. Für die Bearbeitung der psychopathologischen Wurzeln des Störungsbildes empfehlen sich sowohl einzel- als auch gruppentherapeutische Vorgehensweisen, wobei ein Schwerpunkt auf dem Erwerb interpersoneller Kommunikationskompetenzen und der Herstellung emotional bedeutsamer Erlebnisse in der realen Welt liegt. Weitere Therapieziele sind in der Emotions- und Selbstwertregulation sowie in der Veränderung dysfunktionaler kognitiver Schemata in Bezug auf den virtuellen Erlebnismodus zu sehen. Die Patienten sollen ein Verständnis für ihre Störung auf dem Hintergrund früher Bindungserfahrungen gewinnen, so dass es ihnen ermöglicht wird, sich mit aktuellen, interpersonellen Konflikten auseinanderzusetzen. In diesem Prozess spielt die Beziehung zum Therapeuten eine wichtige Rolle.

9.1 Rahmenbedingungen

Die Behandlung des pathologischen PC-/Internet-Spielens befindet sich aufgrund der erst in den letzten Jahren angestiegen Nachfrage noch in den Anfängen. Ein größerer, bereits seit einiger Zeit bestehender, Bedarf ist hingegen im Bereich der Beratung zu beobachten. Vor allem Angehörige von Klienten mit einem dysfunktionalen PC-/Internet-Gebrauch (vgl. Kap. 6.4) suchen nach entsprechenden Angeboten, aber auch Menschen, bei denen bereits ein pathologisches PC-/Internet-Spielen vorliegt. Dabei werden häufig Selbsthilfeinitiativen im Internet aufgesucht (www.onlinesucht.de für Betroffene und www.rollenspielsucht.de für Angehörige).

Mittlerweile kommen pathologische PC-/Internet-Spieler jedoch mit steigenden Fallzahlen in ambulante und stationäre Behandlung. Erstere erfolgt im Rahmen universitärer

Institutsambulanzen sowie in (jugend-)psychotherapeutischen und (jugend-) psychiatrischen Praxen. Kostenträger sind die Krankenkassen, wobei die universitären Einrichtungen zusätzlich über Drittmittel finanziert werden. In den Ambulanzen werden Beratungen für Betroffene und ihre Angehörigen, einzeltherapeutische Maßnahmen und gruppentherapeutische Programme (Bergmann & Hüther, 2006; Grüsser & Thalemann, R., 2006) durchgeführt. Weiterhin offerieren psychosoziale Beratungsstellen, die bisher auf die Beratung und Behandlung von pathologischen Glücksspielern spezialisiert waren, spezifische Angebote. Darüber hinaus sind Erziehungs- und Familienberatungsstellen sowie schulpsychologische und universitäre Beratungsdienste erste Kontaktaufnahmestellen. Im ambulanten Bereich besteht in besonderem Maß die Notwendigkeit, zwischen vorübergehendem dysfunktionalen PC-/Internet-Gebrauch und dauerhaftem pathologischen PC-/Internet-Spielen (vgl. Tab. 4 in Kap. 5.3.2) zu unterscheiden. Je nach vorhandenem Ausprägungsgrad der PC-/Internet-Problematik und psychischen Gestörtheit der Betroffenen richtet sich die Indikation für eine beratende Intervention (vgl. Kap. 6.4) oder weitergehende ambulante bzw. stationäre Behandlungen.

Die AHG Kliniken „Münchwies“ im Saarland und „Schweriner See“ in Mecklenburg-Vorpommern behandeln seit Ende der 1990er Jahre Patienten mit pathologischem PC-/ Internet-Spielen (von Keyserlingh, 2004; Petry, 2003b; Petry, 2006). Aufgrund der steigenden Behandlungsnachfrage in den letzten Jahren wurde dazu ein störungsspezifisches Behandlungsprogramm für pathologische PC-/Internet-Spieler (Schuhler et al., in Vorbereitung) entwickelt. Nach diesem Konzept erfolgt die Behandlung von pathologischem PC-/Internet-Spielern ab dem 18. Lebensjahr in den beiden genannten Kliniken (Schuler et al., 2009; Sobottka, 2009) und für Jugendliche ab dem 16. Lebensjahr in der AHG Klinik „Hardberg“ in Hessen. Durch eine klinikübergreifende Arbeitsgruppe wurden institutionelle Rahmenbedingungen (spezifische Diagnostik, Zusatzhausordnung, technische Voraussetzungen zur Abmeldung des Accounts etc., vgl. Anhang) geschaffen und Standards für störungsspezifische therapeutische Maßnahmen etabliert. Die therapeutischen Teams sind entsprechend geschult. Die Patienten werden in therapeutischen Wohngruppen konzentriert und es besteht ein auf das Störungsbild abgestimmtes indikatives Gruppenprogramm mit ergänzenden ergo-, sport- und soziotherapeutischen Maßnahmen.

Für eine Behandlung ist es bedeutsam, dass das Störungsbild des pathologischen PC-/ Internet-Spielens eine besondere Schwere aufweist. Diese zeigt sich in der hohen psychopathologischen Auffälligkeit mit häufigen komorbiden psychischen Störungen, in der ausgeprägten Symptomatik der exzessiven PC-/Internet-Aktivität mit erheblichen körperlichen, psychischen und sozialen Funktionseinschränkungen und in der Tendenz zur Chronifizierung durch eingeschränkte Affektregulation, Frustrationstoleranz, Selbstwertregulation und sozialkommmunikative Kompetenz mit einem Rückzug aus der sozialen, beruflichen und familiären Alltagsrealität. Es ist deshalb von einer ausgeprägten Gefährdung oder Reduzierung der Erwerbsfähigkeit auszugehen. Das komplexe Bedingungsgefüge neurobiologischer, psychischer und sozial-gesellschaftlicher Einflüsse erfordert zudem eine multiprofessionelle Behandlungsstrategie, um die langfristige Teilhabe am gesellschaftlichen Leben zurückzugewinnen und zu stabilisieren. Es handelt sich beim pathologischen PC-/Internet-Spielen deshalb um eine rehabilitationsbedürftige Erkrankung (Petry, 2009), so dass die Zuständigkeit für die Behandlung – abgesehen von der Akutersorgung in psychiatrischen Ambulanzen oder Kliniken – bei den Rentenversicherungsträgern oder subsidiär bei den Krankenkassen liegt.

Aufgrund der Art und Schwere der Erkrankung bieten sich ähnliche Rahmenbedingungen für eine Behandlung an, wie sie in den „Empfehlungen der Spitzenverbände der Krankenkassen und Rentenversicherungsträger für die medizinische Rehabilitation bei pathologischem Glücksspielen" geregelt sind (Buschmann-Steinhage, 2000). Die darin definierten Mindeststandards beinhalten ein wissenschaftlich begründetes Therapiekonzept und ein störungsspezifisches Angebot zur Einzel- und Gruppentherapie. Weiterhin werden spezifische, institutionelle Vorgaben (Zusatzhausordnung), eine ausreichende Erfahrung der Einrichtung mit einer Mindestzahl behandelter Patienten pro Jahr und die Durchführung spezifischer Katamnesen gefordert. Diese Behandlungsstandards sollten auch auf die medizinische Rehabilitation des pathologischen PC-/Internet-Spielens übertragen werden. Da es sich beim pathologischen PC-/Internet-Spielen um eine entwicklungspsychopathologische Störung des sozialen Beziehungsverhaltens (vgl. Kap. 7.4) handelt, ist primär eine psychosomatische Behandlung indiziert. Lediglich beim Vorliegen einer behandlungsbedürftigen stoffgebundenen Abhängigkeitserkrankung sollte die Behandlung in einer Klinik oder Abteilung für Abhängigkeitserkrankungen, die über ein störungsspezifisches Angebot verfügt, erfolgen. Aufgrund der Schwere und Chronifizierung des Störungsbildes ist, wie bei pathologischen Glücksspielern auch, eine längere stationäre Behandlungsdauer von bis zu zwölf Wochen erforderlich. Die Patienten sollten zwingend notwendig in spezialisierten Beratungsstellen nachsorgend betreut werden, um eine Stabilisierung der erzielten Behandlungsergebnisse zu erzielen. Dafür könnten auch die Möglichkeiten der psychosomatischen Nachsorge genutzt werden und als Regel eine psychotherapeutische oder psychiatrische Weiterbehandlung erfolgen.

9.2 Diagnostik

Da es sich beim pathologischen PC-/Internet-Spielen um ein neues und komplexes Störungsbild handelt, sollte eine umfassende biografische, psychiatrische und testpsychologische Diagnostik erfolgen. Dieser diagnostische Prozess unterstützt die klinische Verhaltensdiagnostik zur Erstellung eines funktionalen Bedingungsmodells, die interpersonale Psychodiagnostik zur Erfassung der sozialen Einbindung in das vorhandene soziale Netz und die interaktionelle Diagnostik im Rahmen der Patient-Therapeut-Beziehung (Bastine, 1992).

Für ein diagnostisches Screening empfiehlt sich der *Kurzfragebogen zu Problemen beim Computergebrauch* (KPC; Petry, 2003b), welcher auch im Anhang (vgl. S. 168 ff.) zu finden ist. Es liegt bisher noch keine Überprüfung der testdiagnostischen Gütekriterien vor. So wurde bis dato kein empirischer Cut-off-Wert zur Diagnose der Störung ermittelt und es erfolgte noch keine Eichung an einer repräsentativen Stichprobe, um das Ausmaß der Störung quantitativ erfassen zu können. In Anlehnung an den ähnlich strukturierten testtheoretisch überprüften und geeichten Kurzfragebogen zum Glücksspielverhalten (KFG) von Petry (2003a) wird ein Cut-off-Wert von 16 angenommen, der jedoch auf jeden Fall klinisch überprüft werden muss (vgl. Kap. 8.5). Eine Screening-Diagnostik ist wichtig, da in der klinischen Praxis immer wieder Einzelfälle auftreten, die zunächst unentdeckt bleiben und sich erst im Verlauf der Behandlung als pathologische PC-/Internet-Spieler herausstellen. Der Fragebogen erfasst vor allem die Intensität des Immersionserlebens, die motivationale Gebundenheit an das Medium PC/Internet und die negativen psychosozialen Folgen der exzessiven PC-/Internet-Aktivität, so dass er auch die differenzialdiagnostische Abgrenzung zum Internet-Glücksspielen und zum Cybersexzess unterstützen kann.

Neben der biografischen Anamnese sollte zusätzlich eine spezielle *Anamnese zum pathologischen PC-/Internet-Gebrauch* durchgeführt werden (vgl. den Anamnesebogen auf S. 171 ff. im Anhang, der von dem Patienten selbst ausgefüllt werden kann). Diese sollte auf der symptomatologischen Ebene die Entwicklung, Art und Intensität der PC-/Internet-Aktivität, Nutzungsmotive, eingetretene Nachteile, bisherige Selbstkontrollversuche und Vorbehandlungen, das implizite Störungsverständnis und die Behandlungs- und Veränderungsmotivation erfassen. Befunde zur körperlichen und psychischen Verfassung sollten zusätzlich erhoben und mit berücksichtigt werden. Weitere Inhalte der durchzuführenden Diagnostik umfassen das Spektrum psychiatrischer Erkrankungen, die psychosoziale Lebenssituation und die berufliche Biografie. Äußerlich auffällig sind bei den Betroffenen häufig bereits das ungepflegte körperliche Erscheinungsbild und eine Adipositas. Das Vorhandensein von psychischen Störungen mit dem Schwerpunkt auf depressiven Erkrankungen, Persönlichkeiteitssörungen, Angststörungen und Essstörungen, ein vorliegender stoffgebundener Missbrauch und/oder eine Abhängigkeit sowie abgebrochene Schul- und Berufsausbildungen sind weitere Auffälligkeiten, die sich meist im Laufe des diagnostischen Prozesses herausstellen (vgl. Kap. 8.5).

Unter Zugrundelegung der Annahme, dass bei pathologischen PC-/Internet-Spielern häufig eine unsichere Bindungsrepräsentation vorliegt, ist es sinnvoll, Patienten speziell zu ihrem familiären Hintergrund nach bindungsrelevanten Themen zu befragen. Schuhler (2008) entwickelte dazu in Anlehnung an das „Adult Attachement Interview“ von George und Mitarbeitern (1996) einen *Interviewleitfaden bei pathologischem PC-/Internet-Gebrauch* (vgl. S. 173 ff. im Anhang). Dieser Leitfaden erfasst die Art der Bindungsorganisation basierend auf der frühkindlichen Eltern-Kind-Interaktion sowie die Art und Erlebnisweise des kindlichen Spielverhaltens und des aktuellen Umgangs mit dem Medium PC/Internet. Er kann so als qualitatives Diagnostikum dienen, das möglicherweise wertvolle Hinweise für den psychotherapeutischen Zugang bietet.

Wie in Kapitel 8.5 beschrieben wurde, geht Jacobs (1989) in seiner „Allgemeinen Theorie der Abhängigkeiten“ davon aus, dass stoffgebundene und nichtstoffgebundene Abhängigkeitskranke dissoziationsähnliche Erfahrungen (Trancezustände, einen Identitätswechsel, Gefühle neben sich zu stehen und teilweise Erinnerungslücken) haben, die sie von „Normalkonsumenten“ unterscheiden und damit einen „Zustand einer veränderten Identität“ als zentrale Gemeinsamkeit aufweisen. Mit entsprechenden *Fragen zum dissoziativen Erleben* (vgl. S. 177 im Anhang), die an Jacobs' Studie von 1989 angelehnt sind, kann demnach erhoben werden, in welchem Umfang dissoziationsähnliche Erlebnisweisen mit der PC-/Internet-Aktivität verbunden sind.

Darüber hinaus kann es sinnvoll sein, Hinweise darüber zu gewinnen, wie intensiv die Erlebnisse eines Patienten im virtuellen Raum sind. Hierüber lassen sich Rückschlüsse auf seine Bindung an die virtuelle Erlebnisweise und die damit verbundene Identitätsbildung im Vergleich zum realen Erleben ziehen. Das Vorgehen lässt sich mithilfe eines

Arbeitsbogens zum Realitäts-Virtualitäts-Erleben realisieren (vgl. S. 178 im Anhang). Dabei werden zweimal drei Kreise vorgegeben, die jeweils das körperliche, persönliche und soziale Ich repräsentieren sollen. Diesen drei „Ich-Bereichen" werden Farben zugeordnet (Körper = grün; eigene Person = blau; Soziales = rot). Der Patient erhält den farbigen Bereichen entsprechend jeweils einen kräftigen, einen mittelstarken und einen blassen (Bunt-)Stift in grün, blau und rot. Er soll nun die Intensität seines Erlebens sowohl für den virtuellen als auch den realen Erlebnismodus für alle drei Bereiche folgendermaßen einstufen: Je stärker die erlebte Intensität, desto kräftiger soll die Farbabstufung sein, mit der der Kreis ausgefüllt wird. Es kann angenommen werden, dass mit einem intensiven Erleben virtueller Ereignisse eine starke Bindung an das Medium PC/Internet einhergeht und dieses für die Identität des Betroffenen eine wichtige Rolle spielt. Der Arbeitsbogen kann zur Eingangs- und Verlaufsdiagnostik, aber auch als therapeutisches Mittel eingesetzt werden, um den Reflexions- und Distanzierungsprozess gegenüber dem Medium PC/Internet in Gang zu setzen.

Eine zusätzliche *Testdiagnostik* kann weitere Aspekte des neuen Störungsbildes beleuchten. Zur Erfassung der seelischen (In-)Stabilität und möglicher Störungen der Impulskontrolle wird der Trierer Persönlichkeitsfragebogen (TPF; Becker, 1989) empfohlen, zur Erfassung der Selbstwertproblematik sei auf die Multidimensionale Selbstwertskala (MSWS; Schütz & Sellin, 2006) hingewiesen. Weiterhin kann dazu eine Motivationsdiagnostik (Rheinberg, 2004) gehören, um die Ausprägung der Bindungs-, Leistungs- und Kontrollmotivation mit dem Multi-Motiv-Gitter (Schmalt et al., 2000) zu erfassen. Aufgrund der beschriebenen kontroversen Diskussionen über kognitive Defizite oder kognitive Gewinne als Folge einer exzessiven PC-/Internet-Aktivität, kann eine ausführliche Intelligenzdiagnostik (Holling et al., 2004) im Einzelfall sinnvoll sein. In diesem Fall sollte auch die Konzentrationsfähigkeit differenzierter betrachtet (vgl. Kap. 8.5) werden.

Diagnostische Strategien bei pathologischem PC-/Internet-Spielen

- Überblick über das PC-/Internet-Verhalten verschaffen (Screening mithilfe des KPC)
- Anamnese (biografisch sowie auf die PC-/Internet-Aktivität bezogen)
- Informationen zur Art der Bindungsorganisation gewinnen
- Vorhandensein dissoziativer Erlebnisse prüfen
- Intensität der virtuellen Erlebnisweise veranschaulichen lassen
- Aspekte der Persönlichkeit erfassen (Verhaltenskontrolle, psychische Stabilität, Selbstwert, motivationale Grundbedürfnisse)
- Intelligenz, evtl. Konzentration testdiagnostisch erfassen

9.3 Therapeutische Veränderungsprozesse

Nach Bastine (1992) ist das entscheidende Ziel einer Psychotherapie, bei Patienten Änderungsprozesse in Gang zu setzen, die diese befähigen, ihre aktuellen und zukünftigen Schwierigkeiten zu bewältigen.

Im Vordergrund steht dabei die *Problemerkennung und -differenzierung* bezüglich eigener und fremder Handlungsanteile, die zu Entscheidungen und deren Bewertung führt. Zunächst soll gelernt werden, Einsicht in die eigene Problematik zu haben. Dafür müssen Attributionen, die eine selbstverantwortliche Problemlöseorientierung beinhalten, gefördert werden. Bei pathologischen PC-/Internet-Spielern betrifft dies das angenommene Störungskonzept. Mehrheitlich liegt bei dieser Patientengruppe ein implizites Suchtmodell vor, das eine selbstentlastende Funktion ausüben, gleichzeitig aber die Selbstverantwortung für die Problemlösung untergraben kann. Anzustreben ist deshalb ein Verständnis für das biopsychosoziale Entstehungs- und Veränderungsmodell, um die Motivation des Patienten zu stärken.

Der zweite wesentliche Ansatzpunkt besteht in der *Veränderung dysfunktionaler Kognitionen und emotionaler Schemata* im Sinne der behavioral-kognitiven Therapie (Wilken, 2003; Young et al., 2005). Dieses Ziel betrifft vor allem die kognitiv verzerrte, positive emotionale Bindung an das Medium PC/Internet sowie die im virtuellen Erlebnismodus vermeintlich leichtere Befriedigung der Bedürfnisse nach Selbstwerterhöhung, Kontrolle und Bindung. Gleichzeitig sollten fehlende oder überängstliche Bewertungen realer Verhaltensalternativen bearbeitet werden. Bei der Emotionsverarbeitung steht die Förderung von Teilprozessen zur Verbesserung der Gefühlswahrnehmung und -regulation im Mittelpunkt. Um das phobische Erleben von Gefühlen in der Realität abzubauen, sollten reale emotionale Zustände und Erfahrungen er- und anerkannt werden. Der Patient muss lernen, seine Gefühle aktiv zu erleben, auszudrücken und ihnen eine neue symbolische Bedeutung zu geben, die Verantwortung für sie zu übernehmen sowie mit negativen Gefühlen umzugehen. Innerhalb der therapeutischen Beziehung und gegenüber realen Bezugspersonen kann dies erprobt werden.

Der Schwerpunkt des dritten Veränderungsbereichs liegt auf der *Kompetenzerweiterung*. Dazu gehört neben der (Wieder-)Erlangung eines distanziert-reflektierten Umgangs mit dem Medium PC/Internet (Medienkompetenz) die Entwicklung sozial-kommunikativer Kompetenzen. Diese sollten unmittelbar in der Therapeut-Patient-Beziehung und unter Einbeziehung der Mitpatienten in der Gruppentherapie gefördert werden. Ein weiterer Aspekt bezieht sich auf den Aufbau eines externen Unterstützungssystems in Form eines sozialen Netzwerks im realen Leben. Zur Kompetenzerweiterung gehört ebenfalls eine soziotherapeutische Bearbeitung von schulischen und beruflichen Problemen. Dazu kann an den intellektuellen und kreativen Ressourcen dieser speziellen Patientengruppe angesetzt werden. Hierfür ist es auch wichtig zu prüfen, inwieweit Schul- und Berufsausbildungen nachgeholt werden können, die durch das Problemverhalten abgebrochen wurden. Darüber hinaus bestehen im Rahmen der medizinischen Rehabilitation vielfältige Möglichkeiten zur beruflichen Wiedereingliederung.

Schließlich sollte ein Prozess zur *schrittweisen Verbesserung der Selbstakzeptanz* angestoßen werden. Die Patienten sollen in die Lage versetzt werden, einzelne Veränderungen des Erlebens und Verhaltens in einen Gesamtkontext zu stellen. Durch die Förderung internaler Kausalattributionen soll der Betroffene lernen, erzielte Veränderungserfolge auf sich selbst zurückzuführen und sich insgesamt stärker als handelnde Person wahrzunehmen.

9.4 Die therapeutische Beziehung

Petra Schuhler

Gerade die bindungstheoretische Perspektive eröffnet spezifische Zielvorstellungen für das therapeutische Vorgehen. Wartner (1995) und Liotti (2008) geben dafür Beispiele. Wie in der eigenen psychotherapeutischen Vorgehensweise bindungsdynamische Aspekte integriert werden können, wird im Folgenden illustriert.

Die *Beziehung zum Therapeuten* wird von Patienten als besonders bedeutsame Erfahrung reflektiert. Der Therapeut stellt sich dabei dem Patienten als sichere Basis zur Verfügung. Dementsprechend sollte die therapeutische Beziehung von Verlässlichkeit, Wärme und Präsenz geprägt sein. Unter dieser Voraussetzung können Interaktionserfahrungen und motivationale Gefüge im Spannungsfeld der Befriedigung von Nähe- und Explorationsbedürfnissen, die in der virtuellen Welt gesucht werden, auf einem bindungstheoretischem Hintergrund analysiert werden. Das Gleiche gilt für die oft belastenden und in der subjektiven Bedeutung nachgeordneten Beziehungen in der realen Welt.

Der Patient wird dazu ermutigt, seine gegenwärtigen Wahrnehmungen hinsichtlich seines Selbstbildes und seiner sozial-interaktiven Beziehungen als Ergebnis von Kindheitserfahrungen zu sehen. Darauf aufbauend wird er angeleitet, die in der Regel sehr starke Bindung an die PC-Internet-Aktivität als Reaktion auf seine Beziehungserfahrungen in der Kindheit und Jugend zu verstehen. Zur Reflexion der Angemessenheit des inneren Arbeitsmodells, das darauf ausgerichtet ist, Nähe- und Explorationsmotive zu befriedigen, sollten Hilfestellungen gegeben werden. Dies betrifft z. B. die Bewertung der Nützlichkeit von Erfahrungsmodellen der Vergangenheit und der Gegenwart. In patientengerechter Sprache und durch geeignete Methoden sollte dem Betroffenen vermittelt werden, dass die psychische Entwicklung teilweise zum Stillstand gekommen ist und dass der dysfunktionale PC-/Internet-Gebrauch bzw. das pathologische PC-/Internet-Spielen ihm die Gelegenheit geboten hat, sich mit konflikthaften Themen und Beziehungsproblemen in kompensierender und angenehm-kontrollierend erlebter Form scheinbar günstig auseinanderzusetzen.

Diese inneren Flucht- und Reparationsversuche mit hoher emotionaler Bedeutung kreisen um zentrale Themen, welche folgendermaßen skizziert werden können: Eine sichere Basis und einen Zufluchtsort zur Verfügung zu haben, sich als Entdecker und Abenteurer zu erleben, Aggression und Wut abführen zu können und Selbstbeschwichtigung zu erleben, wenn Zweifel an der eigenen Autonomie und Kontrollkompetenz aufkommen. In einem immer wiederkehrenden, wiederholten Handlungsablauf wird die Lösung innerer Probleme vermeintlich gefunden. Die Identitätsentwicklung und Fähigkeit zur Beziehungsregulation in vivo stockt und wird weiter zurückgedrängt.

Die generelle therapeutische Zielsetzung lässt sich auf bindungstheoretischem Hintergrund folgendermaßen beschreiben: Angestrebt wird eine Exploration der aktuellen Lebenssituation vor dem Hintergrund der Lebens- und Bindungsgeschichte. Es sollen weiterhin dysfunktionale Muster in der Beziehungs-, Emotions- und Selbstregulierung herausgearbeitet werden sowie deren Konnotation als individuelle Notlösungen in ansonsten nicht bewältigbaren Entwicklungskrisen. Darauf baut eine Erarbeitung funktionaler, sozial interaktiver Alternativen im Erleben und Verhalten auf, ebenso wie die Stärkung der Ressourcen und gesunden Kräfte.

Die therapeutische Arbeit ist darauf ausgelegt, die *Wahrnehmung der persönlichen Geschichte* zu differenzieren um Einblick in das Selbst und in seine eigene Entwicklung nehmen zu können. Dabei sollen bedeutsame Beziehungen in der Biografie angemessen erkannt werden können. Dem Patienten wird geholfen, biopsychosoziale Verstehensmodelle für wichtige, tatsächlich stattgefundene, sozial interaktive Begegnungen zu entwickeln und auf die jetzige Situation anwenden zu können. Positive Beziehungserfahrungen sollen erkannt und in der inneren Welt verlässlich zugänglich sein.

Im ungünstigen Fall einer komorbiden Persönlichkeitsstörung, wie es offenbar überproportional häufig der Fall ist (Schuhler, 2008; Schuhler et al., in Vorbereitung; vgl. Kap. 8.5), sind die Patienten in ihrer Selbststeuerung, vor allem Gefühls- und Beziehungsregulierung, stark eingeschränkt. Sie sind kaum dazu in der Lage, eine Beziehung herzustellen, die sie als hilfreich und wichtig erleben. Gerade besonders schwierige Anforderungen, wie solche, die z. B. durch Konkurrenz in der Peergroup oder Werbung um Anerkennung beim anderen Geschlecht geprägt sind, schlagen fehl. In der virtuellen Welt wird dann versucht, an einem durchaus als authentisch erlebten Ersatzort, der scheinbar viel mehr als die reale Welt zu bieten hat, die Probleme zu lösen. Die Patienten fühlen sich im Gegensatz zur dieser in der Realität missverstanden, angegriffen, unterlegen, entwertet oder bedroht. Die wirkliche Welt wird so als aversiv erlebt, tritt immer weiter zurück und wird mehr und mehr zu einem Ort, vom dem es zu fliehen gilt. Während die Realität vom Scheitern und von Krisen gekennzeichnet ist, lockt die virtuelle Welt mit scheinbaren Erfolgen, Anerkennung und einer Bestätigung der eigenen Person nach einem idealen Selbstbild. Der dysfunktionale PC-/Internet-Gebrauch bzw. das pathologische PC-/Internet-Spielen wird zunehmend zur einzigen Möglichkeit, dem als drückend erlebten Alltag zu entfliehen und eine Beziehungswelt als aufregend-schön und schöpferisch-gestaltend zu erleben. Das folgende Fallbeispiel illustriert diese Motive.

Fallbeispiel:

Bei dem Patienten handelt es sich um einen 32-jährigen kaufmännischen Angestellten, der zum Interviewzeitpunkt seit drei Jahren World of Warcraft spielte, im letzten halben Jahr jeden Tag sechs bis acht Stunden. Die folgenden Gesprächsausschnitte wurden auf der Grundlage des Interviewleitfadens gewonnen, der sich im Anhang (vgl. S. 173 ff.) befindet.

Thema: Funktionalität der PC-/Internet-Aktivität; Suche nach Bedürfnisbefriedigung und Zielerreichung

„Ich habe das Spielen erstmal als Freizeit angesehen. Wenn man in Gilden ist, mit denen man ja als einziges weiter kommt, dann braucht man mehr Zeit. Die tiefe Komplexität des Spiels hat mich angezogen. Ich hab mich dadurch herausgefordert gefühlt in meinem Können. Es war herrlich. Ich hab versucht, die Aufgaben einer Klasse zu lösen. Die Figur zu gestalten, das hat mir Spaß gemacht. Ich war als Heiler unterwegs. Mensch, ich hab den Arsch der Gruppe gerettet, oft und oft.“

Thema: Zusammengehörigkeitsgefühl als sichere Basis

„Es war ein Gruppenspiel, allein schafft man das nicht. Getroffen habe ich die nie, schließlich hatte ich 300 bis 400 Mitspieler, aber wir waren ein Team. Das Gute daran ist allerdings, dass sie einem nicht so nahe rücken können. Man hat immer die Kontrolle. Allerdings habe ich dann in der Familie immer weniger gemacht. Ich hab gelogen, um spielen zu können, ich hab die Kontakte weitgehend eingeschränkt, das war vielleicht nicht so gut."

Thema: Spielerfahrungen in der Kindheit und Bezüge zur PC-/Internet-Aktivität

„Ich hatte von jeher ein Faible für Computer, aber wir konnten sie uns zu Hause nicht leisten. Deshalb war ich viel außer Haus, nicht aus eigenem Antrieb. Es gab oft Streit zu Hause, mein Vater war Alkoholiker und die Mutter körperlich behindert. Ich hab ein schwieriges Verhältnis zu ihr, es war nie liebevoll, noch nie gewesen. Nie haben meine Eltern mit mir gespielt, ich kann mich an kein einziges Mal erinnern. Sie hatten allerdings auch wenig Zeit. Ich habe eigentlich immer schon von Computern geträumt."

Thema: Mutterbeziehung

„Meine Mutter hat gekämpft, sie war manchmal auch streng und der Vater füllte seine Vaterrolle nicht aus. Er war zwar da, aber irgendwie auch nicht wirklich da. Er hat nie Position bezogen, er hat nie was mit mir gemacht. Besonders schlimm war es, wenn meine Mutter ungerecht war: Ich sollte beispielsweise am frühen Morgen mal auf die Hühner aufpassen, damit die nicht in die Blumen im Garten laufen. Sie hat dann zum Frühstück gerufen. Aber ich sollte doch auf die Hühner aufpassen und da kam ich nicht sofort. Und da hat sie mich geprügelt. Ich wusste bei ihr nicht, woran ich war. Aber in dem Spiel da, da hatte ich Kontrolle. Ich konnte es ja gut, ich konnte gut vorhersagen in dem Spiel, was passiert."

Thema: Vaterbeziehung

„Mein Vater hatte kein Interesse an uns Kindern. Ich flüchte mich heute in die PC-Welt, so wie er sich früher vor uns. Ich kann – so wie er früher – gut kaschieren. Ich höre von anderen, du bist doch gut gelaunt, nicht depressiv. Mein Vater war auch immer beliebt. Aber ich glaube, ihm waren alle egal. Ich hab mich da schon in früher Kindheit abgeschottet. Meine Mutter sagte: „Wenn du heulst, kriegst du noch eine rein". Nur durch Beobachtung hab ich mir ein Bild gemacht von Frauen und Männern, nicht weil Mutter und Vater mir das vermittelt hätten. Aber was ich klar mitgekriegt habe ist, dass Männer nicht heulen. Und im PC-Spielen muss man mit den Gefühlen ja gar nicht raus. Die anderen Spieler, die waren ja völlig austauschbar. Wenn man jemanden nicht leiden mochte, dann setzte man den auf die „Ignore-Liste". Das ist eine klasse Sache, dann wird er oder sie angeschrieben: Sie werden ignoriert. Und dann taucht der nicht mehr auf. Und dann gibt es natürlich eine „Friend-Liste" und da sind alle drauf, mit denen man Kontakt haben möchte. Das müsste es im wirklichen Leben auch geben."

Die pathologische Dynamik des Störungsbildes betrifft aus den genannten Gründen auch die interpersonelle Ebene. Schon deshalb müssen die therapeutischen Interventionen auf die *soziale Beziehungsfähigkeit* ausgerichtet sein. Im Einzelnen wird bei den Patienten die Fähigkeit zur Perspektivenübernahme im Sinn einer sicheren Selbst-Fremd-Differenzierung gefördert, um als Grundlage für die Entwicklung von Empathie, Feinfühligkeit und Frustrationstoleranz zu dienen. Der Aufbau sozial kompetenter Verhaltensweisen schließt sich daran an. Besonderes Augenmerk sollte auf die Verletzlichkeit der Patienten gelegt werden, wenn sie sich von ihrer Bindung zur virtuellen Welt lösen sollen. Die Bindung zwischen Mensch und PC-/Internet-Aktivität wird hier als das Ergebnis projektiver Prozesse verstanden: Offenbar lädt das Medium zu Projektionen, Imaginationen und Identifizierungen ein, die eine starke Kraft entwickeln können. Bei diesen Vorgängen handelt es sich sowohl um das imaginierte Ausleben von ansonsten unakzeptierten Impulsen als auch um das Sich-Bewegen in anderenfalls unerreichbaren Selbstidealen und in dem Ausleben von sehnsüchtigen Wünschen.

In der psychotherapeutischen Arbeit mit pathologischen PC-/Internet-Spielern sind heftige *interpersonelle Bedürfnisse*, wie Frustrations- und Enttäuschungs-Wut-Reaktionen, zu erwarten, die auch die therapeutische Beziehung nachhaltig prägen können. Gerade in der sensiblen Phase der Ablösung von der virtuellen Welt dominiert die Unfähigkeit des Patienten, Gefühle adäquat wahrzunehmen, differenziert zu erleben und entsprechend auszudrücken, so dass Behutsamkeit geboten ist, um die therapeutische Beziehung nicht irreparabel zu stören. Im virtuellen Raum wurde zwar nur eine, einem groben Ideal entsprechende, Pseudobeziehung eingegangen, diese ist subjektiv jedoch mit hoher Bedeutsamkeit besetzt. Der Verlustangst des Betroffenen betreffend das „Ich in der virtuellen Welt“ sollte deshalb eine besondere Beachtung entgegengebracht werden. Der Therapeut kann ansonsten leicht in die Rolle eines Spielverderbers geraten, der aus „überheblicher Besserwisserei“ heraus „alles zerstören“ und Schmerz zufügen will.

Die therapeutische Beziehung wird im Fall dieses Störungsbildes in spezifischer Weise beeinflusst: Es dominieren eine wenig differenzierte Spannung, Blockierungen, oftmals diffus negativ getönte Atmosphären, Wut, Hass und Irritationen, Unverständnis und ungünstige attributionale Muster. Ein wichtiger Einflussfaktor auf die Beziehungsgestaltung ist das Interesse seitens des Therapeuten an einer Auseinandersetzung mit der virtuellen Welt. Aber auch positive Reaktionen, wenn nun in der Realität befriedigende Begegnungen gelingen, haben daran einen Anteil. In diesem Zusammenhang hat ein Setting, das auf die therapeutische Gemeinschaft und das therapeutische Milieu setzt, besondere Bedeutung für ein günstiges Therapieergebnis (Vogelgesang, 2006). Erfahrungsgemäß sollte sich der Therapeut dem Patienten als wertschätzender, verständnisvoller, aber gleichzeitig strukturierender Gegenüber zur Verfügung stellen, der ebenfalls „Sachkenntnis“ über die virtuelle Welt aufweist.

Auf die Fähigkeit des Patienten, eigene *Emotionen* zu differenzieren, sollte besonderes Augenmerk gerichtet werden. Wichtige Themen sind hier: Welche Gefühle wurden erlebt, unterschieden, ertragen, reguliert, ausgedrückt und verstanden? Wie wurden Andere erlebt, wahrgenommen und wie wurde mit ihnen umgegangen? Es geht vor allem darum, Beziehungen zu reflektieren und die eigenen Risiko- und Schutzfaktoren zu erkennen. Wie wurden diese genutzt, um Entwicklungsaufgaben und Beziehungskrisen zu bewältigen? An welcher Stelle trat die virtuelle Identität als „Kitt“ in der Beziehungs- und Selbstbildsteuerung hinzu, um Defizite, Misserfolge oder Ängste auszugleichen?

Im Mittelpunkt steht das Ziel einer angemessenen *Beziehungsregulation*, um funktionale, sozial interaktive Erlebens- und Verhaltensalternativen zu erlagen. Gleichzeitig dient diese dazu, dass Distanz gewonnen werden kann, wenn dies nötig ist, aber gleichzeitig emotionale Nähe möglich und angenehm erlebbar zu machen. Die Fähigkeit zum Mitfühlen, Empathiefähigkeit und Feinfühligkeit im Bezug auf andere müssen gestärkt werden. Dafür ist es sicherlich notwendig, die Beziehung, Wahrnehmung und Zufriedenheit in Bezug auf den eigenen Körper zu stärken. Der Umgang mit negativen Emotionen, die Fähigkeit andrängende Impulse zu steuern und auch die Bereitschaft, Verantwortung für das eigene Handeln zu übernehmen, sollten im therapeutischen Zielkontext nicht fehlen.

In einem übergeordneten Sinn ist das Therapieziel, einen selbstreflexiven Zugang zur inneren Welt zu erreichen und Verständnis für das eigene *Selbst* zu gewinnen. Es sollte eine Sprache gefunden werden, die dies auch auszudrücken vermag und sich jenseits der rudimentären PC-/Internet-Sprache bewegt, die z. B. Begriffe wie „noob“ und „newbie“ beinhaltet („newbie“ bezeichnet einen Anfänger, die daraus verkürzte Form „noob“ ist eher abwertend gemeint und wird häufig als Schimpfwort benutzt). Schließlich sollte es in der Therapie auch darum gehen, Normen und Werte zu entwickeln und Möglichkeiten geschaffen werden, sich damit zu identifizieren. Hierbei stehen Hilfsbereitschaft, soziale Unterstützung und Aufrichtigkeit im Vordergrund.

Der Umgang mit negativen Emotionen, vor allem Aggressionen, Wut und Hassgefühlen, ist mit dem dysfunktionalen und PC-/Internet-Gebrauch bzw. pathologischen PC-/Internet-Spielen in der Regel eng verknüpft. Deshalb gehört die Fähigkeit, die *Perspektive des Anderen* zu erkennen und auch zumindest zeitweise zu akzeptieren, vor allem im Fall von Kränkung, Kritik und Zurückweisung zu den prominenten Therapiezielen. Gleichzeitig sollte es dem Patienten gelingen, sich von destruktiven Impulsen zu distanzieren und diese bewusst steuern zu können. Die Fähigkeiten zur Phantasietätigkeit und Symbolisation sollten außerhalb der virtuellen Welt gestärkt werden. So erschließt sich der Patient die positiven Wirkungen funktionaler projektiver und imaginativer Prozesse. Insgesamt sollte ein helfend-sorgsamer Umgang mit sich selbst etabliert werden, der die Bedürfnisse erfüllen kann, für sich selbst zu sorgen, zu beruhigen, sich zu trösten, zu helfen und zu schützen – so wie es idealerweise Bindungspersonen getan haben sollten.

9.5 Symptomatologische Behandlung

9.5.1 Entwicklung von Medienkompetenz (Ampelmodell)

Da es sich beim exzessiven PC-/Internet-Spielen um die Ausbildung einer starken Gewohnheit handelt, bei der ein wenig reflektiertes, eher spontanes und durch medienbezogene Hinweisreize ausgelöstes Handlungsmuster vorliegt (Six et al., 2005), ist zu Behandlungsbeginn eine „Auszeit“ von jeglicher PC-/Internet-Aktivität notwendig. Bei dieser konfrontativen Anforderung muss mit erheblichen Widerständen seitens der Betroffenen gerechnet werden, da aufgrund der starken Bindung an das Medium PC/Internet Verlustängste aktiviert werden. Dies kann zu weiteren Ängsten, depressiven Reaktionen und Rückzugstendenzen führen. Überraschende Eingriffe von Außenstehenden können Ärger- und Wutreaktionen zur Folge haben.

Liegt ein pathologisches Nutzungsmuster vor, so ist eine dauerhafte Trennung von der zentralen PC-/Internet-Aktivität (Gamen, Chatten, Surfen) zwingend erforderlich. Die Klärung des „Ausstiegs" sollte im Rahmen eines Vertragsmanagements erfolgen. Im Anhang finden sich eine entsprechende Zusatzhausordnung (vgl. S. 179) sowie eine therapeutische Vereinbarung über die Nutzung des Internetcafés in begründeten Fällen (vgl. S. 180) bezogen auf eine stationäre Behandlung. Diese Vereinbarungen müssen an das jeweilige therapeutische Setting angepasst werden. Im Gegensatz dazu kann bei einem dysfunktionalen PC-/Internet-Gebrauch nach einer vorübergehenden Auszeit ein reduzierter Umgang mit dem problematischen Verhalten im Einzelfall versuchsweise erprobt werden.

Die notwendige, endgültige Löschung des Spiel-Accounts oder Verabschiedung aus einem speziellen Chatroom oder Fachforum zu Beginn der Behandlung stellt für die Patienten eine hohe Anforderung dar. Insbesondere bei Gamern ist zu klären, wie mit deren Account zu verfahren ist. Dieser ist für Betroffene auch mit einem erheblichen (finanziellen) Wert verbunden, da sie sehr viel Arbeit in die erreichten Spiellevels und die Aneignung von Kräften gesteckt haben. Im ersten Behandlungsabschnitt muss daher auf einer Entscheidung zum dauerhaften Verzicht bestanden und dabei ausgeschlossen werden, dass der Account an Freunde verschenkt wird, was einen möglichen Wiedereinstieg erleichtern würde. Im Anhang findet sich dazu eine entsprechende Verzichtserklärung (vgl. S. 181). Für die Abmeldung ist eine entsprechende technische Kompetenz und Ausstattung auf der therapeutischen Seite erforderlich. Die Patienten werden aufgefordert, entsprechende Unterlagen wie ihre E-Mail-Adresse, die Geheimfrage, den CD-Key und einen gültigen Personalausweis in die Behandlung mitzubringen. Die Abmeldung bzw. Löschung eines Spielaccounts sollte schriftlich bei der Firma, die das entsprechende Spiel vertreibt, erfolgen (vgl. die Briefvorlage auf S. 182 im Anhang). Eine analoge Abmeldungsroutine sollte bei Betroffenen vom Chatting- oder Surfing-Typ aus dem jeweils problematischen Chatroom oder den bevorzugten Fachforen erfolgen. Bei Vereinbarungen zwischen Patient und Therapeut sollten die Art bzw. der Umfang der Problematik und das Behandlungssetting (ambulante vs. stationäre Behandlung) berücksichtigt werden. Da Absprachen durch den Betroffenen jedoch umgangen oder rückgängig gemacht werden können, ist für ihre Verbindlichkeit die Qualität der therapeutischen Beziehung entscheidend.

Sobald Patienten mit diesem konkreten Vorgehen konfrontiert werden, ergibt sich aufgrund der emotionalen und identifikatorischen Bindung an die PC-/Internet-Aktivität als spontane Erstreaktion tiefes Erstaunen bis Erschrecken und es bedarf erheblicher Motivationsarbeit, diesen ersten Schritt zu vollziehen. Auf dem Hintergrund des bindungstheoretischen Störungsmodells lässt sich der erste Behandlungsabschnitt als „Trauerarbeit" auffassen. Dabei kann es hilfreich sein, wenn zusammen mit dem Patienten in der Einzel- oder Gruppentherapie ein ritueller Abschied vollzogen wird. Die technische Abmeldung eines Accounts sollte erfolgen, indem sich der individuelle Avatar in seiner virtuellen Gemeinschaft verabschiedet oder im Chatroom bzw. einem speziellen Fachforum einen Abschiedsgruß, eventuell mit Begründung, an die virtuellen Partner und deren Gemeinschaft hinterlässt. Der Abschiedsprozess sollte dadurch gefördert werden, dass bereits in dieser Behandlungsphase alternative reale Erfahrungen zur Verfügung gestellt werden, um eine emotional getragene Perspektive für die reale Welt in Aussicht zu stellen. Als hilfreich für diesen „Abschiedsprozess" erweist sich die Gruppe der gleich betroffenen Patienten.

Der Loslösungsprozess vom universellen Lieblingsspielzeug PC/Internet muss durch einfühlendes Verständnis des Therapeuten getragen werden (vgl. Kap. 9.4). Aufgrund der oftmals unterschiedlichen Medienerfahrenheit erfordert dies auch, dass der Therapeut neben einer ausreichenden technischen Medienkompetenz Einblicke in die jeweilige PC-/Internet-Aktivität seiner Patienten hat. Dies macht es z. B. erforderlich, bei Games auf dem neuesten Stand zu sein, um deren Funktionsweise nachvollziehen zu können. Das gleiche gilt natürlich für die von Patienten bevorzugten Chatrooms und Spezialforen sowie die aktuellen, sich beständig weiter entwickelnden Handlungsoptionen im Web 2.0 (Hein, 2007). Im Rahmen eines Therapeutenteams ist es möglich, dass sich einzelne Mitglieder auf bestimmte Bereiche spezialisieren, um ihre Gruppe regelmäßig mit auf die Reise in einschlägige virtuelle Welten nehmen zu können.

Das symptomorientierte Behandlungsziel bei pathologischem PC-/Internet-Spielen orientiert sich nicht an dem für Suchterkrankungen gültigen Abstinenzprinzip. Da es sich bei diesem neuen Störungsbild um eine Einschränkung der Medienkompetenz handelt, muss ein funktionaler Umgang mit den Neuen Medien erlernt werden, da diese unseren privaten und beruflichen Alltag bestimmen. Es ist also anzustreben, einen moderaten, reflektiert-kontrollierten Umgang mit dem Medium PC/Internet zu erwerben. Das symptomorientierte Vorgehen orientiert sich deshalb an dem sogenannten *Ampelmodell.* Mithilfe von Zielvereinbarungen sollte der Patient mit seinem Therapeuten individuell festlegen, welche PC-/Internet-Aktivitäten eingestellt bzw. eingeschränkt werden müssen (vgl. S. 183 f. im Anhang).

Das Ampelmodell

Nach einer vorübergehenden Auszeit von jeglicher PC-/Internet-Aktivität wird ein Tabubereich (rot) definiert, in den jegliche Aktivitäten fallen, auf die dauerhaft verzichtet werden soll. Weitere Bereiche werden erarbeitet, die als gefährlich (gelb) und als unproblematisch (grün) anzusehen sind.

Tabubereich (rot)
Der *Tabubereich (rot)* erfordert einen völligen Verzicht auf die darin eingeordneten, individuell festzulegenden Aktivitäten. Bei Gamern umfasst dieser Bereich das Spielen einschlägiger Games, bei Chattern den Besuch der bevorzugten Chatrooms. Surfer verzichten in diesem Zusammenhang darauf, sich auf berufsfremden oder für den Alltag nicht erforderlichen Websites von Link zu Link zu bewegen bzw. spezielle bevorzugte Foren aufzusuchen. Neben der bereits erwähnten Hauptkomplikation, dass eine völlige Entsagung den Betroffenen sehr schwer fällt, kann der entgegengesetzte Fall eintreten, dass Patienten aus Angst vor einem „Rückfall" dauerhaft jegliche PC-/Internet-Aktivität ablehnen wollen (ein Beispiel ist die Fallgeschichte des pathologischen Ebayers Herrn K. in Kap. 8.4). Einer solchen übergeneralisierten oder kontraphobischen Reaktion ist entgegenzuarbeiten, um die berufliche Reintegration nicht zu gefährden.

gefährlicher Bereich (gelb)
Während der vorübergehenden Einstellung der PC-/Internet-Nutzung (von definierten Ausnahmen abgesehen, wie z. B. bei beruflichen Verpflichtungen, deren Erledigung anhand von Protokollen nachbesprochen wird) ist im weiteren Verlauf der Behandlung zu erarbeiten, welche Aktivitäten möglicherweise *gefährlich (gelb)* sind und bei deren Durchführung Vorsicht geboten ist. In der Regel gehören dazu Online-Tätigkeiten, die alleine durchgeführt werden, in einem abgeschlossenen Bereich zu Hause erfolgen und/oder längere Zeit andauern. Für diese müssen auf den Einzelfall bezogen Maßnahmen zur kontrollierten Nutzung formuliert werden. Konkrete Schritte beinhalten z. B. Regeln über eine zeitliche Begrenzung und/oder veränderte örtliche Ansiedlung der PC-/Internet-Aktivität.
ungefährlicher Bereich (grün)
Schließlich muss ein Tätigkeitsbereich definiert werden, der als *unproblematisch (grün)* einzustufen ist. Dies betrifft in der Regel berufliche PC-/Internet-Aktivitäten, aber auch den Umgang mit diesem Medium im privaten Bereich, zu dem beispielsweise die Buchung von Urlaubsreisen etc. gehört. Diese Freigabe von bestimmten Aktivitäten ist erforderlich um unnötige private und berufliche Einschränkungen zu vermeiden, so dass die positiven Möglichkeiten der Neuen Medien weiterhin genutzt werden können. Ein solches Vorgehen ist in der mittleren Behandlungsphase zu etablieren. Es ist im Verlauf immer wieder neu zu überprüfen, ob getroffene Vereinbarungen eingehalten werden oder aufgrund von eingetretenen Erlebnissen, die als Gefährdung erlebt werden, neue Festlegungen zu treffen sind.

Wie aus den dargestellten Falldarstellungen von Herrn E. (vernetzter Strategiespieler in Kap. 8.1), Frau G. (Erotik-Chatterin in Kap. 8.2) und Herrn I. (naturwissenschaftlicher Surfer in Kap. 8.3) zu entnehmen ist, gelingt es Patienten, ihr Verhalten nach Abschluss der Behandlung dauerhaft an dem Ampelmodell auszurichten.

9.5.2 Motivierung und Rückfallprävention

Ein weiterer übergeordneter Aspekt der symptomorientierten Behandlung betrifft die Änderungsmotivation. Das Störungsbild des pathologischen PC-/Internet-Spielens ist dadurch charakterisiert, dass es zu einem Rückzug in virtuelle Welten gekommen ist, in denen dem Betroffenen intensive unmittelbare Gratifikationen zur Verfügung stehen. Es besteht somit das Grundproblem einer Orientierung auf die unmittelbare Bedürfnisbefriedigung, indem sich kurzfristig belohnte Verhaltensweisen unter Inkaufnahme langfristig negativer Folgen zu einem eskalierenden Verhaltensmuster verfestigen. In diesem Prozess nimmt die für das Alltagsleben bedeutsame Fähigkeit zum Belohnungsaufschub schrittweise ab. Diese Kernproblematik ist auch bei Suchtkranken bekannt. Es ist deshalb bei der symptomorientierten Behandlung auf zwei in der Suchttherapie entwickelte Behandlungsstrategien, die inzwischen zu Grundstrategien psychotherapeutischen Vorgehens verallgemeinert wurden, zurückzugreifen: Zum einen die nicht konfrontative Motivationsarbeit und zum anderen die auf der sozial-kognitiven Lerntheorie basierende Rückfallprävention.

Nicht konfrontative Motivationsarbeit

Die von Miller und Rollnick (2004) entwickelte *motivierende Gesprächsführung* („Motivational Interviewing") geht davon aus, dass bei psychischen Störungen eine motivationale Ambivalenz vorliegt. Wie bereits von Siegmund Freud (1943) formuliert, wird auch hier angenommen, dass ein Konflikt zwischen den mit einem Symptom verbundenen Nachteilen (Leidensdruck) und den gleichzeitig vorhandenen Vorteilen (sekundärer Krankheitsgewinn) vorliegt. Aus dieser Vorstellung heraus wurden später kognitive Kosten-Nutzen-Modelle zur Behandlungsmotivation (Krause, 1966) entwickelt, die von Miller und Rollnick zu der bekannten „Waage-Metapher" verarbeitet wurden. Nach dieser kann man sich die Veränderungsmotivation als Ergebnis eines (Un-)Gleichgewichts zwischen vier motivationalen Kräften vorstellen. Dafür, das Symptomverhalten beizubehalten, spricht sowohl der mit dem Problemverhalten verbundene Beibehaltungsnutzen, d. h. die unmittelbar resultierenden kurzfristigen Belohnungen, als auch die Veränderungskosten, d. h. die materiellen, psychischen und sozialen Aufwendungen, die mit einer Verhaltensänderung verbunden wären. Dagegen können die Beibehaltungskosten, d. h. alle längerfristigen körperlichen, psychischen und sozialen Nachteile, und der Veränderungsnutzen, d. h. alle Vorteile, die aus einer Überwindung des Problemverhaltens resultieren würden, eine Veränderung des Symptomverhaltens motivieren. Je nachdem, welche Kosten und Nutzen subjektiv überwiegen, fällt die Motivation der Betroffenen aus, ihr Verhalten zu ändern.

Die motivierende Gesprächsführung versucht mittels einer empathischen Grundhaltung kognitiv-emotionale Dissonanzen in Bezug auf das Symptomverhalten zu entwickeln. Diese sollen als „Motor" für eine Veränderung der Problematik fungieren. In diesem Veränderungsprozess, der die vier beschriebenen motivationalen Kräfte betrifft, gilt als methodischer Grundsatz, bestehende Widerstände nicht zu verstärken. Das soll erreicht werden, indem direkte Konfrontationen vermieden werden und eine zunehmende Selbstwirksamkeit aufgebaut wird. Der Therapeut versucht, mittels empathischen Zuhörens und offener Fragen selbstmotivierende Aussagen des Patienten zu fördern, ihm persönliche Rückmeldungen zu geben und bestehende Widerstände bei ihm durch positive Umdeutungen abzubauen. Unter Betonung der Wahlfreiheit des Betroffenen werden die kurz- und langfristigen Vor- und Nachteile des Symptomverhalten und seiner Überwindung analysiert, um darauf aufbauend Pläne zur Verhaltensänderung unter fachlicher Anleitung zu entwickeln.

Die motivierende Beratung („Motivational Counseling") ist eine Weiterentwicklung dieses Vorgehens. Mit diesem entscheidungstheoretischen Motivationsansatz von Cox und Klinger (2004) wird der Veränderungsprozess als bewusste Entscheidung zwischen Verhaltensalternativen konzipiert. Bezogen auf die vorliegende Problematik bedeutet dies, dass die medienbezogenen Verhaltensmuster mit ihren virtuellen Gratifikationen den nicht medienbezogenen Verhaltensweisen und Erlebnismustern mit ihren entsprechenden Belohnungen als wählbare Alternativen gegenübergestellt werden.

Im Mittelpunkt der beratenden Motivationsarbeit steht die Bearbeitung von „aktuellen Anliegen" („Current Concerns"), die bei jedem Betroffenen individuell in allen möglichen Lebensbereichen vorliegen können. Dem Patienten kann z. B. daran gelegen sein, seine finanzielle Situation zu verbessern, seine körperliche Fitness zu verändern, eine spezielle Beziehung zu klären, ein Hobby zu entwickeln oder Urlaubsaktivitäten zu planen. Aus der Analyse der Wechselbeziehungen zwischen allen aktuellen Anliegen ergibt sich die Behandlungsstrategie. Diese sieht vor, dass diejenigen „Current Concerns" bearbeitet werden, deren Veränderung sich positiv auf andere Verhaltensbereiche auswirkt bzw. bei denen keine oder geringe negative Folgen für andere Ziele zu erwarten sind. Aus diesem diagnostisch-therapeutischen Prozess geht eine Motivation zur Veränderung des Problemverhaltens hervor, denn dem Betroffenen wird so konkret deutlich gemacht, inwieweit seine exzessive PC-/Internet-Aktivität mit der Veränderung wichtiger Anliegen in seiner aktuellen und zukünftigen Lebenssituation im Widerspruch steht.

Sozial-kognitive Rückfallprävention

Die zweite symptomorientierte Behandlungsstrategie bezieht sich auf die sozial-kognitive Lerntheorie zur Rückfallprävention.

Das ursprüngliche *sozial-kognitive* Rückfallpräventionsmodell von Marlatt und Gordon (1985) geht davon aus, dass durch überwiegenden Stress eine Rückfallgefährdung entsteht, indem Kognitionen (z. B. Gedanken an das Suchtmittel bzw. süchtige Verhalten) und Verhaltensmuster (z. B. das Aufsuchen von früheren „Risikosituationen") ausgelöst werden, die in funktionaler Beziehung zum Suchtverhalten stehen. Unbewusst führt dies zur Wiederaufnahme des Problemverhaltens (sog. „geplanter Rückfall"). Das damit verbundene Versagenserlebnis (sog. „Abstinenz-Verletzungs-Effekt") löst eine dauerhafte Reaktivierung der Symptomatik aus. Dieses Modell wurde auch auf Problemverhalten übertragen, das sich nicht auf das Abstinenzparadigma beziehen lässt. Ein Beispiel dafür ist die Verhinderung von „Rückfällen" in alte Essgewohnheiten, um eine diätisch erzielte Gewichtreduktion aufrechtzuerhalten (Sternberg, 1985).

In Bezug auf das pathologische PC-/Internet-Spielen bedeutet dies, dass eine Wiederaufnahme der exzessiven Nutzungsmuster droht, wenn es dem Betroffenen nicht gelingt, Kompetenzen zur Bewältigung von Alltagsstress zu entwickeln und befriedigende alternative Erlebnismöglichkeiten aufzubauen. Ansonsten kann es geschehen, dass in akuten Belastungssituationen oder beim Erleben von Frustrationen Gedanken an die frühere PC-/Internet-Aktivität ausgelöst und PC/-internetbezogene Anreizsituationen aufgesucht werden. Aus der möglicherweise einmaligen Wiederaufnahme des alten Verhaltensmusters (Gamen, Chatten, Surfen) kann aufgrund von Versagensgefühlen ein dauerhafter „Rückfall" in das frühere exzessive Verhaltensmuster resultieren. Es ist auch deshalb sinnvoll, die Lebensumgebung des Patienten so umzustrukturieren, dass keine unnötigen Anreize zur Wiederaufnahme des medienbezogenen Problemverhaltens bestehen. Darüber hinaus sollten kognitive und behaviorale Techniken zur Bewältigung von „problemauslösenden Vorboten" (Gedanken, Gefühle, Verhaltensmuster) eingeübt werden (Beck et al., 1997).

Inzwischen liegt eine Revision des sozial-kognitiven Modells (Marlatt & Donovan, 2005) vor. Dieses *dynamische Rückfallpräventionsmodell* (Marlatt & Witkiewitz, 2005) bietet die Möglichkeit, die beschriebene suchttherapeutische Rückfallpräventionsstrategie noch besser auf andere Problembereiche zu übertragen, wie dies z. B. bezogen auf die Verhütung sexuell riskanter Verhaltensweisen erfolgt ist (Zawacki et al., 2005). Die Bestandteile des ursprünglichen Modells wurden empirisch überprüft, woraufhin die Autoren neue Bestandteile in ein dynamisches Interaktionsmodell integriert haben. Im neuen Modell werden die Störungsdauer, das Ausmass sozialer Unterstützung und komorbide psychische Störungen als distale Determinanten für einen Rückfall betrachtet. Auch betonen die Autoren die Bedeutsamkeit motivationaler Faktoren, die Kompetenzen bei der Bewältigung von unangenehmen Gefühlszuständen und die Fähigkeiten zur Selbstregulation sowie den Einfluss situativer Auslösefaktoren. Mit diesem Modell lassen sich die einen „Rückfall" auslösenden Bedingungen bei einem so komplexen Störungsbildern wie dem pathologischen PC-/Internet-Spielen noch besser erfassen. Die Verhütung eines „Rückfalls" in das frühere exzessive Nutzungsmuster des Mediums PC-/Internet kann danach nur gelingen, wenn neben der Aufrechterhaltung der neu erworbenen Medienkompetenz und dem Aufbau von befriedigenden Erlebnismöglichkeiten in der Realität die sozialen und persönlichen Ursachen des Störungsbildes therapeutische bearbeitet werden.

9.6 Ursachenbezogene Behandlung

9.6.1 Klinische Erklärungsmodelle

Das klinische Erklärungsmodell des pathologischen PC-/Internet-Spielens orientiert sich an dem biopsychosozialen Rahmenmodell (vgl. Kap. 5.3) und dem daraus abgeleiteten Störungsmodell (vgl. Kap. 7). Das pathologische PC-/Internet-Spielen kann danach unter funktionalem Gesichtspunkt als eine *psychosomatische Regulationsstörung* (Paar et al., 1999) aufgefasst werden. Eine solche Störung bezieht sich auf die verschiedenen Ebenen der neurobiologischen Regulation, der Affektregulation und der Beziehungen zum Körper, zum Selbst und zu äußeren Objekten. Dabei wird die besondere Bedeutung der frühkindlichen Bindung an primäre Bezugspersonen betont. Unter strukturellem Gesichtspunkt lässt sich das pathologische PC-/Internet-Spielen als eine spezielle Variante einer *Persönlichkeits- und Verhaltensstörung* (Fiedler, 1999; Millon, 1990) beschreiben, bei der es aufgrund kosntitutioneller Faktoren und sozialer Erfahrungen zu einer früh entstandenen und lang anhaltenden Störung in Form eines charakteristischen Lebensstils und gestörten Verhältnisses zur eigenen Person und anderen Menschen kommt. Dabei handelt es sich nicht um eine der spezifischen Persönlichkeitsstörung im engeren Sinne (Fiedler, 2000), sondern um eine entwicklungpsychopathologische Störung des Beziehungsverhaltens (Dilling et al., 1991: F 68.8). Der Lebensstil ist durch den dominierenden Bezug auf den virtuellen Erlebnismodus, die Beziehung zur eigenen Person durch eine depressiv-ängsliche Selbstwertstörung und das Verhältnis zur sozialen Umwelt durch den weitgehenden Beziehungsabbruch bestimmt. Im Folgenden werden die theoretischen Annahmen dieser beiden Erklärungskonzepte als Grundlage der ursachenbezogenen Behandlung etwas ausführlicher erläutert.

Das Modell der psychosomatischen Regulationsstörung. Frühe Bezugspersonen werden als externe psychobiologische Regulatoren für das erfahrungsabhängige Wachstum des kindlichen zentralen Nervensystems angesehen. Als Reaktion auf diese externen

„Auslöser" entwickeln sich auf der neurobiologischen Ebene des Kindes komplexe *selbstregulatorische Prozesse und Strukturen*. Der Ablauf dieses Entwicklungsprozesses bestimmt das Ausmaß der späteren Kompetenz für eine adäquate Stressverarbeitung. Die *Affektregulation* und eine mögliche Störung derselben werden an der „Schnittstelle von Innen- und Außenwelt" lokalisiert. Die Art der Bindung an frühkindliche Bezugspersonen bestimmt dabei, wie sich die individuelle Fähigkeit zur Differenzierung und Regulierung von Gefühlen entwickelt. Es besteht die Gefahr, dass durch Affektüberflutungen, stark wechselnde Gefühlsreaktionen der Bezugspersonen oder Beziehungsverluste eine spätere Anfälligkeit für stressauslösende Belastungen gebildet wird. Bezogen auf das *Körper-Selbst* entstehen im Rahmen der frühen Bindungserfahrungen mehr oder minder differenzierte Wahrnehmungen des eigenen Körpers. Wie diese Selbstwahrnehmung ausfällt, hängt davon ab, welche Modelle körperlicher Erfahrungsweisen die frühe Mutter-Kind-interaktion für die eigenen Selbst- und Objektrepräsentationen liefern. Das vorhandene Beziehungsnetz in frühen Entwicklungsphasen hat Einfluss darauf, ob sich spätere Störungen der *Objektbeziehungen* bilden, ebenso wie auf die Ausbildung von Kompetenzen im Umgang mit Belastungen und Erkrankungen.

Persönlichkeits- und Verhaltensstörung. Nach Millons (1990) *biosozialer Lerntheorie der Persönlichkeitssörung* entwickeln sich solche Störungen auf dem Hintergrund entwicklungsbedingter Lernerfahrungen. Dazu gehören biologische Faktoren (Vererbung und pränatale Entwicklung) sowie neurobiologische Einflüsse in Abhängigkeit von bestimmten Entwicklungsstufen: (a) die Gefühlsregulation im Rahmen von unter- oder überstimulierten Bindungserfahrungen im ersten Lebensjahr, (b) erzieherische Unter- oder Überforderungen bei der Bewältigung alltäglicher Anforderungen in den ersten Lebensjahren, (c) Entwicklung der Geschlechtsidentität in Abhängigkeit des Vorhandenseins oder Fehlens von Erziehungsvorbildern während der Pubertät und (d) die dazu parallel verlaufende Entwicklung der intellektuellen Kompetenzen in Abhängigkeit von mehr oder minder fördernden Leistungsanreizen. Hinzu kommt (e) das komplexe Wechselspiel von Eigeninitiative und vorhandenen Begrenzungen hinsichtlich körperlicher, psychischer und sozialer Bedürfnisse und Anforderungen. Unter diesen Einflüssen kann es zu mehr oder minder günstigen Lernbedingungen kommen, die wiederum von den Erziehungspersonen, traumatischen Erfahrungen und soziokulturellen Einflüssen abhängig sind.

Fiedler (1999) erweiterte Millons Ansatz zu einem *Vulnerabilitäts-Stress-Modell der gestörten Persönlichkeit* das sich auf die Auslösung und Aufrechterhaltung von Persönlichkeitsstörungen anwenden lässt. Er postuliert die Existenz einer diathetischen Vulnerabilität (Erbeinflüsse und Traumata um die Geburt herum) und einer psychosozialen Vulnerabilität (ungünstige familiäre, erzieherische und soziale Einflüsse auf die frühkindliche Entwicklung). Der Autor nimmt an, dass eine aufgrund dieser Faktoren entstandene Persönlichkeitsstörung auch als Beeinträchtigung des zwischenmenschlichen Beziehungsverhaltens aufgefasst werden kann. Derartige zwischenmenschliche Verhaltensmuster sind einerseits im Sinne von Kompetenzen zu verstehen, die in Krisenzeiten als Schutzfaktoren eingesetzt werden, gleichzeitig jedoch im Konflikt mit dem sozialen Umfeld stehen. Darüber hinaus erweitert Fiedler sein Konzept der Persönlichkeitsstörung um salutogenetische Faktoren im Sinne Antonovskys (1987; vgl. Kap. 5.2), indem er auf mögliche protektive Faktoren der Persönlichkeit hinweist.

Das pathologische PC-/Internet-Spielen stellt sich somit als Störung der biopsychosozialen Selbstregulation dar, bei der die Konfrontation mit den aktuellen gesellschaftlichen Lebensbedingungen (vgl. Kap. 6.1) zu Überforderungen bei den Betroffenen führt, wodurch die Gratifikationen des virtuellen Erlebnismodus überragende Bedeutung erhalten. Darüber hinaus kann das Störungsbild als ein früh entstandenes und lang anhaltendes Persönlichkeits- und Verhaltensmuster aufgefasst werden, wobei es aufgrund fehlender personaler und sozialer Ressourcen zu einem dauerhaften Rückzug in die virtuelle Erlebniswelt des PC-/Internet-Spielens kommt. Die im Folgenden dargstellten Behandlungsstrategien und -methoden beziehen sich entsprechend auf dieses Verständnis. Eine ausführliche Beschreibung des konkreten therapeutischen Vorgehens in einem gruppentherapeutischen, störungsspezifischen Programm findet sich bei Schuhler und Kollegen (in Vorbereitung)

9.6.2 Behandlungsstrategien und -methoden

Im Behandlungssetting steht der stationären medizinischen Rehabilitation ein multiprofessionelles Team von Ärzten, Psychotherapeuten, Soziotherapeuten, Ergo- und Sporttherapeuten zur Verfügung. Neben der Behandlung des primären Störungsbildes können die häufig auftretenden komorbiden Störungen psychotherapeutisch und/oder ggf. pharmakologisch behandelt werden. Für eine ambulante medizinische Rehabilitation sind angenähert ähnliche Rahmenbedingungen erforderlich.

Für die direkte therapeutische Arbeit mit den Patienten empfehlen sich sowohl einzel- als auch gruppenpsychotherapeutische Maßnahmen. Der Schwerpunkt der Einzeltherapie ist darauf gerichtet, alternative Beziehungserfahrungen innerhalb einer wertschätzenden und verlässlichen Therapeut-Patient-Beziehung zu ermöglichen (vgl. Kap. 9.4). Im Folgenden wird auf die Gestaltung der Gruppentherapie eingegangen.

Das Vorgehen sollte sich aufgrund der bei dem Krankheitsbild im Vordergrund stehenden Beziehungsstörung an der interaktionellen Gruppenpsychotherapie (Ott, 2001; Yalom, 1989) orientieren. Dieser Ansatz nimmt als zentrale Wirkfaktoren des therapeutischen Prozesses die in der Gruppe erfahrene Akzeptanz und Zugehörigkeit an. Die Betroffenen haben die Möglichkeit, durch das Einbringen persönlicher Belange sich gegenüber anderen zu öffnen und Verständnis für sich selbst zu gewinnen. In der Gruppe kann aus zwischenmenschlichen Handlungen gelernt werden, es findet eine emotionale Katharsis statt und die Patienten erleben die Universalität des Leidens und können gleichzeitig Hoffnung und Optimismus entwickeln. Dies lässt sich am besten in einer störungsspezifisch homogenen Gruppe verwirklichen.

Zu Beginn der Behandlung zeigen pathologische PC-/Internet-Spieler eine ausgeprägte soziale Zurückgezogenheit. Die Gestaltung der Gruppenpsychotherapie bedarf deshalb einer Modifikation im Sinne der von Yalom (2005) vorgeschlagenen Low-Level-Gruppe: Um die Gefahr einer zu starken sozialen Konfrontation zu vermeiden, sollte die Gruppe kleiner, zeitlich begrenzter, strukturierter und räumlich offener gestaltet werden. Demselben Ziel dient die Zuhilfenahme von sport- und ergotherapeutischer Methoden.

Die Gruppenpsychotherapie sollte zusätzliche indikative Angebote in Hinblick auf die jeweiligen komorbiden Störungen (z. B. Umgang mit Depressionen, Angstbewältigung, soziales Kompetenztraining, differenzierte Gruppen zur Suchtproblematik, etc.) enthalten. Darüber hinaus ist eine interaktionelle Therapie innerhalb der therapeutischen Wohngruppe sinnvoll.

Dieses spezifische Vorgehen sollte in ein multiprofessionelles Rahmenprogramm (Petry, 2006) eingebettet werden, so dass weitere Entwicklungsimpulse mittels ergänzender Behandlungsmethoden erzielt werden können. Diese können erlebnispädagogischer Art sein (z. B. Hochseilgarten), sporttherapeutische Maßnahmen zur Verbesserung der Körperwahrnehmung (z. B. motorische Koordinationsübungen) umfassen oder ergotherapeutische Angebote, welche die materielle Widerständigkeit der realen Welt einbeziehen (z. B. Steinmetzarbeit) oder bildbetonte Auseinandersetzungen mit virtuellen vs. realen Erlebnisinhalten (z.B. Gestaltungstherapie) fördern. Darüber hinaus können körperpsychotherapeutische Verfahren eingesetzt werden. Das übergreifende Ziel solcher Maßnahmen besteht darin, in der realen Welt verankerte, emotional unabweisbare Erlebnisse als Alternative für den virtuellen Erlebnismodus zu etablieren (Schuhler et al., 2009).

Die Umsetzung erfolgt im Rahmen eines speziell für pathologische PC-/Internet-Spieler entwickelten störungsspezifischen Gruppenprogramms (Schuhler et al., in Vorbereitung). Es umfasst mehrere inhaltliche Zielsetzungen und geht nach den beschriebenen symptomorientierten Prinzipien der nicht konfrontativen Motivierung und Rückfallprävention und den einzel- und gruppentherapeutischen Strategien und Methoden der ursachenbezogenen Behandlung vor. Darüber hinaus beinhaltet es eine erlebnisorientierte Psychoedukation mit dem Schwerpunkt auf interaktionellen Übungseinheiten.

Inhaltliche Zielsetzungen eines störungsspezifischen Programms für pathologische PC-/Internet-Spieler (nach Schuhler et al., in Vorbereitung)

- Erwerb eines biopsychosozialen Verstehensmodells
- Ausbau einer funktionalen Medienkompetenz
- Stärkung der Veränderungsmotivation
- Erwerb rückfallpräventiver Kompetenzen
- Verbesserung der Körperwahrnehmung und -bewusstseins
- Stärkung der Toleranz für Alltagsstress
- Verbesserung der Emotionsregulierung
- Selbstwertsteigerung
- Entwicklung einer reiferen Identität
- Verbesserung der kommunikativen Kompetenzen
- Verankerung emotional bedeutsamer Erfahrungen in der realen Welt
- Ausbau kreativen und kognitiv-intellektueller Kompetenzen

Literatur

Adler, A. (1974). *Praxis und Theorie der Individualpsychologie.* Frankfurt am Main: Fischer. (Erstausgabe erschienen 1920)

Ainsworth, M.D. (1978). *Patterns of attachment: A psychological study of the strange situation.* Hillsdale, NJ: Erlbaum.

Ainsworth, M.D. & Wittig, B.A. (1969). Attachment and exploratory behaviour of one-years-olds in a strange situation. In B. M. Foss (Ed.), *Determinants of infant behaviour, Vol. IV* (pp. 111-136). New York: Basic Books.

Antonovsky, A. (1987). *Unraveling the mystery of health: How people manage stress and stay well.* San Francisco, CA: Jossey-Bass.

Bastine, R. (1990). *Klinische Psychologie, Bd. 1.* Stuttgart: Kohlhammer.

Bastine, R. (1992). *Klinische Psychologie, Bd. 2.* Stuttgart: Kohlhammer.

Bateson, G. (1981). *Ökologie des Geistes.* Frankfurt am Main: Suhrkamp. (amerikanisches Original erschienen 1972)

Baudrillard, J. (1978). Requiem für die Medien. In J. Baudrillard (Hrsg.), *Kool Killer oder der Aufstand der Zeichen* (S. 83-118). Berlin: Merve.

Beck, A.T., Wright, F.D., Newman, C.F. & Liese, B.S. (1997). *Kognitive Therapie der Sucht.* Weinheim: Beltz. (amerikanisches Original erschienen 1993)

Beck, U. (1986). *Risikogesellschaft: Auf dem Weg in eine andere Moderne.* Frankfurt am Main: Suhrkamp.

Becker, P. (1989). Der Trierer Persönlichkeitsfragebogen (TPF). Göttingen: Hogrefe.

Becker, T. (2009). Glücksspielsucht in Deutschland: Prävalenz verschiedener Glücksspielformen. Frankfurt am Main: Peter Lang.

Beebe, B. & Lachmann, F.M. (2002). *Säuglingsforschung und die Psychotherapie Erwachsener.* Stuttgart: Klett-Cotta.

Bell, R.A. & Daly, J.A. (1984). The affinity-seeking function of communication. *Communication Monographs, 51*, 1-115.

Benjamin, W. (1974). Das Kunstwerk im Zeitalter seiner technischen Reproduzierbarkeit. In R. Tiedemann & H. Schweppenhäuser (Hrsg.), *Gesammelte Schriften Bd. I-2.* (S. 470-508). Frankfurt am Main: Suhrkamp. (ursprünglich erschienen 1936)

Bente, G., Krämer, N.C. & Petersen, A. (2002). Virtuelle Realität als Gegenstand und Methode in der Psychologie. In G. Bente, N. C. Krämer & A. Petersen (Hrsg.), *Virtuelle Realitäten* (S. 1-31). Göttingen: Hogrefe.

Bergmann, W. (2007). Computerspiele – Im Bann des Phantasmos, erfahrungsarm und sehr allein. In C. Möller (Hrsg.), *Sucht im Jugendalter – Verstehen, vorbeugen, heilen* (S. 132-148). Göttingen: Vandenhoeck & Ruprecht.

Bergmann, W. & Hüther, G. (2006). *Computersüchtig: Kinder im Sog der modernen Medien.* Düsseldorf: Walter.

Berlyne, D.E. (1960). *Conflict, arousal and curiosity.* New York: McGraw-Hill (deutsche Ausgabe erschienen 1974).

Berlyne, D. E. (1971). *Aesthetics and psychobiology.* New York: Appleton Century Crafts.

Bierhoff, H.-W. & Frey, D. (Hrsg.). (2006). *Handbuch der Sozialpsychologie und Kommunikationspsychologie.* Göttingen: Hogrefe.

Bischoff, J. (2007). Politische Ökonomie der Lohnarbeit im 21. Jahrhundert. In H. Müller (Hrsg.), *Die Übergangsgesellschaft des 21. Jahrhunderts: Kritik, Analytik, Alternativen* (S. 184-203). Norderstedt: Books on Demand.

Block, J. (2008). Issues for DSM-V: Internet addiction. *American Journal of Psychiatry, 165,* 306-307.

Böhnisch, L. (2006). *Politische Soziologie: Eine problemorientierte Einführung.* Opladen: Budrich.
Böhringer, H. (1987). *Kompensation und Common Sense: Zur Lebensphilosophie Alfred Adlers.* Königstein, Ts.: Athenäum.
Bolz, N. (2004). *Blindflug mit Zuschauer.* Paderborn: Wilhelm Fink.
Bowlby, J. (1969a). *Attachment and Loss, Vol. 1: Attachment.* London: Hogarth.
Bowlby, J. (1969b). *Attachment and Loss, Vol. 2: Separation: Anxiety and Anger.* New York: Basic Books.
Bowlby, J. (1993). *A secure base: Clinical applications of attachement theory* (4th ed.). London: Routledge.
Brandtstedter, J. (2001). *Entwicklung – Intensionalität – Handeln.* Stuttgart: Kohlhammer.
Brickenkamp, R. (2002). *Aufmerksamkeits-Belastungs-Test* (9., überarbeitete und neu normierte Aufl.). Göttingen: Hogrefe.
Brisch, K.H. (2008). *Bindungsstörungen.* Stuttgart: Klett-Cotta.
Brisch, K.H., Grossmann, E., Grossmann, K. & Köhler, L. (2002). *Bindung und seelische Entwicklungswege.* Stuttgart: Klett-Cotta.
Bronfenbrenner, J. (1977). Toward an experimental ecology of human development. *American Psychologist, 32,* 513-531.
Brüggermann, M. & Welling, S. (2006). "Sie können 'Bremen for you' eingeben und ihren Chat und das war's". In D. Wiedemann & I. Volkmer (Hrsg.), *Schöne neue Medienwelten? Konzepte und Visionen für eine Medienpädagogik der Zukunft* (S. 162-175). Bielefeld: Gesellschaft für Medienpädagogik und Kommunikationskultur.
Bühringer, G., Kraus, L., Sonntag, D., Pfeiffer-Gerschel, T. & Steiner, S. (2008). Pathologisches Glücksspiel in Deutschland: Spiel- und Bevölkerungsrisiken. Sucht, 53, 296-308.
Buschmann-Steinhage, R. (2000). Die Rehabilitation von „pathologischen Glücksspielern" aus der Sicht der Rentenversicherung. *Münchwieser Hefte, 24,* 7-20.
Buth, S. & Stöver, H. (2008). Glücksspielteilnahme und Glücksspielprobleme in Deutschland: Ergebnisse einer bundesweiten Respräsentativbefragung. *Suchttherapie, 9,* 3-11.
Carnes, P. (1991). *Wenn Sex zur Sucht wird.* München: Kösel. (amerikanisches Original erschienen 1991)
Castronova, E. (2005). *Synthetic worlds: The business and culture of online games.* Chicago, IL: University of Chicago Press.
Chou, C., Condron, L. & Belland, J. (2005). A review of the research on internet addicition. *Educational Psychology Review, 17,* 363-388.
Cooper, A., Scherer, C.R., Boies, S.C. & Gordon, B.C. (1999). Sexuality on the internet: From sexual explorations to pathological expression. *Professional Psychology: Research and Practice, 30,* 154-164.
Cover, R. (2006). Gaming (ad)diction: Discourse, idendity, time and play in the production of the gamer addiction myth. *The International Journal of Computer Game Research, 6,* 1-18.
Cox, W.M. & Klinger, E. (Eds.). (2004). *Handbook of motivational counselling: Concepts, approaches, and assessment.* Chichester: Wiley.
Csikszentmihalyi, M. (1975). *Beyond boredom and anxiety: The experience of play in work and games.* San Francisco, CA: Jossey-Bass. (deutsche Ausgabe erschienen 1985)
Cubitt, S. (1998). *Digital Aesthetics.* London: Sage.
Davis, R. A. (2001). A cognitive-behavioral model of pathological internet use. *Computers in Human Behavior, 17,* 187-195.
de Kerckhove, D. (2002). *Die Architektur der Intelligenz: Wie die Vernetzung der Welt unsere Wahrnehmung verändert.* Basel: Burkhäuser.
Dilling, H., Mombour, W. & Schmidt, M.H. (Hrsg.). (1991). *Internationale Klassifikation psychischer Störungen: ICD-10, Kapitel V (F): Klinisch diagnostische Leitlinien.* Bern: Huber.
Döring, N. (1999). *Sozialpsychologie des Internet: Die Bedeutung des Internet für Kommunikationsprozesse, Identitäten, soziale Beziehungen und Gruppen.* Göttingen: Hogrefe.

Döring, N. (2003a). Sex im Netz: (k)ein Thema für die klinische Psychologie. In R. Ott & C. Eichenberg (Hrsg.), *Klinische Psychologie und Internet: Potenziale für klinische Praxis, Intervention, Psychotherapie und Forschung* (S. 271-291). Göttingen: Hogrefe.

Döring, N. (2003b). *Sozialpsychologie des Internet: Die Bedeutung des Internet für Kommunikationsprozesse, Identitäten, soziale Beziehungen und Gruppen* (2., vollständig überarbeitete und erweiterte Aufl.). Göttingen: Hogrefe.

Dörrer, K. (1987). *Risikokapitalismus: Zur Kritik von Ulrich Becks „Weg in eine andere Moderne“.* Marburg: Verlag Arbeiterbewegung und Gesellschaftswissenschaft.

Eagleton, T. (1994). *Ästhetik: Die Geschichte ihrer Ideologie.* Stuttgart: Metzler. (englisches Original erschienen 1990)

Eckoldt, M. (2007). *Medien der Macht – Macht der Medien.* Berlin: Kulturverlag Kadmos.

Eibl, K. (2007). Zwischenwelten: Zur Evolutionspsychologie der Medien. *Zeitschrift für Medienpsychologie, 19* (4), 145-151.

Eichenberg, C. & Ott, R. (1999, September). Suchtmaschine- Internetabhängigkeit: Massenphänomen oder Erfindung der Medien. *c't, 19,* 104-111.

Elkonin, D. (1980). *Psychologie des Spiels.* Berlin: Volk und Wissen. (russisches Original erschienen 1933)

Engel, G.L. (1979). Die Notwendigkeit eines neuen medizinischen Modells: Eine Herausforderung der Biomedizin. In H. Keupp (Hrsg.), *Normalität und Abweichung* (S. 63-85). München: Urban & Schwarzenberg.

Erikson, E. H. (1973). *Identität und Lebenszyklus.* Frankfurt am Main: Suhrkamp. (amerikanisches Original erschienen 1959)

Evans, J. S. (2003). In two minds: Dual process accounts of reasoning. *Trends in Cognitive Sciences, 7,* 454-459.

Faloun, I. R., Boyd, J. L. & McGill, C. W. (1984). *Family care of schizophrenia.* New York: Guilford.

Farke, G. (2003). *OnlineSucht: Wenn Mailen und Chatten zum Zwang werden.* Stuttgart: Kreuz.

Faulstich, W. (2004). *Medienwissenschaft.* Paderborn: Wilhelm Fink.

Fend, H. (1998). *Eltern und Freunde: Soziale Entwicklung im Jugendalter.* Bern: Huber.

Fiedler, P. (1999). Salutogenese und Pahogenese in der Persönlichkeitsentwicklung. In R. Oerter, C. von Hagen, G. Röper & G. Noam (Hrsg.), *Klinische Entwicklungspsychologie: Ein Lehrbuch* (S. 314-334). Weinheim: Beltz.

Fiedler, P. (2000). *Integrative Psychotherapie bei Persönlichkeitsstörungen.* Göttingen: Hogrefe.

Fischbach, R. (2005). *Mythos Netz: Kommunikation jenseits von Raum und Zeit?* Zürich: Rotpunktverlag.

Fiske, J. (2004). Augenblicke des Fernsehens: Weder Text noch Publikum. In C. Pias, J. Vogl, L. Engell, O. Fahle & W. Neitzel (Hrsg.), *Kursbuch Medienkultur: Die maßgeblichen Theorien von Brecht bis Baudrillard* (5. Aufl., S. 234-253). Stuttgart: Deutsche Verlags-Anstalt.

Flusser, V. (2000). *Ins Universum der technischen Bilder* (6. Aufl.). Göttingen: European Photography.

Franke, G.H. (2002). *SCL-90-R – Die Symptom-Checkliste von L. R. Derogatis. Deutsche Version.* Göttingen: Hogrefe.

Freud, S. (1920). *Jenseits des Lustprinzips.* Leipzig: Internationaler psychoanalytischer Verlag.

Freud, S. (1930). *Das Unbehagen in der Kultur.* Wien: Internationaler psychoanalytischer Verlag.

Freud, S. (1943). Zur Einleitung der Behandlung. In *Gesammelte Werke, Bd. 8* (S. 454-478). London: Imago. (ursprünglich erschienen 1913)

Frindte, W. (2001). *Einführung in die Kommunikationspsychologie.* Weinheim: Beltz.

Fritz, J. (2004). *Das Spiel verstehen: Eine Einführung in die Theorie und Bedeutung.* Weinheim: Juventa.

Fritz, J. & Misek-Schneider, K. (2006). Oh, what a game: „OGAME“. Zur Faszinationskraft von Online-Spielen. In W. Kaminski & M. Lorber (Hrsg.), *Computerspiele und soziale Wirklichkeit* (S. 113-132). München: Kopaed.

Fromme, J. (2006a). Mediensozialisation im Zeitalter der neuen Medien: Aufgaben und Perspektiven der erziehungswissenschaftlichen Medienforschung. In D. Wiedemann & I. Volkmer (Hrsg.), *Schöne neue Medienwelten? Konzepte und Vision für eine Medienpädagogik der Zukunft* (S. 110-125). Bielefeld: Gesellschaft für Medienpädagogik und Kommunikationskultur.

Fromme, J. (2006b). Zwischen Immersion und Distanz: Lern- und Bildungspotenziale von Computerspielen. In W. Kaminski & M. Lorber (Hrsg.), *Computerspiele und soziale Wirklichkeit* (S. 177-210). München: Kopaed.

Fromme, J. (2007, November). *Zur Faszinationskraft von Computerspielen für Heranwachsende.* Vortrag auf dem 24. Forum Kommunikationskultur der Gesellschaft für Medienpädagogik und Kommunikationskultur (GMK), Bielefeld.

Früh, W. (2002). *Unterhaltung durch das Fernsehen: Eine molare Theorie.* Konstanz: UVK Verlagsgesellschaft.

Funke, W. & Siemon, W. (1998). Phasenfolge des Alkoholismus nach Jellinek. *Bad Tönnissteiner Blätter, 1*, 1-19.

George, C., Kaplan, N. & Main, M. (1996). *The adult attachement interview.* Unpublished Manuscript, University of California.

Gibson, W. (1987). *Neuromancer.* München: Heyne. (amerikanisches Original erschienen 1984)

Gloger-Tippelt, G. (2001). *Bindung im Erwachsenenalter.* Bern: Huber.

Göhring, W. (2007). Die revolutionäre Bedeutung von Informations- und Kommunikationstechnik als besondere Produktivkraft. In H. Müller (Hrsg.), *Die Übergangsgesellschaft des 21. Jahrhunderts: Kritik, Analytik, Alternativen* (S. 114-139). Norderstedt: Books on Demand.

Goody, J. & Watt, I. (1981). Konsequenzen der Literalität. In J. Goody (Hrsg.), *Literalität in traditionellen Gesellschaften* (S. 45-104). Frankfurt am Main: Suhrkamp. (amerikanisches Original erschienen 1968)

Grawe, K. (2004). *Neuropsychotherapie.* Göttingen: Hogrefe.

Griffiths, M. (1990). Gambling on the internet: A brief note. *Journal of Gambling Studies, 12,* 471-473.

Groneman, C. (2001). *Nymphomanie: Die Geschichte einer Obsession.* Frankfurt am Main: Campus. (amerikanisches Original erschienen 2000)

Gross, W. (1990). *Sucht ohne Drogen: Arbeiten, Spielen, Essen, Lieben.* Frankfurt am Main: Fischer.

Grossman, D. & DeGaetano, G. (2003). *Wer hat unseren Kindern das Töten beigebracht?* (2. Aufl.). Stuttgart: Verlag Freies Geistesleben. (amerikanisches Original erschienen 1999).

Grossmann, K. & Grossmann, K. E. (2004). *Bindungen – das Gefüge psychischer Sicherheit.* Stuttgart: Klett-Cotta.

Grüsser, S. M. & Thalemann, C. N. (2006). *Verhaltenssucht: Diagnostik, Therapie, Forschung.* Bern: Huber.

Grüsser, S. M. & Thalemann, R. (2006). *Computerspielsüchtig? Rat und Hilfe.* Bern: Huber.

Günther, A., Furer, U., Rademacher, J. & Quaiser-Pohl, C. (2005). Internet, Identität und Persönlichkeit. In K.-H. Renner, A. Schütz & F. Machilek (Hrsg.), *Internet und Persönlichkeit: Differentiell-psychologische und diagnostische Aspekte der Internetnutzung* (S. 106-118). Göttingen: Hogrefe.

Hahn, K. (2007). Speed socializing all over? Theoretische Überlegung zu (intimen) Beziehungen im Zeitalter elektronischer Interaktion. *Merz: Zeitschrift für Medienpädagogik, 51* (6), 14-24.

Hahn, A. & Jerusalem, M. (2001). Internetsucht – Reliabilität und Validität in der Online-Forschung. In A. Theobald, M. Dreyer & T. Starsetzke (Hrsg.), *Handbuch der Online-Marktforschung. Beiträge aus Wissenschaft und Praxis.* Wiesbaden: Gabler.

Hamilton, R. (1956), zitiert aus *Begleitmaterialien für Lehrende aller Schularten zur Ausstellung Richard Hamilton* (2008, S. 10). Bielefeld: Kunsthalle Bielefeld.

Hartmann, T. (2006). Gewaltspiele und Aggressionen: Aktuelle Forschung und Implikationen. In W. Kaminski & M. Lorber (Hrsg.). *Computerspiele und soziale Wirklichkeit* (S. 81-99). München: Kopaed.

Hartung, A. & Brüggen, N. (2007). Selbstinszinierung Jugendlicher in (virtuellen) Kontaktbörsen. In N. Neuß & M. Große-Loheide (Hrsg.), *Körper. Kult. Medien. Inszenierung im Alltag und in der Medienbildung* (S. 143-152). Bielefeld: Gesellschaft für Medienpädagogik und Kommunikationskultur.

Haug, W.F. (2009). *Kritik der Warenästhetik gefolgt von Warenäthetik im High-Tech-Kapitalismus.* Frankfurt am Main: Suhrkamp.

Hautzinger, M., Bailer, M., Worall, H. & Keller, F. (1995). *Beck-Depressions-Inventar (BDI) deutsche Bearbeitung* (2., überarbeitete Aufl.). Bern: Huber.

Havelock, E. A. (2007). *Als die Muse schreiben lernte: Eine Medientheorie.* Berlin: Wagenbach. (englisches Original erschienen 1986)

Hayer, T., Bachmann, M. & Meyer, G. (2005). Pathologisches Spielverhalten bei Glücksspielen im Internet. *Wiener Zeitschrift für Suchtforschung, 28,* 29-41.

Hein, A. (2007). *WEB 2.0: Das müssen sie wissen.* Planegg: Haufe.

Heitmeyer, W. (Hrsg.) (1997). *Was treibt die Gesellschaft auseinander? Bundesrepublik Deutschland: Auf dem Weg von der Konsens- zur Konfliktgesellschaft, Bd. 1.* Frankfurt am Main: Suhrkamp.

Hickethier, K. (2003). *Einführung in die Medienwissenschaft.* Stuttgart: Metzler.

Himmelsbach, S. (2005). Multi-Player-Media: Kommunikationsstrategien im Cyberspace. In K. Neumann-Braun, & B. Richard (Hrsg.), *Coolhunters: Jugendkultur zwischen Medien und Markt* (S. 145-158). Frankfurt am Main: Suhrkamp.

Hörisch, J. (2004). *Eine Geschichte der Medien: Von der Oblate zum Internet.* Frankfurt am Main: Suhrkamp.

Hoffmann, B. (2003). *Medienpädagogik: Eine Einführung in Theorie und Praxis.* Paderborn: Ferdinand Schöningh.

Hofmann, R. (2002). *Bindungsgestörte Kinder und Jugendliche mit einer Borderline-Störung.* Stuttgart: Klett-Cotta.

Holling, H., Preckel, F. & Vock, M. (2004). *Intelligenzdiagnostik.* Göttingen: Hogrefe.

Holzkamp, K. (1983). *Grundlegung der Psychologie.* Frankfurt/M.: Campus.

Horx, M. (2007). Die Reise mit den Söhnen: Das Computerspiel World of Warcraft und sein pädagogischer Nutzen. *Psychologie Heute, 34* (12), 45-51.

Horkheimer, M. & Adorno, T. W. (1992). *Dialektik der Aufklärung: Philosophische Fragmente.* Frankfurt am Main: Fischer Taschenbuch. (Original erschienen 1944)

Huizinga, J. (1956). *Homo Ludens: Vom Ursprung der Kultur im Spiel.* Reinbek: Rowohlt. (niederländisches Original erschienen 1938)

Hurrelmann, K. (1994). *Lebensphase Jugend.* Weinheim: Juventa.

Hüther, J. (2005). Neue Medien. In J. Hüther & B. Schorbe (Hrsg.), *Grundbegriffe Medienpädagogik* (4. Aufl., S. 345-351). München: Kopaed.

Illing, D. (2006). „Richtige Männer schlafen auf der Tastatur!“ Eine Einführung in die LAN-Party-Szene. In A. Tillmann & R. Vollbrecht (Hrsg.), *Abenteuer Cyberspace: Jugendliche in virtuellen Welten* (S. 89-102). Frankfurt am Main: Peter Lang.

Illouz, E. (2007). *Gefühle in Zeiten des Kapitalismus.* Frankfurt am Main: Suhrkamp.

Ittel, A. & Rosendahl, Y. (2007). Internetnutzung und soziale Integration im frühen Jugendalter. In L. Mikos, D. Hoffmann & R. Winter (Hrsg.), *Mediennutzung, Identität und Identifikationen: Die Sozialisationsrelevanz der Medien im Selbstfindungsprozess von Jugendlichen* (S. 183-206). Weinheim: Juventa.

Jackson, L. A., Eye, A. von, Biocca, F., Zhao, Y., Barbartsis, G. & Fitzgerald, H.E. (2005). Persönlichkeit und Nutzung von Informations- und Kommunikationsmöglichkeiten im Internet: Ergebnisse aus dem HomeNetToo Projekt. In K.-H. Renner, A. Schütz & F. Machilek (Hrsg.), *Internet und Persönlichkeit: Differentiell-psychologische und diagnostische Aspekte der Internetnutzung* (S. 93-105). Göttingen: Hogrefe.

Jacobs, D.F. (1989). A general theory of addictions: Rationale for and evidence supporting a new approach for understandig and treating addictive behaviors. In H.J. Shaffer, S. A. Stein, B. Gambino & T.N. Cummings (Eds.), *Compulsive gambling: Theory, research, and practice* (pp. 35-64). Lexington, MA: Lexington Books.

Janich, P. (2009). *Kein neues Menschenbild: Zur Sprache der Hirnforschung.* Frankfurt am Main: Suhrkamp.

Jellinek, E.M. (1960). *The disease concept of alcoholism.* New Brunswick, NJ: Hillhouse Press.

Johnson, S. (2006). *Neue Intelligenz: Warum wir durch Computerspiele und TV klüger werden.* Köln: Kiepenhauer & Witsch. (amerikanisches Original erschienen 2005)

Kaminski, W. & Lorber, M. (Hrsg.). (2006). *Computerspiele und soziale Wirklichkeit.* München: Kopaed.

Katz, E., Blumler, J.G. & Gurevitch, M. (1974). Utilization of mass communication by the individual. In J. G. Blumler & E. Katz (Eds.), *The use of mass communication* (pp. 19-32) Beverly Hills, CA: Sage.

Katz, E. & Foulkes, D. (1962). On the use of the mass media as „escape“. *Public Opinion Quartarly, 26,* 377-388.

Keppler, A. (2006). *Mediale Gegenwart: Eine Theorie des Fernsehens am Beispiel der Darstellung von Gewalt.* Frankfurt am Main: Suhrkamp.

Keupp, H., Ahbe, T., Gmör, W., Höfer, R., Mitzscherlisch, B., Kraus, W. & Straus, F. (Hrsg.). (2002). *Identitätskonstruktion: Das Patchwork der Identitäten in der Spätmoderne* (2. Aufl.). Reinbek: Rowohlt.

Keyserlingh, H. von (2004). Die Behandlung der Internetsucht in einer psychosomatischen Fachklinik – Eine Fallvignette. *Praxis Klinische Verhaltenstherapie und Rehabilitation, 17,* 107-108.

Klimmt, C. (2006). Zur Rekonstruktion des Unterhaltungserlebens beim Computerspielen. In W. Kaminski & M. Lorber (Hrsg.), *Computerspiele und soziale Wirklichkeit* (S. 65-80). München: Kopaed.

Klingemann, H. & Sobell, L. C. (2006). *Selbstheilung von der Sucht.* Wiesbaden: Verlag für Sozialwissenschaften. (englisches Original erschienen 2001)

Kloock, D. (2003). *Von der Schrift- zur Bild(schirm)kultur: Analyse aktueller Medientheorien.* Berlin: Spiess.

Knecht, T. (2005). Psychiatrische Aspekte des Internets: Nutzen und Risiken eines neuen Kommunikationssystems. *Schweizerische Ärztezeitung, 86* (29/30), 1806-1811.

Knoll, J. H. (1993). *Gewalt und Spiele: Gewalt und Videospiel im Widerstreit der Meinungen.* Düsseldorf: Livonia.

Kogler, M. & Kogler, A. (2005). *Die Verhaltenstherapie: Eine praktische Orientierungshilfe.* Stuttgart: Kreuz.

Köhler, T. (2005). Vom realen zum virtuellen Selbst: Die Veränderung von personaler und sozialer Identität im Internet. In K.-H. Renner, A. Schütz & F. Machilek (Hrsg.), *Internet und Persönlichkeit: Differentiell-psychologische und diagnostische Aspekte der Internetnutzung.* (S. 252-266). Göttingen: Hogrefe.

Kohle, H. & Kwastek, K (2003). *Computer, Kunst und Kunstgeschichte.* Köln: Deubner Verlag für Kunst, Theorie & Praxis.

Korte, S. (2007). *Aktuelle Rauschkonstruktionen.* Wiesbaden: VS Verlag.

Krafft-Ebing (1993). *Psychopathia sexualis.* Berlin: Matthes & Seitz. (ursprünglich erschienen 1886)

Kratzer, S. (2006). *Pathologische Internetnutzung: Eine Pilotstudie zum Störungsbild.* Lengerich: Pabst.

Krause, M. S. (1966). A cognitive theory of motivation for treatment. *The Journal of German Psychology, 75,* 9-19.

Kraut, D., Patterson, U., Lundmark, V., Kiesler, S., Mukopadhyay, T. & Scherlis, W. (1998). Internet paradox: A social technology that reduces social involvement and psychological well-being? *American Psychologist, 53,* 1017-1031.

La Brie, R.A., La Plante, D.A., Nelson, S.E., Schumann, A. & Shaffer, H. J. (2007). Assessing the playing field: A prospective longitudinal study of internet sports gambling behavior. *Journal of Gambling Studies, 23,* 347-362.

La Planche, J. & Pontalis, J. B. (1975). *Das Vokabular der Psychoanalyse, Bd. 2.* Frankfurt am Main: Suhrkamp.

La Rose, R., Lin, C. A. & Eastin, M. S. (2003). Unregulated internet usage: Addiction, habit or deficient self-regulation? *Media Psychology, 5,* 225-253.

Lee, K.-M. & Peng, W. (2006). What do we know about social and psychological effects of computer games? A comprehensive review of the current literature. In P. Vorderer & J. Bryant (Eds.), *Playing video games: Motives, responses, and consequences* (pp. 327-345). New York: Erlbaum.

Laad, G.T. & Petry, N.M. (2002). Disordered gambling among university-based medical and dental patients: A focus on internet gambling. *Psychology of Addictive Behaviors, 16,* 76-79.

Lehmann, K. & Schetsche, M. (Hrsg.). (2005). *Die Google-Gesellschaft: Vom digitalen Wandel des Wissens.* Bielefeld: Transcript.

Lehrl, S. (2005). *Mehrfachwahl-Wortschatz-Intelligenztest* (5. Aufl.). Badingen: Spitta.

Leontjew, A. N. (1964). *Probleme der Entwicklung des Psychischen.* Berlin (DDR): Volk und Wissen (russisches Original erschienen 1959).

Leontjew, A. N. (1977). *Tätigkeit, Bewusstsein, Persönlichkeit.* Stuttgart: Klett.

Leven, S. & M. Borg-Laufs (2006). Hinweise und Tipps zu Kinder- und Jugendchats, *Verhaltenstherapie mit Kindern & Jugendlichen: Zeitschrift für die Psychosoziale Praxis, 2* (2), 97-104.

Lewin, K. (1982). *Feldtheorie* (Kurt-Lewin-Werkausgabe, Bd. 4). Bern: Huber.

Liotti, G. (2008). Bindungsprozesse bei dissoziativen Störungen. In B. Strauß (Hrsg.), *Bindung und Psychopathologie.* Stuttgart: Klett-Cotta (russisches Original erschienen 1975).

Mahler, M., Pine, F. & Bergman, A. (1993). *Die psychische Geburt des Menschen.* Frankfurt am Main: Fischer.

Mangold, R., Vorderer, P. & Bente, E. (Hrsg.). (2004). *Lehrbuch der Medienpsychologie.* Göttingen: Hogrefe.

Maletzke, G. (1988). *Kulturverfall durch Fernsehen?* Berlin: Spiess.

Margraf, J. & Ehlers, A. (2007). *Beck-Angst-Inventar (BAI).* Frankfurt: Pearson.

Marlatt, G. A. & Gordon, J. R. (Eds.). (1985). *Relapse prevention: Maintenance strategies in the treatment of addictive behaviours.* New York: Guilford.

Marlatt, G. A. & Donovan, D. M. (Eds.). (2005). *Relapse prevention: Maintenance strategies in the treatment of addictive behaviours.* New York: Guilford.

Marlatt, G. A. & Witkiewitz, K. (2005). Relapse prevention for alcohol and drug problems. In G. A. Marlatt & D. M. Donovan (Eds.), *Relapse prevention: Maintenance strategies in the treatment of addictive behaviours* (pp. 1-44). New York: Guilford.

Marotzki, W. (1997). Digitalisierte Biographien? Sozialisations- und bildungstheoretische Perspektiven virtueller Welten. In D. Lenzen & N. Lumann (Hrsg.), *Bildung und Weiterbildung im Erziehungssystem* (S. 175-198). Frankfurt am Main: Suhrkamp.

Maurer, J., Buddenberg, T. & Sabellek, U. (2007). Schummeln gegen Angst: Konkurrierende Wirkmechanismen in der Expositionsbehandlung. *Verhaltenstherapie und psychosoziale Praxis, 39,* 847-853.

McLuhan, M. (2003). *Understanding Media. The Extensions of Man* (critical edition, edited by W. T. Gordon). Berkeley, CA: Gingko. (amerikanisches Original erschienen 1964)

McLuhan, M. (1995). *The Global Village: Der Weg der Mediengeselleschaft in das 21. Jahrhundert.* Paderborn: Junfermann. (amerikanisches Original erschienen 1989)

McKenna, K.Y.A., Buffardi, L. & Seidman, G. (2005). Selbstdarstellung gegenüber Freunden und Fremden im Netz. In K.-H. Renner, A. Schütz & F. Machilek (Hrsg.), *Internet und Persönlichkeit: Differentiell-psychologische und diagnostische Aspekte der Internetnutzung* (S. 175-188). Göttingen: Hogrefe.

Medienpädagogischer Forschungsverbund Südwest (Hrsg.). (2008). *JIM-Studie 08: Jugend, Information, (Multi-)Media.* Stuttgart: Landesanstalt für Kommunikation Baden-Württemberg (LFK).

Meixner, S. (2008, November). *Personale und soziale Risikofaktoren exzessiver Internetnutzung in der Adoleszenz und im frühen Erwachsenenalter.* Vortrag auf der Fachkonferenz der Deutschen Hauptstelle für Suchtfragen (DHS), Bielefeld.

Mertens, M. & Leggewie, C. (2004). Technologisches Kokain. *Freitag, 23,* 16.

Meyer, G. (2008). Glücksspiel – Zahlen und Fakten. *Jahrbuch Sucht 08* (S. 120-137). Geesthacht: Neuland.

Mikos, L., Hoffmann, D. & Winter, R. (Hrsg.). (2007). *Mediennutzung, Identität und Identifikationen: Die Sozialisationsrelevanz der Medien im Selbstfindungsprozess von Jugendlichen.* Weinheim: Juventa.

Millon, T. (1990). *Toward a new personology: An evolutionary model.* New York: Wiley.

Miller, W. R. & Rollinck, S. (2004). *Motivierende Gesprächsführung* (2. Aufl.). Freiburg: Lambertus. (amerikanisches Original erschienen 2002)

Misoch, S. (2006). *Online-Kommunikation.* Konstanz: UVK.

Misoch, S. (2007). Avatare als Verkörperung im virtuellen Raum. *Merz: Zeitschrift für Medienpädagogik, 51* (6), 73-75.

Muensterberger, W. (1995). *Sammeln: Eine unbändige Leidenschaft.* Frankfurt am Main: Suhrkamp.

Müller, H. (Hrsg.). (2007). *Die Übergangsgesellschaft des 21. Jahrhunderts: Kritik, Analytik, Alternativen.* Norderstedt: Books on Demand.

Müller-Doohm, S. (2000). Kritische Medientheorie – Die Perspektive der Frankfurter Schule. In K. Neumann-Braun & S. Müller-Doohm (Hrsg.), *Medien- und Kommunikationssoziologie* (S. 69-92). Weinheim: Juventa.

Münch, T. (2006). Sammeln, Tauschen und mehr: Jugendliche Musiknutzer On- und Offline. In A. Tillmann & R. Vollbrecht (Hrsg.), *Abenteuer Cyberspace: Jugendliche in virtuellen Welten* (S. 133-148). Frankfurt am Main: Peter Lang.

Münke, S. (2005). Medienphilosophie der virtuellen Realität. In M. Sanbothe & C. Nagel (Hrsg.), *Systematische Medienphilosophie.* Berlin: Akademie Verlag.

Neitzel, B. (2005). Wer bin ich? Thesen zur Avatar-Spieler-Bindung. In B. Neitzel, M. Bopp & R. F. Nohr (Hrsg.), *SEE? I'M REAL... „Multidisziplinäre Zugänge zum Computerspiel am Beispiel von „Silent Hill“* (S. 177-192). Münster: Lit Verlag.

Neumann-Braun, K. & Müller-Doohm, S. (Hrsg.). (2000). *Medien- und Kommunikationssoziologie: Eine Einführung in zentrale Begriffe und Theorien.* Weinheim: Juventa.

Oerter, R. (1993). *Psychologie des Spiels: Ein handlungstheoretischer Ansatz.* München: Quintessenz.

Oerter, R. (1998). Das kindliche Spiel aus Entwicklungspsychologischer und handlungstheoretischer Sicht: Gibt es Verbindungen zur Glücksspielsucht? In I. Füchtenschnieder & H. Witt (Hrsg.), *Adoleszenz und Glücksspielsucht* (S. 11-20). Geesthacht: Neuland.

Oerter, R. (2006). Entwicklung der Identität. *Psychotherapie, 11,* 175-191.

Oerter, R. (2008). Spiel und kindliche Entwicklung In R. Oerter & L. Montata, (Hrsg.), *Entwicklungspsychologie: Ein Lehrbuch* (6. Aufl., S. 236-249). Weinheim: Beltz.

Ong, W.J. (2002). *Orality and Literacy* (14th ed.). London: Routledge. (ursprünglich erschienen 1982)

Ong, W.J. (2004). Oralität und Literalität. In C. Pias, J. Vogl, L. Engell, O. Fahle & W. Neitzel (Hrsg.), *Kursbuch Medienkultur: Die maßgeblichen Theorien von Brecht bis Baudrillard* (5. Aufl., S. 95-104). Stuttgart: Deutsche Verlags-Anstalt. (amerikanisches Original erschienen 1982)

Orford, J. (2001). *Excessive appetites: A psychological view of addictions* (2nd ed.). Chichester: Wiley.

Oswald, W. D. & Roth, E. (1987). *Der Zahlen-Verbindungs-Test (ZVT)* (2., überarbeitete und erweiterte Aufl.). Göttingen: Hogrefe.

Ott, J. (2001). Die psychoanalytisch-interaktionelle Gruppentherapie – Ein Behandlungsangebot für Patienten mit strukturellen Störungen. *Psychotherapie im Dialog, 2,* 51-58.

Paar, G. H., Hagen, C. von, Griebel, R. & Wörz, T. (1999). Genese und Prognose psychosomatischer Störungen. In R. Oerter, C. von Hagen, G. Röper & G. Noam (Hrsg.), *Klinische Entwicklungspsychologie: Ein Lehrbuch* (S. 299-313). Weinheim: Beltz.

Paechter, M. (2006). Soziale Beziehungen im Internet. In H.-W. Bierhoff & D. Frey (Hrsg.), *Handbuch der Sozialpsychologie und Kommunikationspsychologie* (S. 610-616). Göttingen: Hogrefe.

Parfy, E., Schuch, B. & Lenz, G. (2003). *Verhaltenstherapie: Moderne Ansätze für Theorie und Praxis.* Wien: Facultas.

Petersen, A., Bente, G. & Krämer, N. C. (2002). Virtuelle Stellvertreter: Analyse Avatar-vermittelter Kommunikationsprozesse. In G. Bente, N. C. Krämer & A. Petersen (Hrsg.), *Virtuelle Realitäten* (S. 227-253). Göttingen: Hogrefe.

Petry, J. (1991). Neue und alte Süchte – Ein Beitrag zur Begriffsbestimmung. *Suchtprobleme & Sozialarbeit, 59,* 180-185.

Petry, J. (1992). Zwangssterilisation bei Alkoholikern im Nationalsozialismus. *Suchtprobleme & Sozialarbeit, 60,* 78-87.

Petry, J. (2003a). *Glücksspielsucht: Entstehung, Diagnostik und Behandlung.* Göttingen: Hogrefe.

Petry, J. (2003b). Pathologischer PC-/Internet-Gebrauch: Nosologische Einordnung und Falldarstellungen. In R. Ott & C. Eichenberg (Hrsg.), *Klinische Psychologie und Internet: Potentiale für klinische Praxis, Intervention, Psychotherapie und Forschung* (S. 257-270). Göttingen: Hogrefe.

Petry, J. (2006). Pathologischer PC-/Internet-Gebrauch: Ursachen, Erscheinungsformen und Interventionen. *Münchwieser Hefte, 31,* 7-20.

Petry, J. (2009, März). *Pathologisches PC-/Internet-Spielen als eigenständiges Krankheitsbild: Erklärungsmodelle und Klinik.* Vortrag auf dem 18. Reha-Wissenschaftlichen Kolloquium der Deutschen Rentenversicherung Bund, Münster.

Pfeiffer, C., Mößle, T., Kleimann, M. & Rehbein, F. (2007). *Die Pisa-Verlierer – Opfer ihres Medienkonsums: Eine Analyse auf der Basis verschiedener empirischer Untersuchungen.* Unveröffentlichter Bericht, Kriminologisches Forschungsinstitut Niedersachsen, Hannover.

Piaget, J. (1954). *Das moralische Urteil beim Kinde.* Zürich: Rascher.

Piaget, J. (1975). *Nachahmung, Spiel und Traum.* Stuttgart: Klett-Cotta. (französisches Original erschienen 1959)

Pinquart, M. & Silbereisen, K. (2004). Prävention und Gesundheitsverhalten im Jugendalter. In K. Hurrelmann, T. Klotz & J. Haisch (Hrsg.), *Lehrbuch Prävention und Gesundheitsförderung* (S. 63-71). Bern: Huber.

Postman, N. (1985). *Wir amüsieren uns zu Tode.* Frankfurt am Main: Fischer. (amerikanisches Original erschienen 1985)

Prokop, D. (2004). *Gegen Medien-Lügen: Das neue Lexikon der Kulturindustrie.* Hamburg: VSA-Verlag.

Raessens, J. & Goldstein, J. (2005). *Handbook of computer game studies.* Cambridge, MA: MIT Press.

Reinecke, L. & Trepte, S. (2008). In a working mood? The effects of mood management processes on subsequent cognitive performance. *Journal of Media Psychology, 20,* 3-14.

Rheinberg, F. (2004). *Motivationsdiagnostik.* Göttingen: Hogrefe.

Rogge, J.-U. (2000). Medien und Süchte – Eine exemplarische Bestandaufnahme. In S. Poppelreuter & W. Gross (Hrsg.), *Nicht nur Drogen machen süchtig* (S. 233-255). Weinheim: Beltz.

Roth, G. (2007). *Persönlichkeit, Entscheidung und Verhalten: Warum es so schwierig ist, sich und andere zu ändern.* Stuttgart: Klett-Cotta.

Roth, K. (2004). *Wenn Sex süchtig macht: Einem Phänomen auf der Spur.* Berlin: Ch. Links.

Rüllmann, K. (1994). *Lebensphase Jugend.* Weinheim: Juventa.

Sander, U. & Meister, D. M. (1997). Medien und Anomie: Zum relationalen Charakter von Medien in modernen Gesellschaften. In W. Heidmeyer (Hrsg.), *Was treibt die Gesellschaft auseinander? Bundesrepublik Deutschland: Auf dem Weg von der Konsens- zur Konfliktgesellschaft, Bd. 1* (S. 196-241). Frankfurt am Main: Suhrkamp.

Saß, H., Wittchen, H.-U. & Zaudig, M. (Hrsg.). (1996). *Diagnostisches und Statistisches Manual Psychischer Störungen DSM-IV.* Göttingen: Hogrefe.

Schatz, T. (2005). Persönlichkeitsspezifische Merkmale des individuellen Chat-Verhaltens. In K.-H. Renner, A. Schütz & F. Machilek (Hrsg.), *Internet und Persönlichkeit: Differentiell-psychologische und diagnostische Aspekte der Internetnutzung* (S. 238-251). Göttingen: Hogrefe.

Schell, F., Stolzenburg, E. & Theunert, H. (1999). *Medien-Kompetenz: Grundlagen und pädagogisches Handeln.* München: Kopaed.

Schetsche, M. (1997). Sexuale Botschaften via Internet – Ausgewählte Ergebnisse einer explorativen Studie. In L. Gräf & M. Krajewski (Hrsg.), *Soziologie des Internet: Handeln im elektronischen Web-Werk* (S. 235-256). Frankfurt am Main: Campus.

Schetsche, M. (2007). Sucht in wissenssoziologischer Perspektive. In B. Dollinger & H. Schmidt-Sanisch (Hrsg.), *Sozialwissenschaftliche Suchtforschung* (S. 113-130). Wiesbaden: VS Verlag.

Schlimme, J.E. (2008). Versuch eines phänomenologischen Verständnisses der Sucht. *Wiener Zeitschrift für Suchtforschung, 31,* 5-12.

Schmalt, H.-D., Sokolowski, K. & Langens, T. (2000). *Das Multi-Motiv-Gitter für Anschluss, Leistung und Macht (MMG).* Frankfurt am Main: Swets & Zeitlinger.

Schramm, H. & Wirth, W. (2007). Stimmungs- und Emotionsregulation durch Medien. *Merz: Zeitschrift für Medienpädagogik, 51* (4), 14-22.

Schreyer, M. (2002). Realität, Fiktion, Virtualität: Die Unterscheidung zwischen realen und virtuellen Welten. In G. Bente, N. C. Krämer & A. Petersen (Hrsg.), *Virtuelle Realitäten* (S. 33-56). Göttingen: Hogrefe.

Schuhler, P. (2008). Pathologischer PC-Gebrauch: Krankheitsbild, diagnostische und therapeutische Hinweise. Sucht aktuell, 15 (2), 36-40.

Schuhler, P., Feindel, H., Flatau, M. & Vogelsang, M. (2009). *Pathologischer PC/Internet-Gebrauch (Gaming, Chatting, Surfing): Indikatives Behandlungskonzept für Patientinnen und Patienten mit pathologischem PC/Internet-Gebrauch.* Neunkirchen Saar: AGH Klinik Münchwies (Münchwieser Hefte, Nr. 16).

Schuhler, P., Vogelgesang, M., Petry, J. & Feindel, H. (in Vorbereitung). *Psychotherapie des pathologischen PC-/Internet-Gebrauchs.* Göttingen: Hogrefe.

Schuster, K. (2000^2). *Abenteuer Verhaltenstherapie: Neue Erlebnisse mit sich und der Welt.* München: dtv.

Schütz, A. & Sellin, I. (2006). Multidimensionale Selbstwertskala (MSWS). Göttingen: Hogrefe.

Seikowski, K. (Hrsg.). (2005). *Sexualität und neue Medien.* Lengerich: Pabst.

Selby, H. (1984). *Der Dämon.* Reinbek: Rowohlt. (amerikanisches Original erschienen 1976)

Shannon, C. E. & Weaver, W. (Eds.). (1949). *The mathematical theory of communication.* Urbana, IL: University of Illinois Press.

Shapira, N.A., Goldsmith, T. D., Keck, P.E. jr., Khosla, U.M. & McElvoy, S.L. (2000). Psychiatric features of individuals with problematic internet use. *Journal of Affective Disorders, 57,* 267-272.

Short, J., Williams, E. & Christie, B. (1976). *The social psychology of telecommunications.* New York: Wiley.

Singer, B. (2002). *Medien – von der Faszination zur Sucht.* Wien: LexisNexis.

Six, U. (2007). Exzessive und pathologische Mediennutzung. In U. Six, U. Gleich & R. Gimmler (Hrsg.), *Kommunikationspsychologie und Medienpsychologie* (S. 356-371). Weinheim: Beltz.

Six, U., Gimmler, R. & Schröder, A. (2005). Determinanten funktionalen bis dysfunktional-süchtigen Internetgebrauchs. In K.-H. Renner, A. Schütz & F. Machilek (Hrsg.), *Internet und Persönlichkeit: Differentiell-psychologische und diagnostische Aspekte der Internetnutzung* (S. 223-237). Göttingen: Hogrefe.

Six, U., Gleich, U. & Gimmler, R. (Hrsg.). (2007). *Kommunikationspsychologie und Medienpsychologie.* Weinheim: Beltz.

Sobottka, B. (2009). *Pathologischer PC-Gebrauch* (2. Aufl.). Lübstorf: AHG Klinik Schweriner See (Schriftenreihe „Angewandte Verhaltenstherapie", Nr. 14).

Soyka, M. & Küfner, H. (2008). *Alkoholismus – Missbrauch und Abhängigkeit: Entstehung – Folgen – Therapie* (6. Aufl.). Stuttgart: Thieme.

Spangler, G. & Zimmermann, P. (1999). Bindung und Anpassung im Lebenslauf: Erklärungsansätze und empirische Grundlagen für Entwicklungsprognosen. In R. Oerter, C. von Hagen, G. Röper & G. Noam (Hrsg.), *Klinische Entwicklungspsychologie: Ein Lehrbuch* (S. 170-194). Weinheim: Beltz.

Spitzer, M. (2002). *Lernen, Gehirnforschung und die Schule des Lebens.* Heidelberg: Spektrum.

Spitzer, M. (2005). *Vorsicht Bildschirm!* Stuttgart: Klett.

Stephenson, N. (1995). *Snow crash.* München: Blanvalet. (amerikanisches Original erschienen 1992)

Sternberg, B. (1985). Relapse in weight control: Definitions, processes, and prevention strategies. In G. A. Marlatt & J. R. Gordon (Eds.), *Relapse prevention: Maintenance strategies in the treatment of addictive behaviours* (pp. 521-545). New York: Guilford.

Stocker, C. (2007). *Second Life: Eine Gebrauchsanweisung für die digitale Wunderwelt.* München: Wilhelm Goldmann.

Storch, M., Cantieni, B., Hüther, G. & Tschacher, W. (2006). *Embodiment: Die Wechselwirkung von Körper und Psyche verstehen und nutzen.* Bern: Huber.

Strauß, B. (2008). *Bindung und Psychopathologie.* Stuttgart: Klett-Cotta.

Strauß, B., Buchheim, A. & H. Kächele, H. (2002). *Klinische Bindungsforschung.* Stuttgart: Schattauer.

Tebbel, J. (1975). *A history of publishing, Vol. 2.* New York: Bowker.

Thagard, P. (1999). *Kognitionswissenschaft: Ein Lehrbuch.* Stuttgart: Klett-Cotta. (amerikanisches Original erschienen 1996)

Tillmann, A. (2006). Doing Identity: Selbsterzählung und Selbstinszenierung in virtuellen Räumen. In A. Tillmann & R. Vollbrecht (Hrsg.), *Abenteuer Cyberspace: Jugendliche in virtuellen Welten* (S. 33-50). Frankfurt am Main: Peter Lang.

Tillmann, A. & Vollbrecht, R. (Hrsg.). (2006). *Abenteuer Cyperspace: Jugendliche in virtuellen Welten.* Frankfurt am Main: Peter Lang.

Tretter, F. & Grünhut, C. (in Druck). *Ist das Gehirn der Geist? Grundfragen der Neurophilosophie.* Göttingen: Hogrefe.

Turkle, S. (1998). *Leben im Netz: Identität in Zeiten des Internet.* Reinbek: Rowohlt. (amerikanisches Original erschienen 1995)

Utz, S. (2002). Interaktionen und Identität in virtuellen Gemeinschaften. In G. Bente, N. C. Krämer & A. Petersen (Hrsg.), *Virtuelle Realitäten* (S. 159-180). Göttingen: Hogrefe.

Venus, J. (2006). Der Fetischcharakter der Computerspielwaren und sein medienmorphologisches Geheimnis. In J. Schröter, G. Schwering & U. Stäheli (Hrsg.), *Media Marx: Ein Handbuch* (S. 315-338). Bielefeld: Transcript.

Virilio, P. (1997). *Rasender Stillstand.* Frankfurt am Main: Fischer. (französisches Original erschienen 1990)

Vogel, I., Suckfüll, M. & Gleich, U. (2007). Medienhandeln. In U. Six, U. Gleich & R. Gimmler (Hrsg.), *Kommunikationspsychologie und Medienpsychologie* (S. 335-355). Weinheim: Beltz.

Vogelgesang, W. (2003). LAN-Partys: Jugendkulturelle Erlebnisräume zwischen Off- und Online. *Merz: Zeitschrift für Medienpädagogik, 47* (5), 65-75.

Vogelgesang, M. (2006). Der lange Weg zur Suchttherapie – im Spannungsfeld zwischen Tradition und Innovation. In P. Schuhler & M. Vogelgesang (Hrsg), Psychotherapie der Sucht (S. 1-25). Lengerich: Pabst.

Vorderer, K. (2001). It's all entertainment sure: But what exactly is entertainment? *Communications Research, Media Psychology and the Explanation of Entertainment Experiences Poetics, 29,* 247-261.

Vorderer, P. (2007). Warum sind Computerspiele attraktiv? In W. Kaminski & M. Lorber (Hrsg.), *Clash of Realities: Computerspiele und soziale Wirklichkeit* (S. 55-63). München: Kopaed.

Vuchinich, R. E. & Heather, N. (Eds.). (2003). *Choice, behavioural economics and addiction.* Amsterdam: Pergamon.

Waldrich, H.-P. (2007). *In blinder Wut: Warum junge Menschen Amok laufen.* Köln: PapyRossa.

Wallace, P. (1999). *The Psychology of the internet.* Cambridge, MA: Cambridge University Press.

Walther, J. B. (1996). Computer-mediated communication: Impersonal, interpersonal, and hyperpersonal interaction. *Communication Research, 23,* 3-43.

Wartner, U. G. (1995). Die klinische Anwendung bindungstheoretischer Konzepte – Beispiele aus der Sicht einer klinischen Psychologin. In G. Spangler & P. Zimmermann (Hrsg.), *Die Bindungstheorie* (S. 409-418). Stuttgart: Klett-Cotta.

Weber, A. (2006). *Im Chat war er noch so süß!* Mühlheim an der Ruhr: Verlag an der Ruhr.

Whorf, B. L. (1963). *Sprache – Denken – Wirklichkeit: Beiträge zur Metalinguistik und Sprachphilosophie.* Reinbek: Rowohlt. (amerikanisches Original erschienen 1956)

Wiers, R. W. & Stacy, A. W. (Eds.). (2006). *Handbook of implicit cognition and addiction.* Thousand Oaks, CA: Sage.

Williams, T. (2005). *Otherland: Stadt der Goldenen Schatten.* München: Heyne. (amerikanisches Original erschienen 1996)

Wilken, B. (2003). *Methoden der kognitiven Umstrukturierung: Ein Leitfaden für die Psychotherapeutische Praxis* (2. Aufl.). Stuttgart: Kohlhammer.

Winnicott, D. W. (1974). *Vom Spiel zur Kreativität.* Stuttgart: Klett-Cotta. (amerikanisches Original erschienen 1971)

Winter, R. & Zima, P. V. (Hrsg.). (2007). *Kritische Theorie heute.* Bielefeld: Transcript.

Winterhoff-Spurck, P. (2004). *Medienpsychologie: Eine Einführung.* Stuttgart: Kohlhammer.

Winterhoff-Spurck, P. (2005). *Kalte Herzen: Wie das Fernsehen unseren Charakter formt.* Stuttgart: Klett-Cotta.

Wittchen, H.-U., Zaudig, M & Fydrich, T. (1997). *Strukturiertes Klinisches Interview für DSM-IV (SKID-I und SKID-II) deutsche Bearbeitung.* Göttingen: Hogrefe.

Wolf, H., Spinath, F. M. & Fuchs, C. (2005). Kontaktsuche im Internet: Erfolgsfaktoren und die Rolle der Persönlichkeit. In K.-H. Renner, A. Schütz & F. Machilek (Hrsg.), *Internet und Persönlichkeit: Differentiell-psychologische und diagnostische Aspekte der Internetnutzung* (S. 205-219). Göttingen: Hogrefe.

Wölfling, K. (2008). Online-/Computerspielsucht – Aspekte von Phänomenologie, Operationalisierung und Forschung. *Sucht Aktuell, 15* (1), 31-33.

Wolz, E. (2005). Sextra.de: Emailberatung zu Sexualität, Partnerschaft und Verhütung im Internet – Ein niederschwelliges Angebot von Pro familia für Jugendliche und Erwachsene. In K. Seikowski (Hrsg.), *Sexualität und neue Medien* (S. 84-99). Lengerich: Pabst.

Wygotski, L. S. (1980). Das Spiel und seine Bedeutung in der psychischen Entwicklung des Kindes. In D. Elkonin (Hrsg.), *Psychologie des Spiels* (S. 441-465). Köln: Pahl-Rugenstein. (russisches Original erschienen 1933)

Wygotski, L. S. (1987). *Arbeiten zur psychischen Entwicklung der Persönlichkeit, ausgewählte Schriften Bd. 2.* Berlin: Volk und Wissen.

Yalom, I. D. (1989). *Theorie und Praxis der Gruppenpsychotherapie: Ein Lehrbuch.* München: Pfeiffer. (amerikanisches Original erschienen 1970)

Yalom, I. D. (2005). *Im Hier und Jetzt: Richtlinien der Gruppenpsychotherapie.* München: btb.

Yen, J., Chih-Heng, M., Yen, C. & Chen, S. (2008). Psychiatric symptoms in adolescents with internet addiction: Comparison with substance use. *Psychiatry and Clinical Neurosciences, 62,* 9-16.

Young, K. S. (1999). *Caught in the Net – Suchtgefahr Internet.* München: Kösel. (amerikanisches Original erschienen 1998)

Young, J. E., Klosko, J. S. & Weishaar, M. E. (2005). *Schematherapie: Ein praxisorientiertes Handbuch.* Paderborn: Junfermann. (amerikanisches Original erschienen 2003)

Zawacki, T. M., Stoner, S. A. & George, W. H. (2005). Relapse prevention for sexually risky behaviors. In G. A. Marlatt & D. M. Donovan (Eds.), *Relapse prevention: Maintenance strategies in the treatment of addictive behaviours* (2nd ed., pp. 363-386). New York: Guilford.

Zimmerman, O. P. (1987). Effects of computer conferencing on the language use of emotionally disturhed adolescents. *Behavior Research Methods, Instruments & Computers, 19,* 224-230.

Zinnecker, J. (2000). Selbstsozialisation – Ein Essay über ein aktuelles Konzept. *Zeitschrift für Soziologie der Erziehung und Sozialisation, 2,* 272-290.

Zinnecker, J. (2005). Alles ist möglich und nichts ist gewiss: Deutschlands erste Jugendgeneration im 21. Jahrhundert. In K. Neumann-Braun & B. Richard (Hrsg.), *Coolhunters: Jugendkulturen zwischen Medien und Markt* (S. 175-190). Frankfurt am Main: Suhrkamp.

Zinnecker, J. & Barsch, A. (2007). Jugendgeneration und Jugendszenen im Medienumbruch. In L. Mikos, D. Hoffmann & R. Wi nter (Hrsg.), *Mediennutzung, Identität und Identifikationen: Die Sozialisationsrelevanz der Medien im Selbstfindungsprozess von Jugendlichen* (S. 279-297). Weinheim: Juventa.

Zubin, J. & Spring, B. (1977). Vulnerability view of schizophrenia. *Journal of Abnormal Psychology, 86,* 103-126.

Anhang

Kurzfragebogen zu Problemen beim Computergebrauch (KPC) 168
Auswertungsrichtlinien zum KPC 170
Anamnesebogen zum PC-/Internet-Gebrauch 171
Interviewleitfaden bei pathologischem PC-/Internet-Gebrauch
– Hinweise für die Interviewführung – 173
Interviewleitfaden bei pathologischem PC-/Internet-Gebrauch 174
Fragen zum dissoziativen Erleben 177
Arbeitsbogen zum Realitäts-Virtualitäts-Erleben 178
Zusatzhausordnung 179
Erlaubnis zur Nutzung des Internetcafés 180
Verzichtserklärung bei pathologischem Online-Gamen 181
Briefvorlage zur Löschung eines Spielaccounts 182
Zielervereinbarungen zum funktionalen Umgang mit dem PC/Internet
(Ampelmodell) 183

Kurzfragebogen zu Problemen beim Computergebrauch (KPC) © J. Petry

Name: ____________________ Datum: ____________________

Geburtsdatum: ____________________ ☐ männlich ☐ weiblich

Sie finden in der Folge einige Aussagen zur Benutzung eines PC zum Spielen (Gamen), Chatten und Surfen. *Bitte beurteilen Sie zu jeder dieser Aussagen, ob diese auf Sie entweder „gar nicht“, „eher nicht“, „eher“ oder „genau“ zutrifft.* Machen Sie nur ein Kreuz in das entsprechende Kästchen. Beziehen Sie ihre Antwort auf einen Zeitpunkt, in dem Sie den PC am häufigsten benutzt haben.

Ich habe den PC vorwiegend benutzt zum:

☐ Spielen

☐ Chatten

☐ Surfen

Der Bezugszeitpunkt liegt im Jahr __________.

Damals war ich ungefähr ________ Stunden wöchentlich online.

	trifft gar nicht zu (0)	trifft eher nicht zu (1)	trifft eher zu (2)	trifft genau zu (3)
1. Beim Spielen/Chatten/Surfen vergesse ich alles andere um mich herum.				
2. Ich kann mir mein Leben ohne Spielen/Chatten/Surfen gar nicht mehr vorstellen.				
3. Meine Angehörigen/Freunde dürfen nicht wissen, wieviel Zeit ich am Computer verbringe.				
4. Das Spielen/Chatten/Surfen hat mir geholfen, meine Alltagssorgen zu vergessen.				
5. Nach dem Spielen/Chatten/Surfen hatte ich manchmal ein schlechtes Gewissen.				
6. Ich benutze Ausreden, um mein Spielen/Chatten/Surfen zu rechtfertigen.				

7. Ich schaffe es nicht, das Spielen/Chatten/Surfen längere Zeit einzustellen.				
8. Durch das Spielen/Chatten/Surfen habe ich Probleme mit meinen nahen Angehörigen bekommen.				
9. Durch mein Spielen/Chatten/Surfen hat meine Arbeitsleistung gelitten.				
10. Beim Spielen/Chatten/Surfen befinde ich mich in einer ganz anderen Welt.				
11. Durch das Spielen/Chatten/Surfen habe ich meinen Körper vernachlässigt.				
12. Durch mein Spielen/Chatten/Surfen habe ich mich sozial immer mehr zurückgezogen.				
13. Ohne Spielen/Chatten/Surfen ist das Leben langweilig.				
14. Beim Spielen/Chatten/Surfen erhalte ich mehr Anerkennung als in der realen Welt.				
15. Ich glaube, dass ich wegen meines Spielens/Chattens/Surfens therapeutische Hilfe benötige.				
16. Ich habe schon ganze Nächte mit dem Spielen/Chatten/Surfen verbracht.				
17. Ich bin wegen meines Spielens/Chattens/Surfens schon von Verwandten/Freunden kritisiert worden.				
18. Das Spielen/Chatten/Surfen hat meine Bedürfnisse nach Zuwendung und Liebe erfüllt.				
19. Beim Spielen/Chatten/Surfen verliere ich jedes Zeitgefühl.				
20. Durch das Spielen/Chatten/Surfen habe ich meine sozialen Beziehungen vernachlässigt.				
Summe:				
Gesamtwert:				

Auswertungsrichtlinien zum KPC

Bei dem Kurzfragebogen zu Problemen beim Computergebrauch (KPC) handelt es sich um ein 20 Items umfassendes Screening-Verfahren zur Erfassung exzessiver Formen des Spielens, Chattens und Surfens im Internet. Die vierstufige Antwortmöglichkeit ergibt pro Einzelaussage einen Wert zwischen 0 und 3, sodass sich bei Addition der Einzelwerte ein Gesamtergebnis zwischen 0 und 60 Punkten ergeben kann.

Bisher liegen noch keine empirischen Daten über eine repräsentative klinische Gruppe und normale Vergleichsstichproben vor, so dass keine normbezogene Auswertung möglich ist. Geht man allerdings von der Annahme aus, dass eine klinische Gruppe von pathologischen PC-Gebrauchern bei einer angenäherten Normalverteilung einen Mittelwert von 35 und eine Streuung von 10 Wertpunkten aufweist (vgl. hierzu Kap. 8.5), lässt sich zunächst von einem möglichen Cut-off-Wert von 16 Wertpunkten (2 Standardabweichungen unterhalb des angenommenen Mittelwertes) ausgehen. Das bedeutet, dass bei 16 oder mehr Punkten eine möglicherweise beginnende Problematik im Umgang mit dem PC/Internet vorliegen kann. Es ist zu betonen, dass es sich dabei um eine empirisch noch nicht abgesicherte Vorannahme handelt.

Anamnesebogen zum PC-/Internet-Gebrauch

Name: ______________________ Datum: ______________________

Geburtsdatum: ______________________ ☐ männlich ☐ weiblich

In diesem Bogen finden Sie einige Fragen zu Ihrer PC-/Internet-Aktivität. Bitte beantworten Sie diese so genau wie möglich.

Welche Art der PC-/Internet-Aktivität haben Sie bevorzugt ausgeführt (Gamen, Chatten, Surfen)? ______________________

Beschreiben Sie diese Aktivität bitte genauer: ______________________

____

____

Wann haben Sie mit der PC-/Internet-Aktivität begonnen? ______________________

____

Beschreiben Sie bitte den Verlauf Ihrer PC-/Internet-Aktivität (z.B. wie und wann sie sich gesteigert hat): ______________________

____

____

Bitte machen Sie einige Angaben zur Häufigkeit und Intensität Ihrer PC-/Internet-Aktivität:

durchschnittliche tägliche Dauer: ______________________

maximale tägliche Dauer: ______________________

durchschnittliche Anzahl der Tage pro Woche: ______________________

durchschnittliche Stundenzahl pro Woche nicht schul- oder berufsbezogener/notwendiger (z.B. Banking, Reisebuchungen, E-Mails, Informationssuche) PC-/Internet-Aktivität (Gamen, Chatten, Surfen): ______________________

Wann waren Sie zuletzt vor der Behandlung am PC bzw. im Internet aktiv? ______

____

Was waren Ihre Motive für die PC-/Internet-Aktivität und welche Empfindungen hatten Sie (warum haben Sie gegamt/gechattet/gesurft/waren Sie online?):

____

____

Was für Nachteile oder Beeinträchtigungen habe Sie durch die PC-/Internet-Aktivität erlebt (z.B. beruflich, familiär, seelische, körperlich)?

Wie haben Sie reagiert, wenn Sie Ihre PC-/Internet-Aktivität eingestellt haben (z.B. mit körperlichen und seelischen Beschwerden oder Verhaltensweisen):

Haben Sie bereits angestrebt, Ihre PC-/Internet-Aktivität einzustellen (d.h. gab es bereits Versuche, Ihr Verhalten unter Kontrolle zu bekommen)?

Falls dies erreicht wurde, wie oft und wie lange ist Ihnen das gelungen?

Gab es Vorbehandlungen wegen pathologischem PC-/Internet-Gebrauch (ambulante und/oder stationäre Behandlung)?

Fand ein Selbsthilfegruppenbesuch statt? Falls ja, welche Selbsthilfegruppe wurde besucht und wie lange?

Worin sehen Sie die Ursachen Ihres Problems?

Behandlungs-/Änderungsmotivation:

Was wollen Sie für sich persönlich verändern?

Auf welche PC-/Internet-Aktivität wollen Sie ganz verzichten?

Was wollen Sie an Ihrer Lebenssituation verändern?

Vielen Dank für die Beantwortung der Fragen!

Interviewleitfaden bei pathologischem PC-/Internet-Gebrauch – Hinweise für die Interviewführung –

Hinweise: Es sollte sich beim Interview um eine offene, halbstrukturierte Befragung handeln. Es sollte möglichst wenig vorgegriffen werden, damit die subjektive Sichtweise des Befragten zu den Interviewthemen zum Tragen kommen kann. Der Patient soll während des Interviews die Gelegenheit dazu haben, Zusammenhänge und Bedeutungszuschreibungen aus seiner eigenen Perspektive zu entwickeln. Dabei sollte jedoch nicht der eigentliche Fokus auf die Problemstellung außer Acht gelassen werden, die der Interviewer zu Beginn des Interviews einführen und auf die er immer wieder zurückkommen sollte. Folgende Grundsätze für die Gesprächsführung können als „Interviewregeln" zusammengefasst werden:

1. Dem Patienten sollte so viel Strukturierungsfreiraum wie möglich gelassen werden.
2. Wenn der Patient relevante Hinweise für das jeweilige Interviewthema (vgl. den folgenden Interviewleitfaden) äußert, sollten diese Aspekte für weitergehende Fragen aufgegriffen werden. Als „thematische Leitlinie" kann für die Exploration der Hintergründe für das pathologische PC-/Internet-Spielen während des gesamten Interviews folgendes gelten: Es sollen die Dynamik und die Interdependenzen der Beziehungen zu bzw. zwischen den Bezugspersonen aus der realen und der „PC-/Internet-Welt" erkundet werden.
3. Durch unterstützendes Frageverhalten („aktives Zuhören") sollte die Auseinandersetzungsbereitschaft des Patienten mit seinem eigenen Erleben und Verhalten angeregt werden.
4. Der Therapeut sollte gemeinsam mit dem Patienten nach den (Bindungs-)Themen suchen, die für ihn in der realen und virtuellen Welt wichtig sind.
5. Am Ende des Interviews sollte beim Patienten eine Vorstellung darüber entstanden sein, welche Dynamik sich im Verlauf bei ihm hinsichtlich seiner (Bindungs-) Motive bzw. seines Verhaltens entfaltet hat. Er sollte ein Bild davon entwickelt haben, in welcher Weise seine PC-/Internet-Aktivität als kompensatorischer Versuch betrachtet werden kann, Bindungsdefizite auszugleichen.

Ziel: Es sollte ein klare Vorstellung von der inneren Situation des Patienten erarbeitet werden, als der exzessive PC-/Internet-Gebrauch begann. Dafür sollten bindungssensible Situationen erörtert werden (z.B. Trennungen und Schwellensituationen, wie Studien- oder Ausbildungsbeginn, der Auszug aus dem Elternhaus, Tod oder Krankheit naher Bezugspersonen), die auslösende Bedingungen für die PC-/Internet-Aktivität gewesen sein können. Es sollte so lange exploriert werden, bis beim Patienten eine genaue Vorstellung von der Funktionalität seiner PC-/Internet-Aktivität gewonnen hat; welche Bedeutung diese also für seine Selbststeuerung und Beziehungsregulation aufweist.

Interviewleitfaden bei pathologischem PC-/Internet-Gebrauch*
© P. Schuhler

I. Funktionalität des PC-/Internet-Gebrauchs

1. In welcher Weise haben Sie den PC genutzt? Was haben Sie gespielt, wo haben Sie gechattet, wie gesurft? Wie lange (am Tag, in der Woche) waren Sie am PC/online? Wann haben Sie damit begonnen? Warum gerade damals? Wie fühlten Sie sich zu dieser Zeit? Was war Ihnen zu dem Zeitpunkt wichtig gewesen? Hatten sich Ihre Lebensumstände damals geändert?
2. Was hat Sie an der PC-/Internet-Aktivität angezogen? Welche Figur war ihre Figur im Spiel? Was haben Sie im Chat gesucht? Was haben Sie beim Surfen erlebt? Können Sie von einer Situation erzählen, die Ihnen noch besonders gut im Gedächtnis geblieben ist?
3. In welche Stimmung oder Befindlichkeit gerieten Sie mit der PC-/Internet-Aktivität? War es Ihnen immer möglich, zwischen Phantasie und Realität zu unterscheiden? Haben Sie Unterschiede zur realen (Beziehungs-)Welt entdecken können?
4. Hatten Sie während des Spielens Vertrauen in das, was ablief? Fühlten sie sich als „Herr des Geschehens"? Oder hatten Sie eher den Eindruck, dem, was geschah, ausgeliefert zu sein? Spielten Wagnis und positiv erlebte Aufregung beim Spielen eine Rolle?
5. Haben Sie Erfahrungen aus Ihrem Alltagsleben in die Computer-Aktivität mit einbezogen? Hatte die der PC-/Internet-Aktivität Einfluss auf Ihre innere Welt, Ihre Gedanken, Gefühle oder Träume?
6. Haben Sie andere Dinge für Ihre PC-/Internet-Aktivität vernachlässigt? Haben Sie andere Interessen (beruflich, privat) dafür verletzt? Wie reagierte Ihre Familie/Ihr Partner/Ihre Partnerin auf Ihre PC-/Internet-Aktivität?

II. Spielen in der Kindheit

1. Womit haben Sie als Kind am liebsten gespielt? Warum gerade damit? Hatten Sie Spielkameraden? Welche Rolle hatten Sie im Kreis Ihrer Spielkameraden? Waren Sie beim gemeinsamen Spiel mit „Leib und Seele" dabei?
2. Haben Fernsehen oder Computer für Sie eine Rolle gespielt? Oder waren andere Beschäftigungen wichtig? Wie haben Ihre Eltern einer PC-/Internet-Aktivität gegenübergestanden?
3. Welche Rolle haben andere Kinder für Sie gespielt? Haben Ihre Eltern Ihnen geholfen, wenn es Schwierigkeiten mit Freunden gab? Haben sie Sie darin unterstützt, Freundschaften zu pflegen?
4. Wo sind Sie aufgewachsen? Beschreiben Sie bitte den Ort, das Haus, die Wohnung, wo Sie aufwuchsen. Wie oft sind Sie umgezogen? Womit verdiente die Familie ihren Lebensunterhalt? Kannten Sie Ihre Großeltern? Wer lebte noch im Haushalt? Hatten Sie Geschwister? Wie war das Geschwisterverhältnis?

III. Beziehung zu den Eltern und Verbindung dieser frühen Beziehungserfahrungen zur PC-/Internet-Aktivität

1. Wie war das Verhältnis zu Ihren Eltern, als sie ein kleines Kind waren? Erinnern Sie sich noch an eine bestimmte Episode? Können Sie Bezüge zu Ihrer PC-/Internet-Aktivität erkennen?

2. Bitte nennen Sie fünf Eigenschaftswörter, die Ihre Beziehung zu Ihrer Mutter während Ihrer Kindheit beschreiben (nach Erinnerungen zu dem jeweiligen Wort fragen). Findet sich davon etwas in Ihrer PC-/Internet-Aktivität wieder?
3. Bitte nennen Sie fünf Eigenschaftswörter, die Ihre Beziehung zu Ihrem Vater während Ihrer Kindheit beschreiben (nach Erinnerungen zu jedem Wort fragen). Findet sich davon etwas in Ihrer PC-/Internet-Aktivität wieder?
4. Wer stand Ihnen näher, Ihr Vater oder Ihre Mutter? Warum? Heute spielt der PC/das Internet eine herausragende Rolle in Ihrem Leben. Erkennen Sie darin einen Bezug zu der Bedeutung, die Vater oder Mutter während Ihrer Kindheit für Sie hatten? Gibt es in der PC-Welt Vater- oder Mutterfiguren? Sind Sie vielleicht in Vater- oder Mutterrollen geschlüpft?
5. Wenn Sie als Kind durcheinander oder beunruhigt waren, sich nicht wohlgefühlt haben, unglücklich oder krank waren, an wen haben Sie sich gewandt? Kann Ihre PC-/Internet-Aktivität Sie heute trösten oder fühlen Sie sich besser, wenn Sie spielen?
6. Bitte versuchen Sie einmal, Ihre Beziehung zu Ihrem PC-Spielen, Chatten bzw. Surfen zu beschreiben? Können Sie fünf Eigenschaftswörter benennen, die diese Beziehung beschreiben? Erinnern Sie sich in diesem Zusammenhang an eine bestimmte Episode?
7. Wenn Sie durcheinander sind, sich nicht gut fühlen oder sonst belastet sind – hatte Ihre PC-/Internet-Aktivität darauf Einfluss?
8. Gibt es in Ihrem Leben außer während der PC-/Internet-Aktivität, Möglichkeiten, Phantasie zu entwickeln oder Tagträume zu haben?

IV. Bindungsrelevante Situationen: Trennung, Zurückweisung, Ablehnung, Gewalterfahrung und PC-/Internet-Aktivität

1. Wann waren Sie zum ersten Mal von Ihren Eltern getrennt? Wie war Ihnen da zumute? Wie reagierten Ihre Eltern? Gab es noch weitere Trennungen? Gibt es auch Trennungen in der PC-/Internet-Aktivität? Wie gehen Sie damit um?
2. Fühlten Sie sich als Kind jemals von den Eltern abgelehnt? Wie alt waren Sie damals? Haben Ihr Vater oder Ihre Mutter gemerkt, wie Sie darauf reagierten? Warum, glauben Sie, haben sie sich so verhalten? Fühlen Sie sich in der PC-/Internet-Welt abgelehnt? Was machen Sie dann? Was bedeutet das für Sie?
3. Hatten Sie als Kind Angst oder machten Sie sich Sorgen? Erleben Sie Angst in der PC-/Internet-Welt? Wenn ja, was erleben Sie dort?
4. Haben Ihre Eltern Sie jemals bedroht, Sie geschlagen oder Ihnen auf andere Weise absichtlich wehgetan? Wollten sie Sie bestrafen? Oder aus anderen Gründen? Haben Sie den Eindruck, dass diese Erfahrungen auch in der PC-/Internet-Aktivität eine Rolle spielen? Wie gehen Sie dort mit Aggressionen um? Wie gehen Sie mit Wut anderen gegenüber um? Wie erleben Sie die Wut anderer?
5. Gab es etwas in Ihrer Kindheit, durch das Sie sich in Ihrer Entwicklung beeinträchtigt fühlen?
6. Warum, glauben Sie, haben Ihre sich Eltern so verhalten, wie sie es getan haben?

7. Gab es andere Erwachsene, die Ihnen nahe standen?
8. Haben Sie einen Elternteil während Ihrer Kindheit oder Jugend verloren? Sind Geschwister oder andere nahestehende Menschen gestorben oder weggegangen? Wie haben Sie emotional auf solchen Verlust reagiert? Falls jemand gestorben ist, waren Sie bei der Beerdigung dabei? Wie haben Sie das erlebt? Hat das heute noch Einfluss auf Sie? Eventuell: Meinen Sie, dass das Einfluss auf den Umgang mit Ihren eigenen Kindern hat?
9. Hatten Sie noch andere Verlusterlebnisse in der Kindheit (z.B. Haustiere)? Gibt es Verluste in der PC-/Internet-Welt? Wie erleben Sie diese?

V. Bindungsthemen im Erwachsenenalter

1. Hatten Sie Verlusterlebnisse im Erwachsenenalter? Wie haben Sie emotional auf solchen Verlust reagiert? Falls jemand gestorben ist, waren Sie bei der Beerdigung dabei? Wie haben Sie das erlebt? Hat das heute noch Einfluss auf Sie? Eventuell: Meinen Sie, dass das Einfluss auf den Umgang mit Ihren eigenen Kindern hat?
2. Gab es andere schwere Erlebnisse in Ihrem Leben?
3. Gibt es viele Veränderungen in der Beziehung zu Ihren Eltern seit Ihrer Kindheit?
4. Wie ist Ihre Beziehung zu Ihren Eltern heute als Erwachsener?

VI. Bindung im transgenerationalen Erleben

1. Wenn Sie drei Wünsche für Ihr Kind frei hätten, wie würden diese lauten?
2. Was haben Sie von Ihrer Kindheit für das Leben mitbekommen?
3. Was, hoffen Sie, wird Ihr Kind einmal durch Sie als Elternteil mit ins Leben nehmen können?

* in Anlehnung an George, Kaplan und Main (1996)

Fragen zum dissoziativen Erleben*

Name: ______________________ Datum: ______________________

Geburtsdatum: ______________________ ☐ männlich ☐ weiblich

Sie finden in der Folge einige Aussagen zu Ihrer PC-/Internet-Aktivität. Bitte kreuzen Sie für alle vier Fragen an, ob Sie diesen Zustand während Ihrer PC-/Internet-Aktivität *nie*, *selten*, *gelegentlich*, *häufig* oder *immer* erlebt haben. Bitte machen Sie nur ein Kreuz bei jeder Frage.

1. Haben Sie sich während Ihrer PC-/Internet-Aktivität schon einmal in einem Trancezustand gefühlt?

   ☐ nie ☐ selten ☐ gelegentlich ☐ häufig ☐ immer

2. Haben Sie sich während Ihrer PC-/Internet-Aktivität schon einmal so gefühlt als hätten Sie eine andere Identität angenommen?

   ☐ nie ☐ selten ☐ gelegentlich ☐ häufig ☐ immer

3. Haben Sie sich während Ihrer PC-/Internet-Aktivität schon einmal so gefühlt als würden Sie neben sich stehen und wären nicht ganz bei sich?

   ☐ nie ☐ selten ☐ gelegentlich ☐ häufig ☐ immer

4. Hat für Ihre PC-/Internet-Aktivität schon einmal eine Erinnerungslücke bestanden?

   ☐ nie ☐ selten ☐ gelegentlich ☐ häufig ☐ immer

Vielen Dank für die Beantwortung der Fragen!

* in Anlehnung an Jacobs (1989)

Arbeitsbogen zum Realitäts-Virtualitäts-Erleben

Name: ______________________________ Datum: __________________________

Geburtsdatum: ______________________ ☐ männlich ☐ weiblich

Sie sehen auf diesem Bogen zweimal drei Kreise, die jeweils für einen Bereich von Ihnen stehen sollen: einer für Ihr „körperliches Ich", einer für Ihr „persönliches Ich" und einer für Ihr „soziales Ich". Die oberen Kreise stehen dafür, wie Sie sich während Ihrer Aktivität am PC/im Internet erleben, die unteren Kreise stehen für Ihr Erleben im „wirklichen", „realen" Leben.

Sie haben von Ihrem Therapeuten grüne, rote und blaue Stifte in drei unterschiedlich kräftigen Farbabstufungen erhalten. Stufen Sie mithilfe dieser Stifte bitte ein, wie **intensiv** sie jeden Ihrer drei Ich-Bereiche erleben. Jeder Bereich bekommt dafür eine eigene Farbe: *körperliches Ich = grün, persönliches Ich = blau* und *soziales Ich = rot.* Je intensiver Sie einen bestimmten Bereich erleben, desto kräftiger färben Sie bitte den entsprechenden Kreis ein: *wenig intensives Erleben = blasser Farbton, mittelmäßig intensives Erleben = mittelkräftiger Farbton, sehr intensives Erleben = kräftiger Farbton.* Bitte machen Sie diese Einstufung einmal für Ihr *Online*-Erleben und einmal für Ihr *Offline*-Erleben.

virtuelles Erleben (online):

körperliches Ich

persönliches Ich soziales Ich

reales Erleben (offline):

körperliches Ich

persönliches Ich soziales Ich

Zusatzhausordnung (stat. Behandlung)

Name: ______________________________

- Ich verpflichte mich, während der Behandlungsdauer auf jegliche Online-Aktivitäten zu verzichten. Dies gilt auch während der Heimfahrten. Ebenso verzichte ich auf den Besuch des hausinternen Internetcafés. Sollte es während meiner Behandlungszeit erforderlich sein, einen PC zu benutzen, werde ich Zweck und Art vorher mit meinem Bezugstherapeuten besprechen und ein Protokoll darüber führen. Die Nutzung des Internetcafés erfolgt dabei nur als einmalige, zeitlich begrenzte Genehmigung.
- Ich verpflichte mich, während der Behandlungsdauer auf jegliche Video- u. Computerspiele (Gameboy, PlayStation, Handy und PC/Notebook) zu verzichten.
- Ich verpflichte mich während der Behandlungsdauer auf jegliche Gesellschaftsspiele (z.B. Uno, Trivial Pursuit, Mensch, ärgere Dich nicht, Schach etc.) zu verzichten.

Es gelten folgende weitere Absprachen:

____

____

____

Datum: ____________________

______________________________ ______________________________

Unterschrift des Patienten Unterschrift des Therapeuten

Erlaubnis zur Nutzung des Internetcafés (stat. Behandlung)

Name: ______________________________

Die Berechtigung zur Nutzung des Internetcafés wird einmalig für die Dauer von

☐ 15 min

☐ 30 min

☐ 60 min

für die Kalenderwoche _______ erteilt.

Grund: ______________________________

____

____

____

Ich verpflichte mich, die Nutzungsordnung des hausinternen Internetcafés einzuhalten.

Datum: ____________________

______________________________ ______________________________

Unterschrift des Patienten Unterschrift des Therapeuten

Verzichtserklärung bei pathologischem Online-Gamen

Name: ______________________________

Ich verpflichte mich, zu Beginn der Behandlung bzw. im ersten Behandlungsabschnitt alle meine Accounts abzumelden.

Die Abmeldung erfolgt zusammen mit einem therapeutischen Mitarbeiter. Neben der technischen Abmeldung erfolgt eine schriftliche Abmeldung bei der Anbieterfirma.

Es ist nicht gestattet, den eigenen Account zu verschenken oder zu verkaufen, insbesondere nicht bei eBay zu versteigern.

Ich bin bereit, alle erforderlichen Unterlagen zur Abmeldung bei Behandlungsbeginn vorzulegen. Dies sind meine E-Mail-Adresse, meine Geheimfrage, mein CD-Key sowie ein gültiger Personalausweis.

______________________________ ______________________________

Datum Unterschrift des Patienten

Briefvorlage zur Löschung eines Spielaccounts

in dieses Feld Name und Adresse des Absenders (des Patienten) eintragen

in dieses Feld die Adresse der Firma eintragen, die das betreffende Spiel vertreibt

____

Ort, Datum

Löschen eines Accounts

Sehr geehrte Damen und Herren,

hiermit bitte ich Sie, den Account mit der Kennung: ______________________
komplett zu löschen.

CD-KEY: ______________________

Angegebene E-Mail-Adresse: ______________________

Geheimfrage: ______________________

Mit freundlichen Grüßen

____

Unterschrift

Anlage:

Kopie des Personalausweises

Zielervereinbarungen zum funktionalen Umgang mit dem PC/Internet (Ampelmodell)

Name: ______________________________

Um in Zukunft zu verhindern, dass Sie wieder in Ihre „alten Nutzungsmuster" zurückfallen, ist es notwendig, dass Sie bestimmte Aktivitäten am PC/im Internet nicht mehr ausüben. Machen Sie im Folgenden bitte genaue Angaben darüber, welche Aktivitäten dies sind, die Sie also zukünftig komplett einstellen möchten. Es gibt auch Aktivitäten, die für Sie „gefährlich" sein können, und die dazu führen können, dass Sie „rückfällig" werden. Legen Sie auch diese bitte genau fest und treffen Sie Vereinbarungen mit Ihrem Therapeuten, was Sie zu deren Kontrolle unternehmen werden. Schließlich können einige Aktivitäten am PC/im Internet für Sie als „ungefährlich" angesehen werden. Benennen Sie diese Aktivitäten, denen Sie ohne Bedenken nachgehen können.

1. **Tabu (rot):** Folgende Aktivitäten sind für mich so problematisch, dass sie völlig eingestellt werden müssen (z.B. Games, spezielle Chatrooms, berufsfremde Websites):

____

____

____

____

Vereinbarungen: ____

____

____

2. **Vorsicht (gelb):** Die folgenden Aktivitäten können für mich problematisch sein, und zur Vorsicht müssen Einschränkungen getroffen werden (z.B. PC-/Online-Aktivitäten zu Hause, allein, länger andauernde):

____

____

____

____

Vereinbarungen: ____

____

____

3. Okay (grün): Diese Aktivitäten sind für mich unbedenklich (z.B. berufliche Nutzung, definierte Email-Korrespondenz, Buchungen, Banking):

____

____

____

____

Vereinbarungen:__________________________________

____

____

Ich verpflichte mich, die genannten Vereinbarungen einzuhalten.

Datum: ____________________

____________________	____________________
Unterschrift des Patienten	Unterschrift des Therapeuten